公文写作
底层心法

胡森林 著

浙江人民出版社

图书在版编目（CIP）数据

公文写作底层心法 / 胡森林著. — 杭州：浙江人民出版社，2023.12
ISBN 978-7-213-11215-7

Ⅰ.①公… Ⅱ.①胡… Ⅲ.①公文—写作 Ⅳ.①H152.3

中国国家版本馆CIP数据核字（2023）第194182号

公文写作底层心法
GONGWEN XIEZUO DICENG XINFA

胡森林 著

出版发行	浙江人民出版社（杭州市体育场路347号 邮编310006）
责任编辑	张世琼　祝含瑶
责任校对	陈　春
封面设计	VIOLET
电脑制版	书情文化
印　　刷	北京世纪恒宇印刷有限公司
开　　本	700毫米×980毫米　1/16
印　　张	19
字　　数	240千字
版　　次	2023年12月第1版
印　　次	2023年12月第1次印刷
书　　号	ISBN 978-7-213-11215-7
定　　价	69.00元

如发现印装质量问题，影响阅读，请与市场部联系调换。
质量投诉电话：010-82069336

目录

前　言　　　　　　　　　　　　　　　　　　　　　　　1

第一部分　初阶：熟悉公文

1 | 掌握格式
　　不懂公文格式，怎能写出合格的公文　　　　　　　002

2 | 掌握基本功
　　花样再多，都不如练好这六项基本功　　　　　　　022

3 | 如何"破题"
　　下笔之前，先打定好主意　　　　　　　　　　　　038

4 | 如何"猜题"
　　代入角色，学会"关起门来当领导"　　　　　　　049

5 | 如何"审题"
　　提炼好主题，公文就成功了一半　　　　　　　　　064

6 | 锦囊 1
　　会学习和积累，写作才会信手拈来　　　　　　　　078

7 | 锦囊 2
　　刻意练习，提高写作水平的重要途径　　　　　　　084

第二部分　中阶：拆解公文

8 | 拆解内容
　　巧手组合观点与材料，用事实成就雄辩　　　　　　092

9 | 拆解结构
　　匠心布局，为内容选择最合适的"容器"　　　　　　111

10 | 拆解语言
　　有诚意地交流，必须懂得"说人话"　　　　　　　　131

11 | 拆解逻辑
　　注重逻辑，别让公文变成一团乱麻　　　　　　　　146

12 | 拆解写作步骤
　　学会"七步成文法"，轻松掌握写作全流程　　　　　163

13 | 实用方法 1
　　用好"段头撮要法"，让人一目了然　　　　　　　　187

14 | 实用方法 2
　　用思维导图制作提纲，磨刀不误砍柴工　　　　　　194

第三部分　高阶：驾驭公文

15 | 文为事作
　　多研究事，勿当研究字的"文字匠"　　　　　　202

16 | 文有常法
　　摆脱认识误区，辩证看待写作中的"套路"　　　216

17 | 文无定法
　　突破定式，告别老腔老调老面孔　　　　　　　232

18 | 文贵得法
　　学会统稿，踢好关键的"临门一脚"　　　　　246

19 | 文以气胜
　　贯注气势和力量，文章才会打动人　　　　　　257

20 | 心理建设 1
　　用升维视角，在写作中实现跃迁　　　　　　　271

21 | 心理建设 2
　　自我修炼，把公文写作当作一场修行　　　　　276

将写作作为一种方法（代跋）　　　　　　　　　281

前言

与我以往出版的公文写作类图书相比，本书在基本原理和内在规律上没有根本的不同，但在思路逻辑、体例结构和讲述方式上是全新的，特加以说明。

本书由三部分组成，内容按由浅入深加以设计，叙述用授课的方法。课程的安排是从我的实际工作经历中加以总结的，同时也结合了广大读者的愿望。

第一部分的内容，我将讲授公文写作的格式、基本功、立意与主题，以及如何把握写作意图。这些是公文写作需要掌握的基本内容和认知框架。同时，我将从写作主体出发，告知读者公文写作应该具备的知识、能力、素养。这是写作应有的准备，知道公文应当是这样的，而不是那样的。我对这部分内容的定义为初阶课，即了解公文。

第二部分的内容，涉及公文写作中几个最重要的要素：内容、结构、语言。离开这几个要素，公文就不称之为公文。这部分内容会讲到逻辑，这是贯穿在公文写作中的思维因素。第二部分还会讲授"七步成文法"，从纵向讲述公文写作的程序和步骤。这些内容是从成文过程和文本构成的角度进行讲授的，从不同的角度深入公文内部，对重点部分加以拆解，所以这部分内容为中阶课。

第三部分，我们假设读者的能力已经有了明显提升，这时就应当考虑该如何创新。比如，如何统稿，如何增强内容的思想性，以及在理念上如何正确认识"研究事"与"研究字"的关系，如何理解写作的"套路"及其局限。这部分旨在进一步提升写作主体思维能力和认知深度，进而把握更深层次的一些规律性的内容，以适应不同的场景和需求，实现总结规律、迁移经验、突破认知，所以是高阶课。

在十五堂常规课中，每堂课后设计了与内容相关的习题，供读者参考。还有分布在这三部分中的六堂特色课，两堂是知识锦囊，两堂是实用方法，两堂是心理建设。我希望本书课程的组合，既有系统性，又能从不同的角度丰富本书。

在课程的具体安排上，我的思路是，总体上既包含关于公文写作的"陈述性知识"——某一个描述对象是什么，又包括"程序性知识"——某一件事情是怎么做的，结果是如何得到的，还包括"场景性知识"——结合场景讲述，某一个方法应当在什么情形下使用，以及"策略性知识"——在具体工作中运用的一些策略和技巧。

读者如何使用好本书呢？

首先，读者要能认同我提出的理念。比如，有的读者认为全书都是模板和范文更有用，那么阅读本书可能会感到失望。

其次，读者要自觉地运用书中介绍的各种方法，了解每一种方法是什么，能解决什么问题，在什么时候适合使用。

再次，要刻意练习，将书中的理念、方法、技巧内化为自己的能力，通过学习和练习，然后习得。

最后，要经常总结、复盘，有意识地钻研和琢磨，注重"默会知识"的提炼，注重思路的更新。

我有几个总结性的观点贡献给大家。

一是文有常法。常法，就是文章之道，即写作背后的规律。它是从众多的实践中归纳提炼出来，又被实践所检验了的经验总结。在写作中，要有意识地感悟、捕捉和提取这些规律性的东西，以更好地指导自己的实践，做到心中有数、来之能战。

二是文无定法。世界上没有两片相同的树叶，也没有完全相同的两篇文章。没有哪一种方法是放之四海而皆可用的，所以要根据实际情况灵活掌握、灵活运用，不拘泥于固定的形式，充分发挥创造力。

三是文贵得法。知道了规律和方法，关键是要活学活用。与具体的实践相结合，真正让这些好的经验方法发挥威力，经常学习总结、勤写多练，才能逐渐游刃有余、应用自如，进入自觉甚至自由状态。

三个部分的内容设计，能够帮助读者对公文写作观其大概，攫其要点，探其堂奥，习其门径。之后的能力养成全依仗各自的努力。

在"门派林立"的公文写作界，我一直是既注重总结方法又偏重于内功修炼的"内外兼修派"。本书不是金科玉律，更不是照猫画虎的样板。它是一个开放性的知识体系，讲述一些体会，总结一些经验，归纳一些方法,也提出一些问题,召唤读者去思考,获得启发,培养个人能力。正如小说《天路历程》中的那句话:"我的剑只传给能挥舞它的人。"

第一部分 初阶：熟悉公文

这一部分是初阶课，熟悉公文。
这一部分讲述公文的基本特点、基本技巧以及基本要点和基本方法。

1 掌握格式
不懂公文格式，怎能写出合格的公文

第一堂课，我们讲述公文的格式。公文的格式很规范，这是大家对公文的第一印象，也是学习公文时首先要掌握的。公文有规范的体式要求，不是想怎么写就怎么写的。

1.1 公文姓公

公文姓公，这是我们首先要记住的。

顾名思义，公文，就是为公的文，它与公众、公事、公意、公利等直接关联。无论是党政机关还是企事业单位，都要靠公文来表达意志、传递政策、沟通联络，进而推动事业发展，实现组织意图。

公文是具有法定效力和规范体式的文书，是依法行政和进行公务活动的主要工具，发挥着上令下达、下情上报和信息沟通的重要作用。所以，它具有公共性和严肃性。

我们可以按不同标准对公文进行分类。例如，按照制文机关来划分，可以分为党务机关公文、行政机关公文、司法机关公文、军事机关公文、企事业单位公文、社会团体公文。

按照行文的方向来划分，可分为上行公文、平行公文、下行公文；按照保密程度来划分，可分为不同的密级；按照紧急程度来划分，可分为特急公文、加急公文、普通公文。

按照规范性程度和行政约束力的强弱来划分，可以分为规范性公文和非规范性通用公文。

规范性公文也叫"法定公文"，包括命令、决定、公告、通告、通知、通报、议案、报告、请示、批复、意见、函、会议纪要等种类，有专门的《党政机关公文处理工作条例》和相应的国家标准，对这些公文的格式、写作要求加以规范。大家在工作中，要是有不明白的地方，可以查阅《党政机关公文处理工作条例》和相应的国家标准。

非规范性通用公文，也就是我们工作中可能接触更多、写作更频繁的事务性公文，或者叫"综合文稿"，包括调查报告、计划总结、提案建议、讲话稿、简报信息等。

事务性公文虽然不像法定公文那样有严格的法定约束力和规范体式，但它们也是各级组织实施管理的基本手段，是服务公务和政务活动的重要工具，贯穿管理工作的始终。它们最重要的作用、最根本的定位在于以文辅政，就是通过文字工作来辅助处理政务、帮助决策。

 1.2 格式的重要性

公文格式，是公文的规格样式，即公文各组成部分在页面上的呈现形式，也叫"公文的外部组织形式"。公文作为一种应用文，在长期的实践中，形成了独特的写作格式和一套制发规范。它是规范化、标准化的，并用国家法规予以规定，需要严格遵守规定，不能另搞一套。

大家会问："公文为什么一定要强调规范呢，灵活一点有什么不好吗？"说到底，这是由公文的本质特点和工作本身的需要决定的。

第一，这是由公文的本质决定的。公文从本质上来说，是公共政令流转的载体。为了确保这些信息在传递过程中不失真、不出错、不被误解，从格式上自然要求准确、清晰、严谨，便于阅读者了解和掌握信息。有了这些通用标准，熟悉公文的人据此就能很直观地从相应部分获取相应信息，提高阅览和使用效率。

第二，这是公文处理工作本身所需要的。公文处理工作是各级机关频次最高的日常工作。如果没有统一的、细致的格式规范，处理公文的人每天势必要在五花八门的文件中加以甄别，工作成效必然会大打折扣。有了形式上的齐整一致，才能保证公文信息处理的高效和快捷，从而给公文处理工作带来极大方便，提高工作质量和效率。

第三，这是公文权威性和约束力在形式上的具体表现。规范的公文格式不是外在强加给公文的，而是公文写作结构的规律性表现。它不仅体现公文的法定权威性和约束力，而且有利于保证政令畅通。公文格式不规范，不仅影响公文的质量和美观，更主要的是影响公文的效力，直接影响公文的严肃性和作用发挥。

第四，公文格式规范化也是信息化时代的必然要求。计算机和现代化文印设备的普遍使用，提高了办公效率，改善了办公条件，对公文的制作水平起到了积极作用。有了统一的公文格式标准，就可以编制出公文制作模板，通过计算机排版打印，成倍地提高工作效率。所以，公文格式规范化也为办公自动化奠定了基础，做到运行高效、风格统一、易于识别。

1.3 公文格式规范要求

公文格式规范化如此之必要，所以它是公文写作者的基本功。一些常见公文的标准格式应该熟稔于心，并在实际工作中严格遵守。

公文格式规范的范畴，主要包含以下三个方面的内容。

第一，公文的组成要素及其标注标准。 就是指公文书面格式的构成要素，如份号、密级和保密期限等，以及这些要素在页面上的排列顺序和标识规则、标识位置。

第二，承载公文的介质标准。 包括两个方面，一是纸张要求，即公文用纸的主要技术标准。公文用纸幅面一般采用 A4 型，而且在公文版面、页边与版心尺寸上都有规定。二是排版和印制要求，包括排版的字号规格、印刷装订和图文颜色要求等。

第三，公文数据的表现形式。 包括公文中的文字、外文字符、表格、标点符号、计量和数字等的使用规范等。

如果用一句话来概括公文格式的规范要求，我们可以这样说：**要素齐全无赘疣，位置得当无偏差，版式正确不混淆，首尾相符不矛盾。**

中共中央办公厅于 1950 年 4 月下发了《关于文件纸型与格式的规定》。1951 年 9 月，中央人民政府政务院（中华人民共和国国务院前身）也下发了《公文处理暂行办法》。后来，党和国家相关机构又陆续修订下发了一系列规范性文件，对公文写作的格式、处理等做出明确规定，对公文格式与时俱进地加以规范。

目前遵循的公文格式规范标准，是中共中央办公厅、国务院办公厅于 2012 年 4 月 16 日联合发布、2012 年 7 月 1 日实施的《党政机关公文处理工作条例》[以下简称"《条例》（2012）"]，由中华人民共和国国家质量监督检验检疫总局、国家标准化管理委员会于 2012 年 6 月 29 日联合发布、2012 年 7 月 1 日实施的《党政机关公文格式》（GB/T 9704—2012），以及 2012 年中国质检出版社、中国标准出版社出版的图书《〈党政机关公文格式〉国家标准应用指南》。

这些文件对党政机关的公文文体、格式要素、文面式样和版面形式做了详细、严格的规定和解释，是国家法令和国家标准，公文写作必须依照这些特定模式进行，任何机关和单位不能各行其是、别出心裁、另搞一套，否则不仅有损发文机关的形象，更重要的是会给工作造成损失。公文写作者应该以《条例》（2012）和国家标准为工作的基本遵循，将其作为"案头书"。

1.4 公文格式要素

《条例》（2012）对公文格式做了明确规定，指出：公文一般由份号、密级和保密期限、紧急程度、发文机关标志、发文字号、签发人、标题、主送机关、正文、附件说明、发文机关署名、成文日期、印章、附注、附件、抄送机关、印发机关和印发日期、页码等18个要素组成。这些都需要认真掌握，严格遵照执行，避免发生错误，闹出笑话。

这18个要素按其所在的位置，又可分成眉首（版头）部分（前6个要素）、主体部分（中间9个要素）、版记（文尾）部分（最后3个要素）。眉首部分位于公文首页上部，一般占整个页面的1/3左右。主体部分位于眉首部分以下，版记部分之上。版记部分位于公文最后一页下端。

先看版头，一共有6个要素，分别是份号、密级和保密期限、紧急程度、发文机关标志、发文字号和签发人。

在一份红头文件中，发文机关标志、发文字号和签发人一般都是有的，份号、密级和保密期限、紧急程度则根据情况添加。

再看公文主体，一共有9个要素，分别是标题、主送机关、正文、附件说明、发文机关署名、成文日期、印章、附注、附件。

标题一般是发文机关全称（或规范化简称）+关于+事由+文种，是以发文机关名称和内容为限定修饰成分的偏正词组。 标题要简明、准确，既能揭示公文的主要内容，又能体现行文主旨与行文关系。要避免几种常见错误，如无文种或错用文种、标题不能反映文件主旨或不精练，以及在标题中增加不必要的标点符号。

主送机关是公文的主要受理机关，应当使用机关全称、规范化简称或者同类型机关统称。 需要避免的情况：称呼不规范，主送领导个人或个人并组织，以及党政机关不分。

正文是公文内容表述主体，要充分反映行文意图，观点鲜明、条理清楚、简洁通畅。

正文要做到以下几方面的规范。

一是首次引用其他公文要规范。按照"发文机关+公文标题+文号"的方式引用，如"根据财政部《关于××××的通知》（财资发〔2017〕×号）要求"；引用的公文标题中如能体现发文机关的，按照"公文标题+文号"方式引用，如"根据《国务院国有资产监督管理委员会关于××××的通知》（国资发〔2017〕×号）要求"。

二是文中不夹带图表的规范。公文正文中不能夹带图表，能通过简短语言叙述的，用语言叙述，不易用语言叙述或相对复杂的，以附件形式解决。

三是结构层次序号要规范。文中结构层次序号一般是："一、""（一）""1.""（1）"。如果只有两个层次，层次序号可以是："一、""（一）"，或者"一、""1."，但是在同一篇文稿中不能交叉使用。

四是结尾用语及标点要规范。结尾要求简洁、规范，避免语言累赘、过分拔高、要求失当等问题。结尾用语标点用"。"，不宜用

"？"或一个及多个"！"。

附件说明的使用规范是，在正文下空一行，左空二字，编排"附件"二字，后标全角冒号和附件名称。如有多个附件，使用阿拉伯数字标注附件顺序号（如"附件：1.××××"）；附件名称后不加标点符号。附件名称较长需回行时，应当与上一行附件名称的首字对齐。

发文机关署名、成文日期和印章的使用上，成文日期一般右空四字编排，用阿拉伯数字将年月日标全。印章端正、居中下压发文机关署名和成文日期，要避免出现三要素不全或发文机关与印章不一致的情况。

附注居左空二字加圆括号编排在成文日期下一行，是公文印发传达范围等需要说明的事项，不是对正文内容的解释。请示件需注明联系人。

附件应当另面编排，并在版记之前，与公文正文一起装订。"附件"二字及附件顺序号用三号黑体字顶格编排在左上角第一行，不加冒号。附件标题居中编排在第三行。附件标题应当与附件说明的表述一致。

最后是版记，包括抄送机关、印发机关和印发时间、页码。

需要注意的是，抄送机关是除主送机关外需要执行或知晓公文的机关，应使用机关全称、规范化简称或同类型机关简称。抄送机关超过一个时，依次按照上级机关、同级机关、下级机关的顺序排列。向上级机关行文，不抄送下级机关。联合发文时，联合发文单位不作为抄送机关。

上述可见，公文格式的每个要素都有明确的使用规范，不能随意改变，且很多体现在使用和表述的细微之处。写作者需要掌握这方面的知识，以避免出现差错。

格式要求主要针对的是法定公文，对于事务性公文而言，格式没有严格的要求，但也有一些约定俗成的体例和范式要求。比如，调研报告的写作，基本格式要素一般包括开头、现状调查、存在的问题、建议几个部分，不能把调研报告写成总结材料。

在每个单位，除了红头文件之外，还有一些内部行文，俗称"白头文件"，以及工作函件、请示件、批阅件、办文要报等形式。各单位因地制宜，制定了一些内部的公文格式规范要求，这也是写作者需要掌握和遵循的。

1.5 合理使用文种

《条例》（2012）规定了决议、决定、命令（令）、公报、公告、通告、意见、通知、通报、报告、请示、批复、议案、函、纪要等15个文种的撰写规范。每个都有特定的适用范围和使用要求，需要准确把握。公文写作者可以结合自己的实际工作，去参照、学习、消化。

南朝梁文学理论批评家刘勰在《文心雕龙》中说，"章以谢恩，奏以按劾，表以陈请，议以执异"，就是说不同的文种，其目的和功用是不一样的，不能混淆了。

在文种使用上，每个文种都有它的适用范围，也有各自的文种特点、语言特点、结构特点。这些需要准确把握和运用。我们结合几种常见的文种来看一下。

决定，适用于对重要事项或者重大行动做出决策和部署，奖惩有关单位及人员，变更或者撤销下级机关不适当的决定事项。文种特点上，决定是下行文，具有权威性、重要性和强制性。语言特点上，用语严谨，要求明确，行文严肃，语气果断，语言简练，多使用陈述句和祈使句。结构特点上，一般先说缘由（依据），再说决定事项，平行罗列，最后说工作要求。

意见，适用于对重要问题提出见解和处理办法。 文种特点上，可以是下行文，也可以是平行文或上行文，具有灵活性、针对性、指导性和原则性，带有指导、宣传、引导、说明、阐释意见等方面的作用。语言特点上，较多地使用说明的表达方式，说理简明扼要，不展开论述，语气相对缓和，不使用命令性的强制口气。结构特点上，开头概括说明缘由、目的。在主体结构安排上，先写总体要求、指导思想、主要目标，后写具体指导意见、措施要求。结尾简单地提出执行要求，但一般不做强制性规定。

通知，适用于发布、传达要求下级机关执行和有关单位周知或者执行的事项，批转、转发公文。 文种特点上，通知是下行文，适用范围广、使用频率高、行文灵活。语言特点上，要求明确，范围清晰，语句简练，态度坚决，便于准确地理解和执行。结构特点上，开头简要说明通知缘由，正文主体对通知事项进行部署安排，结尾视情况提出工作要求。

报告，适用于向上级机关汇报工作、反映情况，回复上级机关的询问。 文种特点上，报告用于上行文，具有汇报性、陈述性、单向性。语言特点上，报告语言要体现出组织观念，真诚地尊重上级，反映情况、陈述意见、提出请求等都要实实在在，语气平和、肯定，不使用请求的口吻和语气。在结构上，正文主体前，先概括说明工作背景、过程、总成绩以及所报告内容的总评价等，然后在正文主体进行分述。也就是说，将报告的内容有条理、分层次或分条列项逐一加以具体叙述说明。

请示，适用于向上级机关请求指示、批准。 文种特点上，也是上行文，具有请求性、回复性、先行性、单一性。语言特点上，请示用语要谦恭、恳切，以示对上级的尊敬和对所请示事项、解决问题的急切心情，理由要陈述充分，提出的解决方案应具体，切实可行，层次清晰，无逻辑错误。在结构上，请示缘由＋请示事项＋结束语，主体主要说明请求事项，具体、明确、条项清楚。只宜请求一件事，结束语一般用"请予批复"。

批复，适用于答复下级机关请示事项。 文种特点上，批复是下行文，具有被动性、针对性、指导性和简要性。语言上态度明朗，语气肯定，所提要求清晰、明确、简洁，体现上级行文的权威性与约束力。结构上：先说批复根据，包括来文标题、文号等；再说批复内容，包括针对请示中提出的问题所做的答复；最后是工作要求，包括做好哪些工作、注意事项等。

函，适用于不相隶属机关之间商洽工作、询问和答复问题、请求批准和答复审批事项。 文种特点是平行文，具有往复性和简便性。语言特点是开门见山，直叙其事，措辞得体，语气平和、礼貌、恳切，简明扼要，一文一事。在结构上，开头说明发函的缘由、根据，主体作为函的核心部分，主要说明致函事项，有的结尾用礼貌性语言向对方提出希望或请对方协助解决某一问题，或请对方及时复函。

纪要，适用于记载会议主要情况和议定事项。 文种特点上，纪要可上报，可下发，也可用于互通情况，具有概要性、决议性、备查性。语言要求准确、严谨、规范，概括全貌，忠实原意，归纳提炼，明确简洁。结构上一般由三部分组成，开头写会议概况和基本要素，主体主要是议定的事项，逐项或逐条记录。一般会议纪要不写结尾。

行文主旨意图决定了文种的选择使用。比如：要告知公文对象某件事情，用到的就是通知；要向上级提出请求，就需要用到请示；要与相关方进行工作的沟通和商洽，用函就比较合适。从某种程度上来说，文种是形式的范畴，使用什么样的文种，主要是根据行文的目的和主旨来加以选择。

比如，有的文种具有指示功能，适用于上级机关向下级机关行文，如决议、决定、指示、批复；有的文种具有陈述呈请的功能，适用于下级机关向上级机关行文，如请示、报告；有的文种具有周知功能，适用于公开发布或在一定范围内发布事项，如公报、通报；有的文种具有规范功能，适用于对特定范围的工作或事务制定具有约束力的行为规范，如条例、规定；等等。如果不加以分辨，就容易造成混淆。

错误使用文种会造成行文关系的混乱，影响公文效能的发挥。我们假设有人写公文时不分文种，把本来应该做出指示和形成重要意见的决议写成了广而告之的通报，或者把对上级的请示写成了报告，抑或是把请示和报告连缀在一起，这无疑都会成为笑话，影响工作。

特别强调一下，请示和报告是公文写作中的易错文种，需要加以注意。请示带有请求事项，需要上级予以答复；报告则只是报告情况，上级看了就可以，不一定予以回复。所以，请示和报告适用不同的情况，不能混淆。请示和报告的主要区别就在这里，但在实际工作中很多人容易用错，常常在报告中夹带请示事项，或者多头请示、越级请示、一文多事等，这些都不符合规范。

我们用生活中的例子来说：假设夫人是男同志的上级，到年底了，男同志需要向夫人报告一下全年的财务收入情况，只需要客观报告，不需要批复，这时用的是报告；如果要买一部新款手机，申请经费支持，需要上级批复同意或者不同意，这就用到了请示。

在使用请示和报告的时候，如果掌握要求不到位，就会出现生造文种、文种重复、无文种等错误情形。比如下面几种情况。

"××公司关于××××事项的申请""关于××××的汇报"都属于生造文种，应该分别改成"请示"和"报告"。

"关于××的请示报告"，属于文种重复，要么是请示，要么是报告，不能重用；"××公司关于申请××××的请示"，表述不简洁，"申请"应该去掉。

"关于××××的若干措施""关于××××的工作进展"都属于无文种，需要视情形在后面加上"请示"或"报告"。

"关于××××的调查报告""关于××××的统计报告"都属于文种错误，要改成"关于××××的报告"。也就是说，只有"报告"这个文种，而没有"调查报告""统计报告"等用法，正确的使用应该是"关于××××情况调查的报告""关于××××统计情况的报告"。

1.6　遵循正确行文规则

公文有一定的行文规则，制定这些规则是为了保证公文流转的高效和公务的有效开展，在实践中不能随意逾越。

比如，在一般情况下，公文是一文一事，而不能一文多事，尤其是请示、通知、批复等文种，一文一事才能保障公文处理更加及时、快捷。所以，不要为了图省事而变成一文多事，影响效率。

公文尤其是法定公文，原则上要求公对公，不能轻易出现私对公、公对私、私对私的情况，这体现了"公文姓公"的特点。每个人在签发和接收公文以及办理公文所涉事务时，都是在履行职务所赋予的权责，而不是一种个人行为，以私代公不符合公文的行文规则。

公文需要逐级行文，而不能越级行文，也不能多头行文。这些不符合行文规则的做法，既是不专业的表现，也会给公文后续的处理和执行带来很多障碍。

不同种类的公文除了作用不同，也体现了发文机关与受文机关之间关系的不同。文种的使用要与行文关系相一致。行文关系包括上行文、平行文和下行文，体现为工作位阶和管理层级的差异。不同的行文关系，涉及文种选择、语气口吻等的不同。

怎么来理解不同的行文关系呢？比如，用生活中的人物做比喻，父母是你的上级领导，兄弟姐妹是你的平级，儿女是你的下级。有事要行文向父母请示报告时，这就是上行文。如果邀请兄弟姐妹周末来家里聚会，发函过去，这就是平行文。要通知儿子参加课外班的时间和地点，就要用到通知这种下行文。

1.7 公文流转要求

公文处理的每个环节都有着严格的程序规定，是一项制度化、程序化、精细化程度很高的工作。遵守公文流转程序和规范要求，有利于保障公文合规合理，最大限度地缩短行文时间，提高工作整体效能，及时充分发挥公文效用。

从发文来说，基本程序是：拟稿，核稿，签发，校对，印制，用印，登记，发送，归档。 为了保证质量，一定要先核后签，印制前还要认真校对，做到"一字入公文，九牛拔不出"。同时，要遵循保密准则。

收文基本程序一般包括签收、启封、登记、审核、拟办、批办、分送、承办、催办等环节。审核的重点包括是否急件、限办件，是否属本单位办理，是否符合行文规则。

对收文进行分类时，一般分为办件、阅件。需要答复、汇报、落实、反馈结果的为办件，仅为阅知的为阅件。来文需办事项属于日常性业务或承办部门有明确分工的，按照职能分工直接分办。

请示、报告中涉及全局性、政策性、指导性或重大问题的，以及按照职能分工不易明确具体承办部门的，需要提出拟办意见送有关负责人阅批。涉及两个以上承办部门的，应明确主办部门。

机要文件运转由机要文书人员负责，不得由无关人员转手、交接、传递。拆封除注明"亲启"外，均由机要文书人员拆启。单独登记机要文件，涉密文件要与非涉密文件分开登记。机要文件传阅中以机要文书人员为"点"，阅件人相互之间不得横传文件。

送领导传批、传阅的公文，原则上要按照领导同志的排序，依次呈送。传批件由后向前送批，传阅件由前向后送阅。领导之间一般不横传文件，应由公文办理人员进行传递。

来文出现重大纰漏的，如多头主送、请示事项不明、缺页少字等，应做退文处理；若为一般问题，如个别格式不规范等，应先办理并提醒来文单位，以免误事。

需要归档的公文及有关材料，应当根据《中华人民共和国档案法》和企业有关规定，及时收集齐全、整理归档。个人不得保存应当归档的公文。两个以上机关联合办理的公文，原件由主办机关归档。

1.8 公文的"五定"特征

"公文姓公"这一属性,也决定了公文具有自身的特征。我把它概括为"五定":法定作者、既定程序、法定效力、固定格式、特定功能。

第一,法定作者,指公文的使用人或者签发人。我们叫署者,与作为自然作者的起草者不一样。公文属职务作品,归属于单位或使用者所有,与谁是起草者没有太大的关系。一般文章属于文责自负,比如某个人在自媒体上发了一篇文章,无论是赢得网友的点赞还是招致一片骂声,对象都是指向这个人,但公文写作的文责由最后签发者或使用者承担。

第二,与法定作者相应的,就是公文有既定程序。谁来起草、谁来修改、谁来审核、谁来定稿签发,是按照内部分工并由规章制度明确规定的。这样既是为了通过层层把关保证质量,也体现了把个体智慧凝聚为组织智慧的需要,所以不能随意打破,也不能逾越。

第三,公文有法定效力,这种效力源于它所属机关或组织的法定权力。公文规定和明确的事项,在它所涉及的管辖范围内的所有单位和个人必须贯彻执行。如果有不同意见,只能以规定的方式和程序向上级机关或组织反映。在公文效力未丧失前,必须遵照执行。违反公文所规定的内容,就意味着不服从管理,应当受到相应的处理或惩罚。发文机关或组织的职权范围越大,公文的权威性就越强,作用的范围也就越广。公文的法定效力决定了它的严肃性和规范性。

第四,固定格式,前面已经讲得比较多了。

第五,特定功能,就是公文在国家治理、公共事务中有着特定的作用。一是领导和指导。大到国家机器的运转，小到一个企事业单位内部工作的有序开展，都与公文的组织、指挥、管理作用密切相关。二是规范和约束。公文中有相当一部分内容具有强制性质，是一定范围内行动的准则或行为规范，具有明显的规范和约束作用。一旦发布生效，就必须遵照执行。三是沟通和联系。党政机关、企事业单位都要通过制发公文联系和商洽工作，传递和反馈信息，介绍和交流经验，保障各项工作能够正常而有序地开展。四是宣传和教育功能。让大家统一思想，提高认识，启发思路，形成共识。五是依据和凭证功能。公文是做出决策、处理问题、开展工作的依据和凭证。很多重要的公文都需要归档保存很长时间，以便需要时能够便捷、准确地查找。

公文有这么多的功能和作用，好的公文不只是停留在字面上，还会对实际工作带来直接影响，能够改变客观事物的走向，所以把公文写好，就能够为社会、为公众做很多事。有时候，一条好的政策条款，能给很多人带来福祉，能让很多人感受到党和政府的温暖，能让很多人的周遭环境和生活、工作条件得到改善，正所谓"身在公门好修行"。

为什么要突出公文的这些特征呢？对我们理解和认识公文有什么帮助呢？可以从三个方面来理解。

首先，从以上特征中我们可以看到，公文的撰者与署者（签发人，也就是法定作者）常常是分离的，所以写作者要把握好为他人或为组织代言的角色定位。

其次，公文写作是一项组织行为，而不是个人行为，体现组织意图而非个人意图，是一个将个人主张上升为集体意志的过程，所以公文写作者应该注重自身在这个过程中发挥的作用，但应该杜绝自己个人的东西越多就越好的想法，而是应该服从于组织意图表达的需要。

最后，公文是有特定功能和法定效力的，所以更要注重公文的实用性，坚持非必要不发文的原则，减少公共资源的浪费，使每一份公文都能产生实实在在的功效。

— 本堂课习题 —

一、单选题

1. 以下属于上行文的文种是（　）。
   A. 通知　　　B. 报告　　　C. 函　　　D. 通报

2. 两个或两个以上部门联合行文时，必须做好（　）工作。
   A. 审核　　　B. 签发　　　C. 会商　　　D. 会签

3. 向上级机关提出请求事项，使用（　）。
   A. 申请　　　B. 报告　　　C. 请示　　　D. 议案

4. 公文的主送机关是（　）。
   A. 有隶属关系的机关　　　B. 受理公文的机关
   C. 收文机关　　　　　　　D. 需要了解公文内容的机关

5. 关于请示和报告，以下说法错误的是（　）。
   A. 报告属陈述性公文，故不要求上级机关回复；请示属呈请性公文，需要上级机关给予答复。
   B. 篇幅容量不同，报告可以一文数事且篇幅较长；请示则严格要求一事一请，篇幅相对较短小。

C. 行文时间不同，报告在事后行文，请示必须事前行文。

D. 报告可以多头主送，请示只能主送一个机关。

6. 以下说法正确的是（　　）。

　　A. 报告可以夹带请示事项。

　　B. 越级行文可以提高行文效率。

　　C. 报告可以作为下行文。

　　D. 请示应标注联系人姓名。

7. 请示结束语，以下哪一项是得体的（　　）。

　　A. 上述事项十分重要，请尽快批准。

　　B. 以上所请，如有不同意见，请来函商量。

　　C. 妥否，请批示。

　　D. 妥否，请10日内函复。

8. 请示可以呈报领导者个人的是（　　）。

　　A. 领导直接交办的事项　　　　B. 与领导相关的事项

　　C. 重要文件　　　　　　　　　D. 机密文件

9.《××集团关于2021年市场经营的情况报告》，这一公文标题的错误是（　　）。

　　A. 没有主送机关　　　　　　　B. 事由不清

　　C. 文种不当　　　　　　　　　D. 发文单位使用简称

10. 公文的法定作者是指（　）。
　　A. 起草人　　　B. 审核人　　　C. 流转人　　　D. 签发人

二、多选题

1. 公文的主要作用包括（　）。
　　A. 领导和指导　　　B. 规范和约束　　　C. 沟通和联系
　　D. 宣传和教育　　　E. 依据和凭证

2. 以下属于法定公文的是（　）。
　　A. 调研报告　　　B. 通知　　　C. 会议纪要
　　D. 函　　　　　　E. 通报

3. 标注公文的主送机关可使用（　）。
　　A. 全称　　　　　B. 简称　　　C. 同类机关统称
　　D. 规范性简称　　E. 并称

2 掌握基本功
花样再多，都不如练好这六项基本功

俗话说："万丈高楼平地起。"做什么事情都得先把基础打好，公文写作也是如此。初学者不要想"一口吃成个胖子"，也不要一开始就想掌握诸多花样，先练好基本功最重要。

公文文稿的写法看似千变万化，但化繁为简，可以归纳为六项基本功，分别是扩写、缩写、改写、续写、串写和补写。从熟悉这些基本写法入手，把基本功练扎实了，再进一步琢磨掌握窍门。就像练习武术一样，先把马步扎好了，才能接着练习高深的武艺。

2.1 据题发挥，练好扩写功

扩写，就是把原来内容简单、篇幅短小的短文或片段，经过再创作，丰富文章的语言、结构和内容，使它比原作更充实、更具体、更完善。

扩写是工作中经常运用的一种写法，比如在平时的工作中，将一些会议纪要、工作简报、新闻稿等篇幅相对较短的材料，扩写成大文章；也可以依据几个观点，扩写出一篇理论性的文章。练习扩写，可以有效地提高发散性思维能力和文字驾驭能力，是一种很重要的写作训练方法，是提高文字水平的有效途径。

扩写不只是篇幅的简单扩大和文字量的增加，更是内容深度和容量的扩充，是对文章的进一步丰富和完善。扩写时一定要把握以下几点。

第一，补充和扩展的内容必须符合情理，不能随意改变原文的本意，要真正做到吃透原文。一般来说，核心观点和基本判断是不能变的，扩充的是情况概述、背景信息、素材论据等，以使原文更加充实，更具有说服力。

第二，要善于找到"可扩点"，也就是能够扩充和需要扩充的地方。对原作内容简略或空洞的地方要重点着墨，写得更丰满；对模糊的地方要加以梳理，使条理更清晰、逻辑更严谨；对论述不够深入的地方要进一步论证，使观点更有深度。

比如，在某企业一次季度生产经营形势分析会上，主持人在最后用简短的一段话对业绩进行了总结：

三季度生产运行良好，安全形势总体平稳，经营效益稳中有升，财务状况总体稳健。通过上下的共同努力，达成了优异成绩。

会后形成的会议纪要也用了同样的篇幅和表述。在接下来给上级报送的工作简报中，关于业绩的总结部分，无疑不能如此简略，那就需要用到扩写。在基本结论观点不变的情况下，结合会上汇报、讨论等环节对各方面业绩的呈现，要对内容加以扩充。既不改变原意，又充分放大"可扩点"。如下：

第三季度，公司认真贯彻落实党中央、国务院重大战略部署，积极应对外部宏观形势变化，全系统上下齐心协力，强化统筹协调，狠抓工作落实，总体保持生产平稳运行，主要生产经营指标超额完成，达成了优异业绩。主要表现在：生产实现超产，贸易量同比增长；重点工程建设项目进展顺利，多个项目提前投产；海外业务发展势头良好，同比实现较大幅度扭亏增利；技术板块工作量大幅增长，盈利能力显著提升；金融板块整体盈利较为稳健。公司投资计划执行较好，投资完成率创近五年最高；成本同比继续下降，在产品市场价格下降的情况下，实现营业收入同比持续增长，利润总额同比持平；公司资产负债率好于年度管控目标，财务状况总体稳健。在工作量显著增加的情况下，实现安全生产形势总体平稳，节能减排指标完成情况良好。

同时，我们也清醒地认识到公司生产经营中存在的不足：盈亏结构不平衡的矛盾较为突出，部分单位工作量及效益滞后于预算时间进度，安全生产领域基础管理不够扎实。对于以上问题，我们将高度重视，在下一步工作中深化研究，切实加以解决。

2.2 提炼精华，练好缩写功

缩写，就是把一篇较长的文章，在不改变原文中心思想、内容重点、脉络主线、基本结论等情况下，通过高度概括、认真归纳，压缩成一篇较短的文章。

缩写这一形式很常见，如起草领导讲话、情况报告、会议纪要、典型材料、工作请示等，往往需要有较强的缩写功。要求从一堆文章素材中，取其精华，尽可能用较少的文字加以归纳总结。

缩写训练，既可以促使我们在阅读文章时，注意洞悉要点、明确主旨，从而训练阅读理解能力，又可以帮助我们训练综合概括和书面表达的能力，以及学会如何取舍和剪裁。

缩写要把握"三个基本",即基本要求、基本方法、基本原则。**基本要求是做到"量体裁衣"**,根据缩写的需要,在限定的字数内,使缩写的文章符合要求;**基本方法是通读原文**,把握主题主线,分清层次,哪些应该删减,哪些应该保留,做到心中有数;**基本原则是把握主次**,"存主干,去枝叶",用化繁为简的写法,揭示原文的核心要点。

例如,在一次讨论海外项目国际化运营的会议上,主持人在总结时,提了很多想法和要求,较为口语化,整理出来如下:

要把及时的后评估跟上,包括法律风险,有些地方不能去就不去了。有些地方,过去海外人员轮换,出去了回不来,回来了不好安排,没有岗位,只有几个主要地区还可以。还得注意风险评价与控制,特别是一些国家法律不健全,用法律去维权只是理论上的。但打起官司来,事情没解决,胜诉有啥用?每个项目及时把后评价跟上,及时调整,能跟的跟,能退的退。要快刀斩乱麻,不要犹豫不决。我现在发现,想找我们合作的还真是不少。我们公司在行业内的知名度挺好,我们运作比较规范,他们愿意跟我们合作。这都很好,但是别把事情弄砸了,影响我们的形象。做坏一件事情,影响全局。

在形成会议纪要时,不可能原样照搬上述这段话,这就需要抓住和保留其中的主要观点。保留原意的同时,用规范的书面语加以归纳、提炼,删除过于枝蔓和口语化的内容,通过缩写使其更加简洁凝练。缩写后形成的内容如下:

要突出风险的评估与控制。要及时做好每个项目的后评估,突出项目的有效性并兼顾法律风险、国家政策风险等评估工作,同时对潜在的风险制定应对预案。坚持海外资产管理的"进、退、维"原则，对战略价值不高、效益不明显、潜在风险突出的现有项目，要制定果断的退出方案。

2.3 因事而变，练好改写功

改写，就是根据工作所需，把一种体裁的文章变成另一种体裁的文章，或者把一种风格改造成另一种风格，把不符合要求的修改成符合要求的。这在公文写作中是最常见的一种写作形式。

改写的要求较为灵活，不仅可以改动原作的内容，还可以改变原作的形式、题目、表达方法、语言风格，是以原作为题材进行的"再创作"。改写的过程，实际上就是重新构思、重新剪裁、重新布局的过程。

改写是一种难度较大的写作训练。要练好改写功，需要在三方面下功夫。**一是要学会驾驭多种文体。**多学多练，打好基础，努力做到"十八般武艺"样样精通，能胜任不同的修改任务。**二是要正确把握修改方向。**根据任务需要，明确改写的要求，不是为了改而改，也不是为了展示写作能力高超而改，而是根据改写的需求和目的，有方向、有针对性地改。**三是要充分体现修改的创造性。**改写绝不是简单的文字重新组合，而是利用原有内容素材，形成一篇"新的文章"。除了已有内容之外，还要注入自己的思考和创新的元素。

改写可以是不同文体间的改写，比如把一则新闻改写成一则信息，把一篇简报改成一份综合报告，把一篇总结材料改成一份经验材料，等等。不同文体之间的跨越，在结构特征、语体风格和写作要领上都会有很大的不同，改写的目的是要做到"写啥像啥"，功夫全在一个"改"字上。

拿新闻稿和信息来说，新闻特别是通讯、特写，可以用修饰词和拟人、比喻、对偶等修辞手法，语言尽量生动活泼、有血有肉，能够引起读者的共鸣。而信息则要求开门见山、平铺直叙，尽量不要用修饰语和修辞手法，语言要求简洁易懂，力求以最少的文字表达最大的信息量。

我们先看一篇新闻特稿《大亚湾畔崛起"石油城"》中的几个段落：

从广东惠州市的霞涌到澳头村，有一片近30平方公里的土地。这块背倚白头山、面朝大亚湾的地块过去一直蛮荒，如今已成为国内著名的石化基地，当地人亲切地称之为"石油城"。

驱车经过此地，目光所及之处已"长"起一片油罐、烟囱和油管交织的"丛林"。这个中国最大的合资石化企业正在平稳生产中。一墙之隔的惠州炼油项目建设是另一番热火朝天的景象：满载原料的拖拉机、挖土机频繁出入，各种施工装备不知疲倦地轰鸣……周边的配套项目也沿马路边一字排开，有发电、物流、石化服务等。当然，还有那座××首次独立建造的石化西加油站。

短短数年，一座气势磅礴、充满生机和活力的"石油城"已在惠州拔地而起。

再看由这篇新闻稿改写的信息稿开头部分：

6月18日下午，惠州炼油项目在广东惠州市大亚湾隆重举行投产庆典。这是目前中国首套单系列最大、专门用于加工重质高酸原油的炼油项目。随着惠州 1200 万吨炼油项目的 13 套主体装置全面成功投产，其生产的成品油产品已陆续投放市场，为国家经济和社会发展，特别是经济活跃的珠三角地区提供了充足、及时的能源保障。

改写也包括同一篇文章，从不好改写到好，从不合乎要求到满足要求。这就需要具体问题具体分析，找出原文主要的问题在哪儿，需要达到什么样的要求和效果，应该从什么地方着手进行改写。

我们来看一篇《科技年报》的致辞稿，在修改前如下：

《科技年报》科委会主任致辞（修改前）

习近平总书记在 2016 年 5 月 30 日出席全国科技创新大会时指出，科技兴则民族兴，科技强则国家强。认真贯彻落实党的十八届五中全会精神、全国科技创新大会和习近平总书记关于创新的系列重要讲话精神，进一步解放思想，激发干部员工的主动性和创造性，增强公司发展的内生动力和活力，推动公司实现更加有质量、有效益、可持续的发展，是总公司培育核心竞争能力、应对低油价严峻挑战的内在要求和迫切需要。

2016 年是总公司"十三五"规划开局之年和深化改革之年，也是总公司"十三五"科技发展顶层设计和发展改革重点任务部署年。一年来，总公司深入贯彻落实创新驱动发展战略，按照"统筹、突出、规范、提升"科技工作思路，全面总结了总公司"十二五"科技工作，明确了总公司"十三五"科技发展与改革创新的目标、原则及重点任务；发布实施"十三五"科技发展规划和标准化规划，统筹"十三五"科技重大项目和科研平台条件建设顶层设计，启动"十三五"国家重大专项和国家重点研发计划项目，稳步推进科研平台条件建设，深化科技体制机制研究；开展了科技管理内控制度整体性修订与优化，加大重大科技成果宣传。成功召开总公司第八次科技大会和首届创新大会。圆满完成了2016年各项工作任务，取得良好成效，为总公司生产经营和"降本增效"贡献了科技价值。

2017年，总公司提出了更高的生产经营目标，面临的任务更加艰巨。创新是引领发展的第一动力，建设拥有强大的科技实力与创新能力，是破解发展"瓶颈"、厚植发展优势的重要动力源泉。我们要坚持"创新、协调、绿色、开放、共享"五大发展理念，深入贯彻十八届五中全会精神和国家创新驱动发展战略。以总公司"十三五"总体思路和发展目标为指引，以支撑增储上产、创收增效为主线，以创建关键核心技术体系为主要任务，着力完善科技决策体系，推动落实总公司"十三五"科技规划，组织实施好35个科技重大项目，完善研发投入考核机制，促进科技成果转化。推动科研条件平台建设，统筹科技项目研发—矿场试验和技术推广——"三新三化"一体化、协同创新、项目—人才—激励机制建设，推动实施大科技体制，全面发挥科技创新在公司产业可持续发展中的支撑与引领作用。

创新事关国家和企业的前途命运。希望广大科技工作者和科技管理人员能够切实吹响创新的"号角"，充分调动创新创造潜能，真正实现用创新发展新技术、培育新业态、打造新动能，为建设中国特色国际一流能源公司做出新的更大贡献！

这篇致辞以大型企业主要领导的名义拟在《科技年报》上发表，初稿存在明显的缺陷和不足：一是站位不够高，对具体工作讲得过细、过多，更像是站在一个职能部门的高度，而不是站在公司的高度；二是立意不高，从全局和战略的高度把握和落实创新发展理念显得不够，对科技创新的重要作用、科技创新在创新工作中的地位阐述不到位，以至于仅仅局限在年度的科技具体工作上，延伸和拓展不够，内涵单薄；三是没有准确地把握受众，设定的受众只限于科技工作者，而忽视了广大员工和公司利益相关方对公司创新工作的重视和关注。

针对这些问题，修改如下：

《科技年报》科委会主任致辞（修改后）

习近平总书记在 2016 年召开的全国科技创新大会上指出：科技兴则民族兴，科技强则国家强。我们深刻理解并认真贯彻落实党的十八届五中全会、全国科技创新大会和习近平总书记关于创新的系列重要讲话精神，切实践行包括创新发展理念在内的五大发展理念，坚持以支撑产业发展为导向，以增强竞争力为目标，以提质增效为落脚点，大力实施创新驱动发展战略，充分调动广大干部员工创新创造潜能，激发和释放创新动力和活力，努力用创新塑造公司未来。

2014 年以来，面对经济转型、能源行业转型的复杂形势，公司把加快推进创新作为应对严峻挑战、培育公司核心竞争力的重要手段。创新在公司得到了更多关注，也焕发了更大的活力。

科技创新始终是创新发展的基础和关键。2016 年是"十三五"科技发展顶层设计和发展改革重点任务部署年，在"十二五"取得成果的基础上，科技创新坚持顶层设计与基层创新相结合，提出了"统筹、突出、规范、提升"的科技工作思路，明确了"十三五"科技发展与改革创新的目标、原则及重点任务，发布实施了"十三五"科技发展规划和标准化规划。与此同时，在健全体制机制、建设科研平台、培育科技人才、营造创新氛围等方面都做了大量卓有成效的工作，取得了良好成效，这些成果在这份年报中得到了充分呈现。我对所有为这些成果的取得付出了辛勤劳动和智慧的人，致以真挚的感谢。

特别值得一提的是，2016年公司召开了第八次科技大会和首届创新大会，会上从指标、机制、人才、文化四个方面明确了公司创新"四个一"目标。以此为契机积极推进科技创新、管理创新和商业模式创新，并成立了2亿元创新基金，真正把创新工作摆到了公司的重要议事日程上和工作部署中。我期望这些要求和措施能早日见到成果。

当前和今后一段时间，加快推进创新对公司尤为紧迫。从外部环境看，国内外能源格局和市场形势正在发生快速变化；从公司内部看，制约公司发展的重大关键核心技术亟待突破，科技创新对公司发展的引领与支撑作用迫切需要提升。

"十三五"是公司从要素驱动发展向创新驱动发展转变的关键阶段，我们将继续把创新作为引领发展的第一动力。特别要把科技创新摆在更加突出的位置，着力增强自主创新能力，着力建设创新人才队伍，加快核心关键技术攻关和突破，以科技创新的新成果提升公司发展的竞争力。这是科技创新工作的最终归宿，也是科技创新工作的最大价值之所在。

我衷心地期盼公司广大科技工作者和科技管理人员当好公司创新发展的排头兵和先锋队，让创新的精神流淌在血液里，体现在行动上。多出创新人才，多出创新成果，助力公司实现更加有质量、有效益、可持续的发展。我也衷心地希望更多的干部、员工能够投身公司的创新发展中，抓住创新发展机遇，创造更多的创新业绩，不负时代召唤，不负公司期待，让公司永葆创新基因。

改后的稿件明显更胜一筹，基本解决了初稿存在的诸多问题，而且在时间跨度上，从年度延伸到两个五年之交，内容上从单纯的科技创新拓展到创新驱动发展，站位上体现了公司的战略高度。对具体工作既有总体概述，又突出重点，详略得当，受众面上扩展到更广大的群体。

2.4 合理延伸，练好续写功

续写，就是顺着原作的思路、线索、脉络或主旨的发展，对原文进行合理的延伸和拓展，使意思表达得更完整、内容更全面。

续写在文学作品中比较常见，大家都知道，《红楼梦》的原作者曹雪芹只写了前八十回。有一种说法，是高鹗根据前八十回提供的线索和伏笔，续写了后四十回，才使这部宏伟巨著得以完整。

起草公文，特别是在修改公文的过程中，往往也存在续写的问题。当原文存在结构性缺失，导致后面的意思表达不完整；或由于内容缺乏协调，后面内容与前面存在矛盾和不一致；或因为情况的变化，后面内容不符合最新的要求等，就需要续写。

续写要注意的地方：**一是保持前后文语言风格的一致性**，根据前文合乎逻辑地续写，做到前后呼应，内在自洽；**二是把握续写与扩写的区别**，扩写是对全篇整体的扩展，而续写是在不改变前文的情况下续写后文；**三是续写要有的放矢**，尽管续写部分对行文的内容限制较小，留下的可供自由发挥的余地比较大，但也要经过缜密思考。在动笔前最好能列出写作提纲，明确写作重点，避免信马由缰。

续写既可以体现在全文，也可以体现在文中的局部，将一个部分、一个意义段通过续写使其更完整。

下面的例子中，会议主持人说了主要观点或整体情况，但表述不全面，会议纪要应根据需要，将意思续写完整。

比如，会议主持人说：高质量完成全年勘探目标任务。要坚持以寻找大中型油气田为目标，进一步解放思想、保持勘探定力。写入会议纪要不能到此为止，还需要续写具体目标：努力实现全年××个大中型油气发现、探明储量××万立方米、年度储量替代率不低于××%的目标。

2.5 巧妙结合，练好串写功

串写，就是将看似无关联的几个词语、句子有机地组成一段话或一篇文章。比如，将"高质量发展""科技""以人为本"几个词组、短句，根据目的巧妙地串写成一篇文章。

在公文写作实际工作场景中，领导交代任务时，有时只说几个关键词，其他的靠起草者自己去琢磨。而拆解任何一篇公文，最后都是由若干个词语组成的。如何在几个给定的词语之间搭建关联、理顺逻辑，形成论点和论据，是写好一篇文章必不可少的过程。加强串写训练，对练好写作基本功很有帮助。

串写要注意几个方面。**一是准确地掌握词句含义**。动笔之前，认真理解所给的词语、句子的意思。只有完全理解它们，才能准确把握，从而实现预期的写作目的。**二是进行宏观构思**。串写时要通篇考虑，从大处着眼，在整体思路下观照具体的词句，而不是一开始就拘泥于词句，导致因小失大、顾此失彼。**三是力求做到自圆其说**。在运用所给定的词语和句子时，要逻辑自洽、表述自然，使之成为有机组合的整体，而不是生搬硬套，导致生涩、牵强和产生歧义。**四是充分调动**

知识积累。 串写时需要运用到很多背景知识、论据素材，这些依靠平时的积累，也要在写的时候充分激活和运用好它们。

比如，在一次会议上，领导提到海外项目整合时说：要考虑怎么把力量整合起来，用好。要继续向前推，这一块思路上是对的。这个工作很有意义。根据其中的"整合""用好""向前推""有意义"等表述，运用平时掌握的背景素材和相应观点，将其有机地串起来，加以充实和完善，形成纪要：

海外项目整合工作很有意义，取得了很好的成果。项目收购完成之后，公司及时筹划、积极推进管理力量整合工作。一年多来，双方从战略、决策流程、技术标准等方面进行了有效整合，取得了重要进展，也被对方接受和认可。这是很大的进步，为海外项目整合的整体推进奠定了基础。下一步，要更加积极、稳妥、有序地推进工作，促进双方团队的有机融合。

2.6 力求完整，练好补写功

补写，就是将残缺不全的文字通过补充加工，形成完整的文章。工作中有时需要对内容不齐备、不完整的稿件进行改造，或者分工写作的稿子在统稿时，有些部分完全不能用，这些时候就要用到补写。

需要补写的常见状况有：一是文章的结构要素上存在残缺，如只有开头和主体，没有结尾，或只有主体和结尾，没有开头，或者开头和结尾都不错，但主体部分存在重大缺失；二是文章虽然形式上完整，但局部存在内容残缺、表达不到位的问题；三是文章中的一些关键要素和重要信息缺乏，等等。

不管是以上哪种情况，都要首先认真研究已有部分，进行逻辑推导和内容梳理，理出文章合理衔接和准确表达必不可少的线索，按照文章脉络清晰和意思表达完整的要求，对空缺部分加以创造性发挥，把"坑坑洼洼"填平补齐。

比如，在一次会议纪要的写作中，在语音整理稿的基础上，需要补充一些必要的内容要素。

补充任务目标：确保完成投资计划年度目标。要强化经营预算与投资计划的有效衔接，及时推动解决重大问题，提高生产组织管理效率。（补写上：确保实现全年投资完成率××%以上的目标。）

补充责任分工：坚持"抓两头、促中间"，坚持自我加压，眼睛向内，苦练内功，积极落实挖潜增效措施，尽快扭转不利局面。（补写上：由××、××同志分别负责，××单位落实。）

补充背景信息：提前谋划，做好明年各项规划计划和预算部署工作。（补写上：明年是公司落实"××行动计划"重要的一年，也是公司"十四五"规划的收官之年，任务会更加繁重。）要提前做好相关规划计划和预算的编制工作，提高工作预见性和主动性，牢牢把握工作主动权。

练好基本功，是做好任何事情的基础。基本功练到位了，就能解决大部分问题。对公文写作来说，把六项基本功练扎实了，就能自如地驾驭各种写作任务，以不变应万变。

— 本堂课习题 —

1957年12月25日，毛泽东同志为起草中共中央、国务院关于"除四害，讲卫生"的通知[1]，给胡乔木同志写了一封信，就这则通知的写作提出诸多意见。信的全文如下：

乔木同志：

除四害通知尚有缺点，不扎实，轻飘一些。这是因为没有研究各地已经取得的丰富经验，你脑子里对此问题还很不懂的原故。现在有大批经验了，可用一个星期的时间将全国各省、市、县见于报纸的经验一齐找来仔细看一遍，边看边想，形成成套思想，然后下笔成文。至少改三遍、五遍，找彭真、刘仁及北京有经验的除害干部二三人及科学家二三人开一二次会，发表意见，修正文件，字斟句酌，逻辑清楚，文字兴致勃勃。文件可以长一点，达一千字至二千字左右也可以。总之使人看了感觉解决问题，百倍信心，千钧干劲，行动起来。内容要把人人振奋，改造国家，带动消灭人病、牲口病、作物病的道理讲清楚，这是理论。然后讲办法，也要讲得入情入理，使人觉得切实可行，没有外行话。要写这一部分，也要认真研究，

---

1 中共中央文献研究室：《毛泽东文集》（第七卷），人民出版社1999年版。

下苦功钻一下。然后讲到书记动手，报纸、刊物、广播、定期扫除、定期检查等事，作为结束。两个星期内写好、通过、发出也就好了。送我看一次。

莫斯科讲话，请打字送我再看一次，还觉得有需要修改之处。

毛泽东
十二月二十五日八时

在这份修改意见中，六种基本写法都需要运用。请指出六项写作基本功的要求分别体现在哪儿。

3 如何"破题"
下笔之前，先打定好主意

掌握了格式和写法之后，就可以开始写作了。一般来说，写一篇文章需要经过几个基本环节：在写作之前，要明确写作方向，把握接收者的需求；正式写作时，要先在头脑中构思，然后组织有效的观点和素材，最后才是动笔写作和修改。

可见，写文章不是拿起笔就开始比画，而是要经过一个认真构思的主观思维过程。接下来的几堂课，我将沿着这样的脉络，讲讲需要把握和做好的工作，包括明确方向、确定立意，明确需求、把握意图，明确主题、确定核心观点。

先讲立意。我们在工作中经常会听到一些评价，说某篇文章立意深远，或者某篇文章立意不高。立意到底是什么？它的重要性体现在哪儿？写文章又该如何立意呢？

3.1 意在笔先

"意"，有"心思"的意思，即为了达到既定目的而自觉行动的心理状态。所谓"立意"，就是树立或者形成这种带有明确目的性的心思。简单地说，就是四个字：打定主意。

我们做一件事，一般都会有相对明确的主张、想法和意图，这就是俗话说的"要有主意"。具体到公文写作，立意就是确定想通过所写的内容表达什么观点、表明什么态度、达到什么目的，也就是明确整篇行文的基本意图，确定文章的基调，也叫作"定调子"。定下基调，文章也就有了思想基础。在写作中，立意就是"破题"。

从思维程序上说，立意产生在写作之前，是关于写什么和为什么写的一种思考。古人说"意在笔先"，是书法中的一种说法，写字前需要预先想好字的形状、大小、提笔动作、入笔角度等要素，之后再下笔。写作是对大量材料进行消化吸收、思考沉淀、转化加工、提炼升华的过程，是从感性认识到理性认识的飞跃过程，同样要做到"意在笔先"。先写什么，后写什么，如何取舍，如何梳理，如何结构，如何串成一个有机整体……这就是立意的过程。

比如，我们要给上级部门写一份请示，诉求是增加人员编制，那么希望上级理解并同意增加编制就是写作中要把握的基本意图。为了实现说服的目的，就需要讲清楚当前的人员现状、实际需求、存在的困难，突出这一请求的重要性和必要性。同时，要讲明白增加编制的具体方案，还要给上级部门预期成果的承诺。所有的内容都要围绕这一核心诉求展开，使这一意图贯穿于全文，让上级一看就能真切地感受到所提出的请求是合理的、迫切的，这样就达到了写作的目的。

可以看出，立意具有以下三个特点。

第一，立意具有先觉性作用。立意犹如人的头脑统率着整篇文章，直接决定着文章质量，是文章的灵魂命脉。文章的主题、结构、内容、语言等固然重要，但相较于立意，则统统要退而次之。所以，古人说："意犹帅也。""无帅之兵，谓之乌合。"

第二，立意具有目的性。特别是对于公文来说，没有无目的的公文，每一篇文章都是带有明确意图的，而且在一开始的立意环节就应该明确。写作者只有把这种意图鲜明地展示出来，才实现了写作目的。从接收者的角度来说，能领悟文章的立意，比只接受文字语言要重要。歌德说："内容人人看得见，含义只有有心人得之，形式对于大多数人是一个秘密。"所谓的"含义"就是立意。我们提倡把书、文章读薄，读成一张纸、一句话，这就意味着抓住了文章的立意。

第三，**立意具有主观性**。它不仅包括全文的思想内容，更包含了写作者的写作意图及动机，是主观与客观的统一。因为这一特征，大多数公文都有起草者的主观倾向在其中，即对事物的理解和判断，完全客观的文章是不存在的。好的文章立意，是因为作者的主观思考符合客观规律，与客观实际相一致。

立意与后面我们要讲的主题，是相互联系又有区别的概念。主题是文章的核心观点和基本论点，为什么要确定这样的观点，就涉及立意的问题，所以立意的内涵要比主题宽泛得多。立意大于主题，包含主题思想，而主题只是对立意的文本表现，并不能表现立意的全貌。

3.2 确定立意的切入点

确定立意，要把握好时、事、势这"三字经"。

"时"就是当前，就是时代。确定一篇公文的立意，先要弄清楚写作公文的时代背景，做到"为时而作"——在思想上与时俱进，符合时代要求。在实际的写作中，要像剥洋葱一样，一层一层在"时"上用力，当前的时代背景是什么？发展趋势是什么？党和国家有什么最新指示和要求？当前本领域有什么新变化、新特点，呈现出什么新趋势？理论研究有什么新成果？当前本单位领导对公文涉及的相关工作有什么要求？从起草到使用公文的这段时间，以上情况会不会发生变化？如果会，是怎样的变化？等等。这些，在动笔之前就应该想清楚。

"事"就是事物，是问题，是公文所要传达的主要信息，是表达作者观点、体现作者意图的重要载体。因此，它是当前思考的中心点和着力点。公文要"为事而作"，全方位、多层次、各角度地把事吃透，是准确立意的保障，体现在以下几个方面。

一是在哲学上系统地学习前沿理论成果。理论源于实践，又能指导实践，没有正确的理论就没有正确的实践。缺乏理论支撑，文章的立意会显得非常苍白，没有高度。

二是在逻辑上要严格遵循思维规律和原理。综合运用归纳推理、演绎推理、类比推理等逻辑思维方式，使对事物的思考和表达符合客观规律和逻辑。没有逻辑或者逻辑错乱的文章是立不住脚的，也是没有说服力的，其原因就在于对事物的认识不到位，没有反映事物的内在逻辑和事物之间的联系。

三是心理上要运用"靶向思维"，善于换位思考，洞察受众心理，以对象为思考"破题"的中心点。受众是谁？这些人有什么共同特点？用什么样的观点才能引起他们的共鸣？比如要总结成绩，就要考虑所讲的事受众是否接受；如果是布置工作，就要考虑这些工作受众能否办到。进行换位思考，尽可能兼顾到各类受众，使得对"事"的把握更加妥当。

"势"，就是趋势，代表事物发展的方向。立意一定要准确把握事物发展的趋势，做到因势而谋，应势而动，顺势而为。只有顺应事物发展趋势的立意才有生命力，这样的公文才能正确发挥出指导工作的作用。如果逆发展趋势而动，则毫无价值，甚至在实际工作中可能产生负面作用。

3.3 立意要"四思"而后行

在把握好时、事、势这"三字经"的同时,具体到某一篇公文的起草过程,还要至少从四个方面加以思考,做到"四思"而后行。

一思高度。就是从理论、政策层面分析问题,在全局中审视事物,在大的趋势中判断事物。所谓"登泰山而小天下",心系全局、心系大势思考立意,事物自然看得更全面,问题自然看得更透彻,整篇文章自然就具有了思想性和指导性。如果仅仅就事论事,不跳出原有层面,则会陷入当局者迷的困境,立意自然平庸。

二思深度。就是对问题的思考深入、独到,对事实分析到位,能揭示事物本质和内部规律,观点具有哲理性、理论性,能启发受众思考,扩展受众思路。假如,对事物的思考浮于表面,不能深入,仅仅是泛泛而谈,思想性便大打折扣。

三思角度。就是抓住最能说明事物本质特征或最能反映事物真正价值的角度,给人耳目一新的思想启发。写好一篇公文,如何选取最佳角度是非常重要的。角度抓得好,一起笔便引人入胜,能显示出不同一般的见解。只有从新的角度观察事物,才能发现事物新的特点;从新的角度分析事物,才能获得对事理的新认识。

四思尺度。就是要符合尺度,做到得体。比如,运用材料的多寡、详写略叙的安排、藏锋露底的处理等都要适度。材料多了容易搅乱主题,少了又不足以说明问题;详略安排不当显得把握不住重点,眉毛胡子一把抓,捡到篮子里都是菜,甚至是头重脚轻;在遣词用句上,藏锋露底的处理失当,就会产生负面效果。比如,工作总结中查找问题,问题点轻了,没人当回事儿,说了等于没说,起不到任何警示作用；问题点重了，有可能打击受众的工作积极性。所以，做到适可而止、意尽则止，是在立意时就应该思考的问题。

下面这篇例文，是某企业专门召开的一次创新大会上的领导讲话稿。我们看看它在立意上的特点，是如何把握"时、事、势"，以及如何体现"四思"的。

一、认真学习习近平总书记关于创新的系列重要论述，进一步认识加快创新的重要性和紧迫性。
（一）加快创新是贯彻落实国家创新发展理念的重要举措。
（二）加快创新是公司应对低油价严峻挑战的迫切需要。
（三）加快创新是公司培育核心竞争能力的内在要求。
二、公司创新面临的一些突出问题和障碍。
（一）创新认识不到位的问题。
（二）创新体系不健全的问题。
（三）创新体制不完善的问题。
三、关于推进公司创新发展的思考。
（一）大力解放思想是推进创新的前提。
1.进一步深化对创新内涵的认识。创新不应仅仅局限于发明或技术创新，一切能够使现有资源转变为新生产力、能够创造财富的过程都应该创新。其中，科技创新是关系全局的核心，但管理创新、制度创新、商业模式创新同样非常重要。从创新的细分类别看，有重大的颠覆性创新，也有性能提升、效率提高等维持性创新；有技术导向型创新，也有市场导向型创新。创新还是一个系统工程，创新链、产业链、资金链、政策链相互交织、相互支撑，单单只在一个环节或几个环节推进创新是不够的，我们要深刻认识创新的丰富内涵，大力提倡全面创新，努力激发全公司的创新活力和创造潜能。

2. 创新要勇于打破思维定式。推进创新要有更加开放的心态，敢于打破传统思维，敢闯新路。要认真学习国内外一流企业的先进做法。

（二）遵循客观规律是提升创新成效的关键。

1. 创新需要在某一领域长期努力耕耘。

2. 创新要制定科学合理的策略。

3. 创新要坚持市场导向。

（三）完善的组织保障体系是创新成功的有力支撑。

1. 创新要与公司战略和组织体系有效衔接。

2. 建立良性的产出激励机制。

3. 创新需要营造外部"生态圈"。

（四）良性的文化环境是孕育创新的土壤。

1. 营造尊重人才的文化氛围。

2. 营造开放包容的文化氛围。

3. 营造宽容失败的文化氛围。

四、突出创新发展理念，用创新塑造公司未来。

（一）探索具有自身特色的创新之路。

1. 建立一组指标。

2. 构建一套机制。

3. 培育一批人才。

4. 夯实一种文化。

（二）落实创新工作重点任务。

1. 强化创新战略驱动，推动创新融入企业发展全过程。

2. 强化创新目标牵引，推动解决制约发展的"瓶颈"问题。

3. 强化创新配套制度建设，推动建立有利于创新的机制。

4. 强化创新氛围塑造，推动创新文化落地生根。

5. 强化创新人才培养，推动建设一支人才辈出的创新队伍。

从上面的提纲中我们可以看出，这篇讲话稿的写作，是在充分研究、认真思考的基础上确定立意的。从"时"上说，党和国家把创新发展作为五大新发展理念之一，并提到"创新是第一动力"的高度，这篇讲话稿的内容无疑与时代主题非常契合。从"事"上说，写作者认真构思，对创新这件事做了深入思考，结合具体行业和企业，做了全面的调查研究，从理论与实践、目标与路径、现状与问题、观念与措施、制度与文化等角度，做了全方位、深层次的剖析和研究，得出一系列有价值的论点。从"势"上说，既有对创新发展的宏观趋势的把握，也有对具体企业创新发展前景的描绘和展望，体现了对事物本质和客观规律的认识和把握。

从"高度"上看，这篇讲话稿的第一部分从三个方面阐述了加快创新的重要性和紧迫性，立意高远，说服力强。从"深度"上说，整篇讲话稿从内容，特别是第三部分关于创新发展的思考，具有较强的思想性、理论性、启发性，体现了思考的深度。从"角度"上讲，不论是对创新内涵的认识，还是提出走具有自身特色的创新之路，都体现了新的视角，给人耳目一新的感觉。从"尺度"上讲，比如对存在问题的剖析，既中肯客观，又能让人接受，包括整体上提出的思路、措施、路径等都是切合实际的。

3.4 好的立意标准

什么样的文章立意是好的？用什么样的标准来衡量？我试着提出五个方面的标尺，用"五感"加以概括。

一是文体感。把握所写的内容应该采取的文体，它的合适文种、写作要领、形式特征、语体风格是什么。比如，是请示，还是通知，是不一样的；是讲话，还是汇报，也是不一样的。如果不结合特定的文体加以考虑，立意就会失去准头。

二是结构感。文章的构思内在地包含对结构的考虑，即如何讲述一件事情，用什么样的结构方式是合适的，用什么框架、节奏和逻辑去讲，先讲什么、后讲什么，什么重点讲、什么一笔带过，什么从正面讲、什么从侧面讲等，写作者在心里应当有一番考量。从大的框架体例到具体内容的条分缕析，做通盘考虑，也就是在心里谋篇布局，而不是眉毛胡子一把抓，脚踩西瓜皮滑到哪儿算哪儿。

三是对象感。每一篇公文都有明确而具体的受众对象，在立意构思时准确把握对象的特点、需求，是非常重要的，也是考虑行文方向时必不可少的。这样才能有的放矢，增强针对性。如果不分对象，只从"我想说什么"出发，而不考虑"对方想听或想看什么"，那就很有可能偏离目标，达不到行文的效果。

四是场景感。公文都是在具体的场景中被使用的，把场景这一重要因素考虑进来，能使文章的立意更全面、更综合，也更有指向性和针对性。场景包括不同的场合、不同的时点、不同的传受关系、不同的人群等，更多地把握与一篇公文相关情形所构成的具体场景，有助于在立意构思上更聚焦，更契合实际情况。

五是价值感。 即一篇公文能产生的价值和实现的效果，最核心的是其中的思想内容和有价值的观点。公文的价值感至少包含三个方面：what（是什么），就是对事情的描述；why（为什么），就是对事物背后原因的揭示；how（怎么样），就是对事情怎么做的阐述。一般来说，对公文而言，这三个方面的价值是递增的。在立意时，就要充分考虑，构思写作的文章如何能给读者提供更多的信息增量和思想观点的价值。

— **本堂课习题** —

若要给主管某项工作的政府职能部门呈送一份请示,希望政府在某个工业项目审批上予以支持,那么在立意上应该考虑哪些方面?

4 如何"猜题"
代入角色，学会"关起门来当领导"

公文这种文体和文学作品不一样，它有明确的目的和指向，有特定的场合和对象，是为时而作、为事而作，不能想怎么写就怎么写。它有特定的使用主体——就是领导者，代表的是领导机关、领导集体，包括个人，所以有特定而明确的意图。没有任何目的和意图的公文是不存在的。

我们起草的很多公文，法定作者是使用者或者签发人，与写作者常常是分离的。讲话稿等文稿更是直接供领导个人使用的，写作者本质上是代领导执笔，体现的是领导的思路。初学者常常感到困惑的一个问题是"怎样把握领导的意图"。我们可以把这理解成"猜题"，即如何让自己的思路更贴近领导的思路。

4.1 树立"领导者"意识

从常识上说，人与人之间在思路想法、思维方式、知识水平上都存在着差异。世上没有两片相同的树叶，更没有相同的头脑。把主观的想法从一个头脑迁移到另一个头脑中是很难实现的。对写作者而言，要完全理解和把握领导的意图，是一项很难完成的任务。所以，写作者首先要认识到，把握意图确实是一件有一定难度的事情，但也并非不可逾越。写作者要追求的，并不是要一模一样地"克隆"领导的想法，而是尽可能贴近领导的意图，对齐信息，对准思路，拉近自己的想法与领导的主张之间的距离。

对公文写作者来说，正确的理念是，牢记自己的工作是对领导者思想的表达，自己的任务是将领导的思想、思路表达准确、完整、晓畅。所以，要杜绝"自己的话越多，越体现水平"的想法。然而，在客观上，写作者不是领导本人，要找准角色定位，就需要在心理上把自己当作领导，善于"自我提拔"，或者叫作"关起门来当领导"。

为了把握领导这一角色，就需要树立领导者意识。这样做绝对不是为了"过官瘾"，而是为了更好地代入领导的角色，体会领导应该想什么。如果不具备领导者意识，不能把自己放在领导的位置上思考，就无法准确地把握领导的角色状态，无法有效地体会领导应该站的层面，应该有的思维、格局和角度，进而准确地表达他们的想法。写作者即便做了很多工作，也可能因为站位不对、角色不对而徒劳无益。所谓"做事不由东，累死也无功"。

比如，下面这个例文片段，是关于广东电力市场改革给企业带来的影响及其应对的调研报告的部分内容。写作者提出的建议，就是站在领导决策的高度和角度，对企业发展提出相应的对策和建议，也是领导意图的体现。

....

三、几点思考和建议。

（一）理性看待电改带来的挑战与机遇。尽管售电侧改革给天然气消纳带来一定影响，但如果应对得当，也可能是公司发展的机遇。考虑到电力作为重要的二次能源在终端能源消费中比重将逐步加大，参与电力交易也应是公司应对能源转型、延伸公司产业链条的重要契机。从国际上看，目前部分跨国石油公司也在积极开展电力贸易。例如，道达尔不仅自身拥有多家发电厂，2016年该公司仅在欧洲就售电491亿千瓦时。建议公司积极顺应电力改革，化挑战为机遇，以应对电改倒逼公司破解天然气产业发展中存在的难题，将开展电力贸易作为开拓新业务增长点的重要机遇。

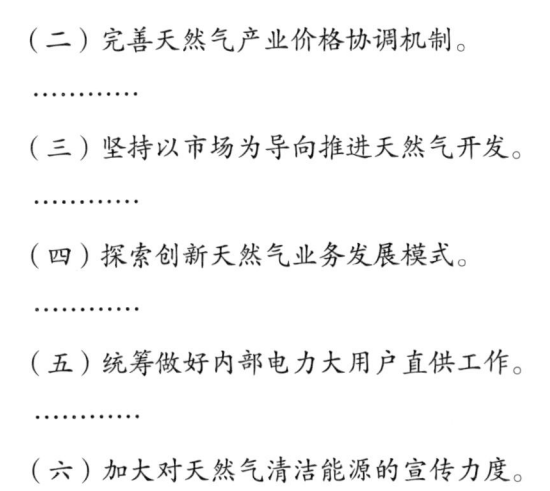

（二）完善天然气产业价格协调机制。

……………

（三）坚持以市场为导向推进天然气开发。

……………

（四）探索创新天然气业务发展模式。

……………

（五）统筹做好内部电力大用户直供工作。

……………

（六）加大对天然气清洁能源的宣传力度。

……………

树立领导者意识，意味着代入领导的角色掌握情况、分析问题、提出思路、做出部署。在某种程度上就是一个"模拟决策"的过程，是一个深入系统的思维过程。写作者如果有意识地反复演练，像领导一样思考和"决策"，其实也是学习、成长和锻炼的过程。

4.2 把意图讲全、讲好、讲透

树立领导者意识，核心是为了准确地把握领导意图。但领导意图不是现成可见的，他们有些想法的最初表现形式是比较复杂和模糊的，有的只是初步的思想倾向或者思想火花，有的比较零碎，没有条理，不成体系。这就需要写作者发挥主动性和创造性，也是写作者的价值所在。

写作者的积极性主要体现在以下两个方面。

一是在行动方面，要多想办法、多下功夫解决信息不对称的问题。有机会要多参加领导召开的会议，多听领导在各类场合的讲话，多研究领导的批示，多主动了解领导的工作内容。要与领导多交流，从中了解领导的工作要求和思维动向。说白了，就是平时要做个有心人，多听多看，尽可能获取多一些信息，帮助自己加深了解。

二是在思考方面，要多想、多琢磨，特别是要多悟。能不能悟到，悟到多少，决定了把握意图的效果。具体来说，有以下三个步骤。

第一步是充实完善。很多时候，领导只给一个大题目，或者一些初步想法，而没有提出具体的思路和观点。这种时候，我们就要从更多的层次和角度去思考，举一反三，拾遗补阙，合理地加以吸收、集中，把领导暂时未想到但又比较重要的问题补充进来，把领导想说而没有说出来的话完整地表达出来，使领导的思想火花和片段式的想法逐渐成为完整、严谨、系统的体系。

第二步是凝练提高。在交代写作任务时，有时候领导不够深思熟虑，讲的意见不是很明确，甚至比较杂乱；有时候只是一些感性的认识，有的意见比较简单、分散，不够全面、系统。那么，我们对领导的意见，不能听一就是一，机械而呆板地照单全收，而是要做必要的加工和处理，把不合理的部分加以剔除，把不清楚的问题讲清楚，把感性的内容上升为理性的内容。经过再思考、优化、提炼，整合到领导的意见中。

第三步是延伸挖掘。即分析领导的思想发展趋势，顺着领导的思维脉络，主动深化领导的意图，弄清楚领导想表达什么，为什么想表达这样的观点，要达到什么目的，从而拓展思路、延伸思维，挖掘出更多有价值的思想观点，力求有所突破和创新。

充实完善是要把领导的意图讲全，凝练提高是要讲好，延伸挖掘是要讲透，而且这些都不能是随意的发挥，一定要契合领导的想法，符合客观实际和工作需要。

下面这篇例文，是一份工作报告中的部分内容，根据领导提出的"人文化管理理念"要求，为了更好地把握领导的意图，写作者经过充实完善、凝练提高、延伸挖掘而形成的。

三、坚持人文化管理。

（一）营造机会平等、规则公平的制度机制。平等是公司企业文化的重要特征，公平是我们重要的价值追求。只有营造公平公正的体制环境，才能从根本上保护和激发最广大员工的积极性，真正营造健康、和谐的文化氛围。不管外界环境如何变化，我们都要始终坚守公司的文化传统之根，传承宝贵的精神财富，适应环境却不被环境所同化。公司在出台各项政策措施时，要合理合法、公道平等，充分体现机会平等、规则公平和程序正义。制度设计应严格遵守程序，切合公司实际，尤其是事关员工切身利益的制度，出台前应尽可能征求广大员工的意见，对关键条款慎重斟酌，力争取得干部员工意见的"最大公约数"。执行制度时要突出刚性和严肃性，做到一视同仁，防止"选择性执行"。严格制定员工录用的客观标准，严格规范各级干部选拔任用公示制度，坚决摒弃"潜规则"等不良陋习，避免劣币驱逐良币的"逆淘汰"现象。绝不让老实人吃亏，绝不让投机钻营者得利。

（二）营造尊重人才、重用人才的浓厚氛围。公司发展需要各个领域的人才付出智慧，需要十余万名员工共同努力。我们要尊重每个人的价值，让每位员工在岗位上努力工作时都能获得成就感和价值感。要破除门户之见，打破隐性藩篱，广纳天下英才为公司所用。要公道对待人才，公平评价人才，公正使用人才。在人才任用上不问光环、不问出身，只问德才、只问实绩，坚持"一碗水端平"，能者上、庸者下。要打破"官本位"文化，营造尊重知识、尊重人才、尊重创造、尊重劳动的浓厚氛围，让为公司创造价值的人得到更多尊重，让能解决实际问题的人得到更多尊重，让为公司默默奉献的人得到更多尊重。

（三）营造积极向上、奋发有为的成才环境。要继续坚持"以人为本、关爱员工"的价值理念，特别是在目前青年员工已成为公司用工主体的情况下，我们在享受这一发展红利的同时，要高度关注青年员工这一群体的成长问题。公司不能承诺为年轻人提供"终身就业的饭碗"，但应该努力为员工提供"终身就业的能力"。要认真做好员工的职业生涯规划，确保所有年轻人进入后均享有学习、锻炼、成才的机会。对待青年员工既要关心、爱护，又要从严要求，鼓励他们立足岗位成才，通过自身努力获得成长空间。要加强员工的思想管理与心理疏导，更加关注一线和海外等艰苦地区员工的思想和心理健康问题。要多为员工，特别是一线员工、青年员工办实事、办好事，为他们排忧解难。探索建立员工扶助基金，在员工遇到困难时能及时伸出援手。

（四）营造风清气正、开放包容的文化环境。要积极营造干事创业的良好氛围，工作中提倡光明正大、公道正派，鼓励做老实人、说老实话，对待同志襟怀坦荡、诚实守信。要缩小权力距离，进一步"去行政化"，干部员工不分职位高低，都有权利、有责任积极思考公司发展问题，为公司发展献计献策。追求团结、和谐，但不是"一团和气",鼓励内部讨论争鸣,让干部员工有真话敢讲、有心里话愿意讲、有不同意见可以讲。旗帜鲜明地反对拉帮结派、耍手腕、搞权谋等不良风气,让所有员工能专心致志、心无旁骛地干事、创业,能最大限度地发挥聪明才智。

工作报告出来后,得到了干部员工的广泛认同,原因在于这些内容既符合中央精神和企业实际,也很好地表达了领导意图,契合了广大员工的心声。言之有物,针对性强。这些观点的提出,离不开写作者主动思考和认真提出问题的问题意识,离不开写作者对实际情况的调查研究和深入了解,离不开写作者运用正确思维方法所做的深入思考。只有这样,写出的东西才能有的放矢、内容充实,不流于空疏,才能符合领导的想法,让领导满意。

当然,要更好地表达意图,光靠写作者是不够的,领导能多一些指导和提示,甚至直接抛出相对清晰的想法和要求,是非常有助于写作者正确理解和准确表达的。所以,调动领导的积极性很重要,好的文章往往是领导和写作者双方优势结合的产物。但在实际工作中,由于领导往往很忙,力不从心,也不会花很多心思在公文写作上,指望领导甚至依赖领导给更多的指导也不太现实。所以,在二者的矛盾关系中,写作者是主要矛盾的一方,也是更加活跃的一方,需要更加积极主动地发挥主观能动性。

4.3 做到换位思考

树立领导者意识,可以说是一种换位思考。就是站在领导的角度考虑问题,想一想应该写什么、说什么才符合领导职务角色和身份定位，才能达到预期的沟通目的，并且让受众易于理解和接受。

有这种换位思考的主动意识，是准确把握领导意图的关键点，也只有悟透领导的想法、跟上领导的步伐、提出有价值的观点、体现领导的特点，才能让领导满意。领导是否满意，则是把握意图是否到位的直接体现。那怎样才能让领导满意，如何换位思考呢？大致说来，有四个方面要注意。

第一，**正确领会意图，避免"这些话不是我想说的"**。这是最基础的工作，即围绕领导意图组织内容、表达观点，确保不跑题、不偏题、不离题。如果自作聪明，不考虑领导的需求另搞一套，就犯了主观主义错误。就算公文写得再好，领导也无法使用。写作者的水平再高，但从管理和决策的角度来说，难免会有局限性，毕竟公文所代表的领导决策是在一定约束条件下开展，有一定的适应范围。因为写作者所掌握的信息与领导所想存在落差，所承担的责任更是完全不同，所以要避免完全从个人角度出发，更不能以个人的好恶作为取舍和评判的标准。

第二，**升华领导的想法，避免"这些话没什么新东西"**。体现领导意图不能简单地理解成当传声筒、复读机，只把领导交代的想法、内容原样照搬写出来就行了。要避免教条主义，还必须以"不在其位，却谋其政"的态度，自觉把思维活动上升到领导层次。通过创造性工作，对领导思想再提炼、再深化、再升华，使领导的想法和思路能够更进一步、更深一层、更高一点。

第三，**扮演领导的角色，避免"这不像我说的"**。以领导的名义起草公文，其实就是演好临时性"领导的角色"，设身处地用领导的心理、思维和表达方式来思考该说什么、怎么说，使思路与领导同步，想法与领导合拍。比如，一个单位主要负责人的讲话，与职能部门负责人的讲话，在站位上、格局上就有很大的不同；分管业务工作的领导，与分管党建工作的领导，对同一事情在角度上也常常会有差异。把握领导的职务特点和角色要求，光对还不行，还得像。

第四，体现领导风格，避免"这些话都对，但谁来说都行"。 要让领导满意，有好的内容和结构还不够，还要尽量符合领导的个性特征和语言风格。不同的领导，风格往往不同，要想符合领导的"口味"，就得按照领导的思维习惯、语言特点、风格类型来写。

把握领导的风格是最难的。如果说前三个方面还具有一定的客观性，那风格则是完全主观的，因人而异，差异极大。如何把握领导的风格，首先需要识别领导的风格，弄清楚领导属于哪种风格类型。这可以从领导偏好的角度加以理解。

每个领导都有自己的偏好，可以从不同的角度进行分析和辨别。比如，在认知偏好上，有的领导喜欢分析和论述，有的喜欢用数据和案例；在决策偏好上，有的喜欢用目标管理，有的喜欢问题导向；在思维偏好上，不同人的思维方式不一样，有散点思维，有线性思维，或者结构化思维；在结构偏好上，有的喜欢突出重点，有的习惯于面面俱到；在语言偏好上，有的激情澎湃、旁征博引，有的则稳重平和、朴实无华。运用这些维度，再通过了解领导过往讲话、批示、关注信息、开会发言、使用材料、审定的文件方案、发表的言论和文章等途径，则可以比较清晰地辨别不同领导属于哪一种风格，从而有的放矢。

比如，下面这篇例文是针对原作的缺陷修改而成的。这篇讲话稿的使用场合是在一个国际性的高层次论坛上，一家企业的主要领导作为嘉宾出席，并就《巴黎协定》与气候变化的话题发表主旨演讲。原文的主要问题是没有把握领导的角色定位和风格特点。具体来说，一是高度不够。在这样的国际性场合，面对国内外嘉宾谈论国际化话题，只是从中国自身的角度来谈，理论高度和思想深度都不够。二是定位不够准。在这样的场合谈《巴黎协定》这样的话题，并不是做学术讨论，也不是谈技术细节，而是要谈其意义、价值、趋势和走向。三是缺乏气势。缺乏对问题深入思考、对情况如数家珍、对前途积极乐观所产生的气势和自信，较为平淡无力，不符合领导本人一贯的特点和风格。

针对这些问题，修改稿主要从几个方面入手：一是提升文章的立意，站位全局，把握趋势，抓住关键，认识本质，洞察规律，为文章定下基调和更扎实的思想基础；二是从理论、思想上给予升华，进行更深入的理论概括，做到有理论高度，有论述深度，有独特角度；三是根据文章立意，服务阐述观点的需要，补充有说服力的论据材料，使思想站得住脚，观点有说服力，论点与论据相一致，做到内容充实、言之有物；四是尽可能地把文章的气势体现出来，文字简练干净，笔力雄健，加入文化含量，读起来声调铿锵，气势充沛。

改后的稿件由于较好地把握了领导意图和风格特点，不但获得了领导本人的认可，也取得了很好的现场效果和传播效果。

改后的稿件如下：

女士们，先生们：

大家上午好！在人类应对气候变化历史上具有里程碑意义的《巴黎协定》于2016年11月4日正式生效。《巴黎协定》勾勒出了全球环境和发展的新秩序，把人类发展装进了"环境的笼子"。这不仅开启了全球气候治理的新纪元，也将进一步推动世界能源格局的重塑。

气候变化之所以成为话题，是因为人类经济发展与能源消耗、环境承载之间存在着一定的冲突，特别是近代工业化以来，这种矛盾日益突出。从蕾切尔·卡逊在《寂静的春天》中的呐喊，到布伦特夫人牵头提出的"可持续发展"理念，到《联合国气候变化框架公约》《京都议定书》一直到《巴黎协定》的签订，人类对待环境和气候，经历了从漠视到关心、从掠夺到保护、从各自为政到携手共治的过程。

《巴黎协定》规定了未来温室气体的排放容量，确定了控温的具体目标。它体现了世界各国对气候环境的公共产品属性有了更深的认识。从某种程度上来说，它是人类真正第一次为共同的目标而奋斗，从而使"人类命运共同体"这个词从概念变成了现实。这也说明，经济发展与环境气候的矛盾并非不可调和，人类永远有能力去破解共同的难题和挑战，前提在于我们拥有对共同命运的深切关注，以及足够的智慧和果敢的行动。

虽然《巴黎协定》的实施依然存在一些不确定性，但我认为，从长远来看，减缓和适应气候变化，走可持续发展道路的大势不可逆转。《巴黎协定》凝聚了当前国际社会在气候变化问题上的基本共识，它的最大价值就在于，为人类找到了促进经济发展的同时，减缓能源消耗对环境负面影响的可行路径。因此，它不是终点，而是走向新的光明大道的起点。

中国是一个历史文化悠久的国家。去年，习近平主席在 G20 杭州峰会上发表的讲话引起了世界各国广泛的共鸣。会议决心推动包容和联动式发展，为未来全球长效治理体系与机制奠定了可持续与包容发展的基调。在我国的文化中，自古就有"天人合一"的理念和"民胞物与"的情怀。这些思想，是我们在发展经济和追求美好生活的同时，学会善用能源、呵护环境的重要资源。同时，中国也是一个开放的、负责任的大国。对于气候变化问题，中国对于《巴黎协定》采取的态度和立场充分展现了大国风范。所设定的2030年四大减排目标的力度之大，展示了中国作为负责任的发展中大国的担当。

能源与环境关系如此密切，所以从本质上说，《巴黎协定》是一项能源协定。当前，全球能源正在经历"六个化"的深刻变革，即能源供需宽松化、能源结构低碳化、能源格局多极化、能源治理复杂化、能源安全多元化和能源系统智能化。在《巴黎协定》生效的推动下，全球能源结构转型的步伐将进一步加快。未来的能源结构将会是更加多元化的，各种能源形态都将在其中发挥作用，所以《巴黎协定》的实施和能源结构的转型，不是化石能源的末路，依靠科技创新实现高效清洁利用，化石能源仍将为人类发展贡献光和热。

当前，中国正在深入推进能源生产与消费革命，将以化石能源清洁化和清洁能源规模化为发展方向，稳步实现能源结构转型和减排目标。中国的经济发展需要大量的能源作为支撑，中国的资源禀赋和现有能源结构，决定了化石能源仍将发挥重要作用，特别是油气在中长期内仍将作为我国的主体能源。

作为一家能源公司，我们关注能源的生产，同样也关注环境的保护，一直致力于为社会提供更加安全、清洁、高效的能源供给。《巴黎协定》的生效带给我们的不只是挑战，更是发展的机遇。我们愿与国内外的企业携手，共同发展和进步。

4.4 把握受众需求

之所以要把握准领导的意图，本质上是因为要明确在具体语境中、特定传受关系下不同角色的定位。公文也像人一样，需要有情商，它的话语和口吻、表达和论述，都应该恰当、得体，才会有好的效果。领导作为使用者，是处于传播者的一端，而处在接受者一端的，则是公文的受众。所以，完整的意图并不是单方面的，而是在传受双方的互动关系中形成的。把握传播者的意图，内在包含对受众需求的理解。

也就是说，每一篇公文都有特定的受众。同时，这些受众都有一定的情感特征、需求期待、思维方式、心理习惯、接受特点等，这些共同构成了写作需要把握的对象。比如，会议讲话的受众是全体与会者，汇报的受众是上级单位领导，情况介绍的受众是兄弟单位的同志，批示的对象是呈报部门。所以，写作时除了树立"领导者"意识，还要树立"接受者"意识。心里装着"受众"，揣摩受众的心理，根据受众的接受能力和不同身份来写文章。

如果受众是基层群众，用语就要尽可能生动、形象，通俗易懂，讲道理要深入浅出，多举例子、多摆事实，尽量少用枯燥的数字或者深奥的理论；如果受众是兄弟单位的同仁或者上级单位的领导，就不适宜大讲道理，或者过于高调地宣扬成绩，同时对于本单位、本部门的特色提法、工作要予以一定解释，否则受众会一头雾水；如果受众是学者专家，则要把相关问题的复杂性、艰巨性阐述清楚，不妨使用专业术语，这样有利于受众思考，提出好的意见建议；等等。

哪怕是写同样的事情，在不同的情况、不同的场合下，同样要因事、因地、因时而异。按层级分，可以分为对上汇报、对平级交流、对下部署；按关系分，可以是对内或者对外；按文体分，不同文章的格式、写法和用途都不一样；按场合分，比如同样是领导会议讲话，就可以分部署会讲话、动员会讲话、总结会讲话、表彰会讲话、交流会讲话、座谈会讲话、汇报会讲话等若干种，都有差别；按时点分，比如同样做报告，年初、年中和年底又不一样。这些异同，在写作中，都要从接受者的角度加以把握。写作时一定要站到受众的角度思考问题，确保每句话受众都能接受、都能理解。

以领导讲话稿为例，每个稿子都有特定场合和特定对象，起草时应该先明确受文对象，先界定话题范围，不讲与听众无关的题外话，要讲与听众密切相关的题内话。有意识地从听众的角度去反观，学会情景假设，假设这样讲听众会有何反应，那样讲听众会有何感想等，从而使撰写的内容与对象需求更加合拍、对应。

— **本堂课习题** —

　　假设领导提出,要召开一次关于"改进机关作风"的会议并要讲话,按照补充完善、提炼升华、延伸挖掘领导意图的步骤,我们要做哪些思考和准备工作?

5 如何"审题"
提炼好主题，公文就成功了一半

我们经常听到评价某篇公文主题突出，评价某次会议的讲话主题鲜明。那么，主题到底是什么呢？概括来说，主题是通过文本所表达出来的一篇文章的明确意图、基本意见、主要观点，是公文目的的具体体现。我们常说的传达会议精神和文件精神，往往就是将其主题和主要观点加以概括。

主题也叫"中心思想""核心观点""主旨"，如果是议论性的文章，还可以叫作"中心论点"或"基本论点"。可以说，主题是统领全篇文章的主线和总纲。前面我们讲立意的时候，辨别过立意与主题二者之间的区别与联系。可以说，主题是立意这个主观思维过程的结果和外化。

5.1 主题的重要性

起草重要公文，都要经历提炼主题和深化主题的过程。提炼主题，就是从芜杂的现象中找出最有归纳性、最周延、指向明确的表述；深化主题，就是向纵深层次开掘和扩展，由低向高、由浅入深、由粗到精、由残缺到完整，最终确立文章的主旨。

这个过程也可以叫作"审题"。审题的目的，就是提炼出一个好主题，并不断深化对这个主题的认识，使它能够作为一条核心主线，统领全部内容。面对领导给出的初步想法——一项具体写作任务，或者一些素材，要形成一篇完整的公文，没有一个明确的主题来统领是很难完成的。参加过公务员考试中申论写作的人，对这一点应该都有深切体会。

主题是否明确，提炼得是否精准，内涵和外延是否有足够的深度和广度，直接关系到公文的质量。具体来说，主题的重要性体现在以下几个方面。

第一，主题决定着材料的取舍。对于公文中涉及的某个事件、某个问题，通过各种方法和途径，我们往往能够获得十分丰富的事实材料和观念材料。这些材料，有的深刻，有的肤浅；有的完整，有的散乱；有的清晰，有的模糊；有的典型，有的一般。那么，哪些材料应该选用，哪些应该舍弃？哪些材料应该详写，哪些材料应该略写？这一切都要根据主题的需要来做决定。

第二，主题支配公文的结构布局。表面看起来，主题是内容，结构是形式，但是二者有着紧密联系和内在统一性。主题如果呈现纵向深入的形态，文章就需要安排成递进式结构，否则无法很好地表现主题；如果呈现横向拓展的形态，文章就必然安排成横式结构，否则也不可能有效地表达主题。

第三，主题制约着公文的表达方式。公文写作的表达方式，主要用到叙述、议论和说明，摆事实用叙述，讲道理用议论，做解说用说明。这些表达方式，实质上都是表现主题的手段。摆事实是用客观存在的事物证明主题，讲道理是用判断、推理的方式来揭示规律，做解说是用科学知识来证明主题的正确性。一个特定的主题，必然要求有相应的表达方式来加以表现。

第四，主题影响着文章的遣词造句。 古人有"言授于意"的说法，意思是语言的运用要由思想内容来决定。一方面，思想要以语言的方式存在，没有词汇，就没有概念，没有语句，就没有判断和推理；另一方面，语言是思想的直接显示，是思想的物质外壳，有什么样的思想，也就必须用与之相应的语言来传达。

比如，某家企业的年度工作会议报告，最终确定了"坚持战略引领，强化使命担当，扎实推动公司走上高质量发展道路"的主题。主题一旦确定，后续的所有起草工作都要围绕这一主题展开。

在材料取舍上，从各家下属单位报送的材料中着重筛选出与新发展理念、高质量发展要求紧密契合的内容，对于其他不能突出体现主题的材料，则果断予以舍弃。

在结构布局上，第一部分对工作做了简要总结，但这一总结并非面面俱到，而是主要侧重于符合新发展理念、高质量发展要求的工作成果，做到了重点突出、详略得当。随后从重大意义、基本内涵、存在问题、落实措施四个方面对新发展理念、高质量发展这一主题展开系统而深入的阐述。

在表达方式和遣词造句上，写作中注意采用议论+说明的方式。既从理论角度抛出观点，防止就事论事，也结合发展实际举出大量实例，防止过于理论化，缺乏说服力和可操作性。

5.2 主题的要求

既然主题这么重要，那提炼主题的要求是什么呢？一个好的主题具有什么样的特点呢？

公文主题首先要做到正确，这是基本要求。所谓"正确"，就是符合政策法规，坚持正确导向，符合客观实际和事物的真实情况，能够肯定先进、把握实际、科学分析、立场正确。在此基础上，主题不能停留在对表面现象的描述上，而应该揭示事物的内在本质，反映事物的内部规律。应该站得高、看得远，见人之所未见，发人之所未发。所以，深刻是对公文主题的高标准要求。

对公文主题来说，除了正确和深刻之外，最重要的要求用一个字来说，就是"明"，要鲜明、清晰，集中、突出，明白、确定。它的外在表现就是，一篇公文只能有一个主题。这是公文脉络贯通、结构清晰、论证翔实的基础。

一文一题，这是由公文的内在特性决定的。公文不像文学作品那样可以含蓄、晦涩和追求不确定性，也不像学术文章那样探讨理论问题和概念之间的逻辑关系，公文是实用性文体，就是要在写作者想清楚的基础上，清楚明白地告诉受众要干什么、要怎么干，这样才能最大限度地提高沟通效率和执行成效。

一篇公文一个主题，这是在构思主题时首先要牢记的。提炼出核心观点作为主题来统率全文，在中心论点下，可以有分论点，可以形成不同层次的大小观点，但在主题层次上，绝不能有两个以上并立的中心论点，否则就会出现"意多乱文"的情况。写作时，写作者无法很好地驾驭，阅读者也抓不住主线。俗话说，"船老大多了要翻船"，就是这个意思。

为了做到这一点，就要紧紧围绕一个核心主题来构思，做到思路清晰、主旨单纯、议题集中、态度鲜明，而不能含糊和模棱两可，否则就容易在动笔时"跑题"，无法鲜明地突出主题。如果的确需要在一篇文章中表达两个或三个大的论点，那么必须深入思考它们之间的逻辑关系，用大的论点来统领相对小的论点，或者进一步提炼概括，把两个或三个论点放在另一个中心论点的统领之下。

构思清楚之后,在语言表述上也要直陈主题。公文不能像文学作品一样,遣词造句追求含蓄之美和留白的艺术效果,也不能过分地追求刻画语言辞藻,忽视了主题的表达。从逻辑上说,一般用实然和必然判断,而不能用或然判断。讲究直截了当地点明主题,不隐藏、不含蓄、不寓托、不渲染。提出的意见或观点明确而肯定,提倡什么、反对什么,应该怎么做、不准怎么做,都要描述清楚,明明白白。

下面这篇例文是某个行业高质量发展的一份报告,主题就是如何推动实现高质量发展,从重大意义、基本内涵、实践要求三个方面阐述。总体上构成总分关系,每个方面的总论点与分论点又构成次一级的总分关系,每个方面内部的几个观点形成并列关系,但所有论点都是围绕推动实现高质量发展这一核心观点展开的,体现了主旨鲜明、一文一题的特点。

一、理解高质量发展的重大意义。

深刻认识、全面领会高质量发展的重要意义,自觉将高质量发展的理念落实到改革发展实践中,奋力走在高质量发展前列。

推动高质量发展既是贯彻落实党中央精神的必然要求,又是提升发展层次和发展水平的自身需要。坚定不移推动高质量发展,是坚持党的领导、落实党中央决策部署的政治责任,是在经济领域做出更大贡献,助力我国产业转型升级、做强做大做优实体经济,进而构建现代化经济体系的经济责任,也是供应高质量能源产品、满足人民日益增长的美好生活需要的社会责任。从我们自身发展实际来看,经过多年发展,已经积累了一定的物质基础,具备了实现更高质量发展的基本条件。高质量发展意味着劳动生产率、资本产出率和全要素生产率的全面提高，意味着更加有质量、有效益、可持续的发展，意味着进入更高层次、更高水平的新发展阶段。

推动高质量发展既是积极应对外部形势挑战的有效利器，又是新时期把握发展机遇的重要法宝。当前，发展面临创新转型、数字化兴起、市场竞争加剧等一系列挑战，但挑战同时也意味着机遇。例如，低碳时代到来将推动加快产业的低碳化转型，数字技术的应用是提高运行管理效率的重要途径，国际贸易环境趋紧和发达国家技术封锁也将倒逼加大自主科技研发力度。面对困难和挑战，我们将永葆变革的锐气和创新的热情，努力实现整体竞争实力和抗风险能力的提升，坚持高质量的坚定追求，应对环境的不确定性。

推动高质量发展既是对过去成功经验的总结和升华，又是指引新时代发展的指导方针。在多年发展的历程中，我们敢闯新路，锐意创新，推动实现高效、高速发展。面对新形势和新挑战，我们将在认真回顾总结过去经验的基础上，结合中央的新精神和发展面临的新情况，提出新的战略目标，强化前瞻思维、战略思维、辩证思维、创新思维和系统思维，推进发展动力、业务模式和组织管控"三个转变"，努力形成新时代高质量发展的整体思路和工作措施，推动实现高质量发展。

二、认识高质量发展的基本内涵。

推动高质量发展是党和国家从宏观经济发展层面做出的重大决策部署，是新发展理念的具体落实，是运用马克思主义基本原理解决实际问题的生动体现。落实高质量发展要求，需要结合实际，深刻理解并把握其内涵。

运用矛盾对立统一的观点，全面认识高质量发展的辩证性。回顾过去的发展，以规模扩张和要素投入为主要特征的发展模式推动发展进入"快车道"。规模和效益是竞争力的两个重要基石，需要辩证地加以认识和把握。新时代的高质量发展,要在保证一定速度和规模增长的基础上,落实中央"质量第一、效益优先"的要求,实现速度规模与质量效益二者的辩证统一和相互促进。要充分把握好高质量发展多重因素之间的辩证统一关系。实现规模增长与经营效益相互促进、生产建设与生态环保相得益彰、成本控制与科技创新相辅相成、顶层设计与基层首创有效结合、市场与计划两种资源配置手段合理运用的发展。

运用历史的、发展的眼光,深刻认识高质量发展的动态性。当今外部形势变化之快、变化之剧前所未有,高质量发展更具有进化性,其要求会随着时间的推移越来越高,我们要结合形势的变化、实践的深入、认识的升华,不断丰富和完善高质量发展的基本内涵和实施路径。在发展定位、管理方式和产业模式上,要因应时代变化的需要,持续优化和完善,为高质量发展提供源源不断的新鲜营养和前进动力。

运用实事求是的思想方法,系统地认识高质量发展的差异性。高质量发展有一些共性的衡量标准,比如发展的质量要好、效益要高、环境友好等。但是,由于所处的外部环境和发展阶段不同,高质量发展也不可能是千篇一律、千人一面的,需要进一步解放思想,充分发挥主观能动性,积极探索符合自身实际的高质量发展路径。

三、把握高质量发展的实践要求。

突出战略引领,为实现高质量发展指明方向。围绕战略目标,研究制定新的发展规划纲要,抓好战略落地。以质量效益为目标持续优化战略投资管理,处理好长期与短期、核心主业与新兴业务、常规投资与战略性投资之间的关系,坚持以增强可持续发展能力为指引,巩固强化现有产业优势,加快培育新的业务增长点。

持续深化改革创新,为实现高质量发展提供有力支撑。牢固树立向改革要红利的理念，通过改革有效激发各类要素活力，增强内生动力。抓实抓好供给侧结构性改革的各项工作。

加快转型升级步伐，为实现高质量发展开辟新路。积极推进管理模式转型、发展动力转型和产业结构转型，将推动新旧动能转换和产业转型升级作为实现高质量发展的根本出路。

践行低碳发展理念，为实现高质量发展注入绿色动力。始终坚持"绿水青山就是金山银山"的发展理念，当好绿色发展的推动者、生态文明建设的践行者。

更加注重风险防控，为实现高质量发展夯实基础。始终以安全生产、稳健合规运营作为高质量发展的先决条件，持续加强风险防控能力建设，着力弥补基础管理中的漏洞和短板，为高质量发展夯实基础。

这三个方面分别从重大意义、基本内涵、实践要求的角度展开，紧紧围绕着高质量发展这一主题，各有分工，又相互配合，形成了一个系统完整、逻辑严密的结构和观点体系。

5.3 如何确定主题

明确了主题的要求，那么如何确定一篇公文的主题，从哪些方面入手呢？确定一个好的主题，需要具备较强的理论功底、政策水平、战略思维能力、综合分析能力、推理能力和判断能力，是一项富于开拓性的工作。

确定主题要注重几个方面：**一是扣紧"关注点"**，贴近领导所思所想和对象需求，了解领导在思考什么，大家关心什么问题；**二是抓住"闪光点"**，突出自身优势和亮点，以及值得一说的价值点；**三是挖**

掘"不同点"，善于同中求异，找出差异和创新之处，以及自身独特的地方。

从方法论上说，提炼主题可以采用典型提炼法，即从重点内容和典型事物中提炼主题；也可以采用推理提炼法，从事物的逻辑推理和演绎中寻找主题，按照"大前提—小前提—结论"的推理逻辑得出主题；还可以采用归纳提炼法，即从特殊到一般，将从同类事物中归纳共同特征作为主题。在实际写作中，结合这些方法，我们可以从以下几个方面入手。

一是细化领导要求，即领导想讲什么。领导的想法往往就包含了对主题的思考，隐含着主题的方向，这是需要写作者认真理解和把握的。有时候，领导的意图不是那么清晰和明确，写作者就要对其进行提炼、完善、深化处理。前一课中，我们已经讲过了如何把握领导意图，在这个时候可以具体运用。

二是对客观事物再认识，即现实条件和客观事实支持我们讲什么。主题是通过对客观事物的分析研究、对素材的消化处理而提炼出来的，各种素材与主题内在关联度的高低，决定了其价值，而它们所体现的共性特点对形成主题有很大的影响。比如，起草一个单位年终总结，从各个部门、各个条线收集到的材料表明，今年该单位的工作做得不是很好，各项目标任务完成欠佳。那么，这些材料就不支持确立一个正面的、肯定工作的主题。如果想确立一个正面的主题，就需要进一步收集支持该主题的材料。

一般来说，事物的客观本质最能揭示主题，而事物的本质及其内在规律常常蕴含在深层次里，不是一眼就能发现的。因此，对材料要进行分析综合、概括抽象，向深处开掘，经过一个去粗取精、去伪存真、由此及彼、由表及里的过程，透过现象找出事物最主要、最深刻的本质意义，以此确定文稿的主题。

有些时候，通过认识客观事物，分析现有材料，会觉得有多个相互关联的主题可供选择，而且都存在着述说的必要性，不能置之不理。这就要深刻分析它们之间是什么关系，确定中心议题，找到并提炼出最重要、最核心的论点作为总论点。

三是明确目标任务，就是具体工作需要我们讲什么。公文是为现实服务的，是为具体工作服务的。主题的确定要考虑具体工作的需要，不能抛开实际问题，照搬上级精神，或者做纯粹的理论探讨。为了确定主题而确定主题，那就成了形式主义，成了"空对空"。

每个单位都有自己的战略目标和阶段性任务。在构思写作具体的公文时，就要把这些工作放在大的背景和格局中加以考量和布局，确定合适的主题。大的战略目标的贯彻离不开具体问题、具体事件、具体政策和具体措施。考虑主题时，要注意把握普遍性与特殊性的统一，把大的路线方针政策与自身实际相结合，提出现实、明确、具体的工作措施，以此为依据确定恰当的主题。

大的主题确定后，往往就是大标题呈现出的核心观点，也就是全文的总论点。在它之下的各级分论点也很重要，也要按照鲜明、清晰的要求加以提炼。同时，要紧紧围绕主题来展开，不能游离于主题之外。主题贯穿和统领全文，带动其他分论点。分论点从属于总论点，为主题服务。

下面这篇例文，是一份会议报告的提纲，从把握领导意图、认识客观事物、明确目标任务三个方面入手，确定的主题是"持续深入推进提质增效，坚决打好生存发展攻坚战"。这是统领全文的核心观点，后面的各级小标题也就是各级的分论点，都是紧紧围绕这一核心主题展开的，同时是对具体部分内容的高度概括和凝练。

持续深入推进提质增效，坚决打好生存发展攻坚战

提升发展质量和效益，是我们发展的重要目标和内涵。面对新形势新挑战，我们要从关系生死存亡的高度看待提质增效工作，不断提高思想认识，全力打好提质增效攻坚战。

一、对深入开展提质增效工作的认识。

（一）这是贯彻落实党中央和国务院稳增长要求的具体体现。

（二）这是自身求生存谋发展的内在要求。

（三）这是破解发展"瓶颈"问题的必然选择。

二、提质增效工作取得的成效与不足。

三、开展提质增效工作的重点工作。

（一）持续追求管理改进，深挖提质增效的潜力。

（二）坚持科技创新驱动，增强提质增效的动力。

（三）强化抱团取暖意识，形成提质增效的合力。

（四）严格防范重大风险，守住提质增效的底线。

5.4 主题的呈现形式

公文的内容由观点和素材构成，其中，观点很多时候体现在标题上。主题的外在形态是思想观点，而不是具体素材。一般来说，观点式的主标题就是公文的主题。在大标题之下，还有次级标题、小标题，它们是一部分内容的概括，可以是词组，可以是陈述句或祈使句，也可以是复合句式。它们包含观点，也都与主题相联系。

标题的表述方式有直述内容型、概括提炼式、评论建议式。无论是哪一种，其中一定含有观点的内核。所以，公文中的各级标题是观点的集中体现。除了各级标题，还有评论性的段落，每个意义段开头集中概括的段首句，以及文中表达观点的句子等，都是主题观点的细化。核心论点与大小论点散落在公文中，构成一个完整、系统、有机的观点体系，共同构成了主题的完整表述。

标题的首要任务是准确而精练地概括所表述的内容，要服从内容表达的需要，而不要为了追求形式而以辞害意、削足适履。标题是为主题服务的，它呈现主题、细化主题，使主题贯通全篇。公文写作相当大的精力是放在标题制作上，需要反复琢磨、反复推敲、反复修改，唯此才能更好地突出主题。

标题的写法一般要求概括、简明、新颖、对称。概括就是要能总领全篇内容和主要思想观点，始终紧扣主题、围绕主题、呼应主题。 1978年12月13日，邓小平同志在中共中央工作会议闭幕会上的讲话题为《解放思想，实事求是，团结一致向前看》，高度概括了会议精神，乃至成为时代精神。

简洁就是要用最简约的文字来表达，遣词用句高度精练，避免标题过长、过于琐碎。 比如，"高举伟大旗帜，坚持高质量发展，深化改革创新，坚持问题导向，解放思想，开拓奋进，一步一个脚印，努力把我市经济社会建设推上一个新台阶"，这不像是一个标题，而是几句凑在一起的话，想表达的太多，缺乏提炼，给人散乱的感觉。

新颖就是要富有吸引力和感染力，能够使人眼前一亮。 例如，一篇反"四风"问题的对照检查材料，标题为《对着"明镜"正"衣冠"》，这既符合对照检查材料的主题，又形象生动。

对称就是要与内容相吻合。 标题正好概括了全篇的全部内容，这就像做帽子，尺寸必须与脑袋大小一致，既不能"帽大于头"，也不能"帽小于头"。一篇谈经济工作的公文，取了类似于《推动各项工作有质量、有效益发展》的标题，就是"帽大于头"。相反，一篇讲全面工作的公文，标题为《实现我市经济又好又快发展》，就是"帽小于头"。两种显然都不合适。

　　除了标题，公文每段内容第一句话的提炼也很重要，首句、起句具有类标题性质，是标题的拓宽和延展，能起到总体概括的作用。因此，在写作公文时，应有意识地把每段的首句当作标题认真琢磨。这在后面讲"段头撮要法"时还会详细介绍。

— **本堂课习题** —

　　如果一篇公文，必须涉及和涵盖企业的改革创新、强化管理、提质增效等几个方面的内容，按照"一文一题"的原则，如何为它设计一个适宜的主题？

6 锦囊 1
会学习和积累，写作才会信手拈来

大家在实际公文写作中可能会有一些感受，比如：刚接手起草任务时，往往觉得脑子里空空的，不知道从哪里下手、从哪里切入；平时准备了很多资料，可需要运用时，"翻箱倒柜"也找不到可以采用的；描述事物只停留在表面，不能深入思考从而得出有深度和有价值的观点。这些情况的出现，说明存在学习准备不足、熟悉资料不足、思想准备不足等问题。若要弥补这些不足，一个重要途径就是不断地学习和积累。

公文写作本身的知识相对容易掌握，但写作背后的能力需要学习，支撑写作持续提升和更新的知识需要积累。公文写作是以输出为主的工作，有效的输出离不开持续的输入和沉淀。从某种意义上说，公文写作比别的工作更需要持续不断的学习和积累，所谓"功夫在诗外"。

学习的首要方式是读书。对于公文写作者来说，要博览群书，成为"杂家"。公文涉及的领域多，涵盖的知识面广，所以公文写作者要立志做"通才"，善于当"杂家"，什么都要学一点，什么都要懂一点。脑子里装的东西越多，肚子里的"货"越多，知识结构就越丰富，学养底子就越厚。

在追求广博的同时，也要做到有所专精，特别是对所在的行业和领域，要有所研究，对一些问题有自己的见解，尽可能成为专家。要懂得本行业基础性的原理，掌握结构性的知识，形成基本的知识体系，不断加深对行业具体情况的了解和掌握。这样才能抓住关键点，练出透视力，写出来的材料才不显得外行。

公文除了要有知识层面的内容，还需要有思想才能出彩，这要靠思想力的支撑。如何提高思想力？从学习的角度来说，要多与智者"对话"。研读经典原著是提高思想力的必由之路。要在经典原著中学习智者认知世界、透视世界、表达世界的胸襟、视角、方法、风格、逻辑、气度。日积月累之下，我们的洞察力、判断力、抽象力、概括力等就会不断提升，智慧将会处于不断爬坡的过程中。

除了阅读学习，我们还需要在实践中脚踏实地地不断观察和积累，丰富、深化对于实践的认知。要到一线去，到事物发生的现场去，看、听、问。这样获得的信息、学习的东西，跟别人是绝对不一样的，也是从书上得不到的。

就一份具体公文而言，还要深入研究与这项工作相关的上级精神、重要文件、事实素材、实际情况、相关理论观点等。把重要的情况搞清楚，把主要的观点掌握好，这样才能有的放矢、言之有物。

在学习方式上，要注意以下几点。

第一，既要深度学习，也要善于利用碎片化学习。在网络信息化时代，人的精力被分散、时间被分割，我们常常感觉很难集中精力和有大段的时间深入学习和思考。经典大部头著作的阅读时间也变少了，更多的是即时、快速的浅阅读、轻阅读，隐藏在深度阅读背后的"长逻辑"于无形中被消解，而代之以快餐式、泡沫化的知识摄取。这是每个人面临的客观事实，但这并不是拒绝深度学习和思考的借口。

我们更要看到，网络时代，人获取知识的渠道大大丰富，触角更多、更广。如果能将深度阅读的习惯与信息化优势相结合，就能有效地促进我们知识的提升和思想的深化。关键在于要有问题意识，培养主题阅读的习惯，建立主体思维和抗信息干扰的能力。不满足于浮光掠影和蜻蜓点水式学习，而是有计划、有目标地在一段时间沿着一个方向持续深入，充分利用碎片化时间。坚持下去，使自己对问题的思考越来越深入，知识体系越来越完善。

第二，既要注重平时的学习，也要有针对性地及时学习，提高快速学习的能力。有时，针对某个具体话题，要进行专题性的突击学习，即学即用，努力使自己在较短时间内成为所写问题的专家。这种"临阵磨枪"式的学习，因为带着问题、紧贴主题，往往了解情况快，打下烙印深，是公文写作者必须掌握的学习方法。

学习与积累是一体两面的关系，学习的同时就是在积累，积累得多又有助于进一步学习。公文写作能力提升的过程就是学习与积累相互促进、循环上升的过程，也是一个通过积累从量变到质变的过程。

积累的范围是很广泛的：知识的积累，包括理论知识、专业知识和各种社会知识；观点的积累，无论是从各种评论中看来的，还是自己思考来的，多一些认识，攒一些想法，对一些问题形成自己的见解和独特看法；语言的积累，生动的表述，精彩的语句，凝练的说法，一些"提神"的话，这些平时的积累，总会用得着；等等。

方法的积累也很重要，比如公文写作中一些必备的方法和技巧，也包括借鉴别人的或者自己琢磨的一些有用的方法。还有一些常用的分析研究方法，比如范畴研究法、解剖麻雀法、对比分析法、情境假设法等，以及归类、比较、统计、沙盘推演等方法，都应该掌握，在工作中针对具体问题选择合适的方法。还有一些有用的思维工具，如思维导图、系统循环图、金字塔原理、MECE原则等，都应该了解甚至熟悉，需要用的时候就能帮得上忙。

除了这些有形的积累，还有些积累是无形的，包括能力的积累，主要是指公文写作所需要的组织能力、协调能力、沟通能力、写作能力、思维能力等；也包括信心的积累，从最初接到任务不知所措，到越来越得心应手，直至游刃有余，甚至进入自由境界，这就是在一次次磨炼中积累了信心，增强了底气。

善于积累，关键是要做一个有心人，做一个时刻在准备的人。我们在写作一篇具体公文的学习研究过程中，经常会遇到一些精彩的论述、有价值的观点、好的提法、好的构思等，但因为主题的要求、篇幅的限制等没用上，有经验的同志往往会把这些"边角料"收藏起来，记在本子上、装在脑子里，有时间就反复琢磨。有时，一些有亮点的思想和语言会派上用场，有的典型例子就会给文章增添色彩，真正使"边角料"实现增值。

这就要求写作者时常留心，四处浏览，善于发现，注重搜集，在别人习以为常的地方多看、多想。一个好的公文写作者，一定是一个"眼神好"的人，处处留心看究竟，不光"看热闹"，更要"看门道"。

具体来说，眼睛一要"盯世界"，把握本领域工作的世界发展大势及其对本地区、本领域工作的影响；二要"盯中央"，及时学习党和国家的最新部署，找出其与本领域工作的关联；三要"盯上级"，弄清楚与自己工作关系密切的相关部委、上级部门有什么行动和举措；四要"盯自己"，熟稔本单位和所属各单位有什么工作举措和进展；五要"盯各地"，看看有什么典型性做法、创新型经验。这几方面都看了，搜集的资料就会比较齐全。

当搜集和积累的东西越来越多时，如何有效地储存和管理呢？首先，不要"唯数量"，积累不是越多越好，而要注重质量。其次，要有意识地分门别类地整理，可以按时间、主题、地域、来源等进行分类。我们可以形象地把它们想象成一个个"抽屉"，每个"抽屉"贴上不同的标签，储存不同的内容。当需要某一类时，就打开相应的"抽屉"，按需取用。

除了上述方法，我们还应该按照不同的用途，对自己储备的资料加以分类。针对不同特点的工作，采用不同的方法。

一类是常规性工作所需的日常储备。要广泛涉猎，扩大知识面，多浏览已有资料，详细掌握各方面工作的情况。多调查研究，多搜集素材，多阅读思考，做到心中有数，这样遇到任务才能"手中有粮，心中不慌"。

一类是专题性工作所需的集中式储备。对于一个领域、一个主题的工作，可以将相关的素材内容归集到一起，成为一个整体，花时间和精力掌握这个方面相关事物的前因后果、历史脉络、最新变化等。这有助于形成深入认知，构建知识网络。遇到相关主题的写作时，就能有充分的积淀和准备。

一类是创新性工作所需的临时性储备。已有的积累难以满足新的写作需要，这就要靠平时的积累和对工作规律的探索，提升被动状态下主动做好工作的能力。要善于从学习和积累中形成迁移能力，对已有的知识和素材做到举一反三，而且能充分调动知识积累，知道所需要的东西到哪儿找，确保在需要时能迅速找得出、用得上。

还有一类是紧急性工作所需的突击性储备。心中要时刻装着一个预案，始终处于"备战"状态，特别是对某一时期的重点工作，要保持深入而全面的了解。需要时能从容应对，确保各项工作紧而不松、忙而不乱，力争把时间要求紧迫的公文写好，彰显扎实的功底。

做好知识的积累和管理，也有一些方法和技巧。

一是要善于归纳和分类整理。比如，不同文种的基本格式，常用的开头与结尾方式、主要的结构方式、标题制作方式、一些常用的句式等，这些"锦囊"性的素材应当妥善保存。

二是要善于运用工具和检索，做好知识管理。在信息化和知识爆炸时代，要充分运用信息网络的特点和优势，创新学习和积累知识的方式，学会建立知识索引，学会使用数据库获取信息。还要具备对知识信息的辨别和整理加工能力，能够去粗取精、去伪存真，避免淹没在大量的信息中。我有一个观点：把记忆让给电脑，把思考留给自己。注重积累并不是什么东西都要往脑子里塞，只要知道互联网上有哪类素材、哪里有什么东西、到哪里去搜索就行了。把记忆留给互联网，才能有精力多做一些积极思考。

三是善于借力，用好外部智力资源。一些新的命题、新的事物，从来没有接触过，过往也没有刻意参考依照的，对待它们最好的方法是学会借力，借助"外脑"来完成。一些公文对专业理论知识要求比较高，比如讲到经济工作，了解面上的情况，懂一些基本的经济学原理还不够，还需要有理论深度，这就需要求教于经济学家。有时，写作中涉及最新概念和前沿理论，写作者往往把握不住、理解不透，缺少发言权。遇到这些力所不及的情形时，各类智库、专家学者的力量要充分用起来，把方向把握好，把问题提出来，交给有研究、有造诣的人来解答，然后将他们的智慧和研究成果为我所用，吸收借鉴。

7 锦囊 2
刻意练习，提高写作水平的重要途径

前面我们讲了积累的重要性，积累的最终目的是运用。有的人积累了很多素材，但都是一时兴起，过后既不知道自己积累了哪些东西，也不知道需要时该去哪儿找、该怎么用，这种积累的效率是很低的。光积累不用，等于白忙。

我们都有过这样的感受，只有自己思考咀嚼过、亲身使用过、经过自己头脑消化过的东西，才会留下深刻的印象，牢牢留在自己的脑海里，这与泛泛浏览资料的效果截然不同。在这个过程中，掌握的知识点、形成的思维逻辑、出现的思想火花，都会成为自己新的知识储备，也就是把外在的、公有的知识内化成为自己知识结构的一部分，可以称为"公有知识的私有化"。只有这样，积累的东西才会变成自己的。而有效地运用这种方法，带来了知识体系的完善，又会进一步促进更高质量的积累。

这既是积累与运用的辩证关系，也是一个刻意训练的过程。这给我们的启发是，要想写好公文，没有任何捷径可走，关键在平时的积累、实践的磨炼、思想的提升，其中很重要的一点就是刻意练习。

心理学家把人的知识和技能分为层层嵌套的三个圆形区域：最内一层是"舒适区"，是我们已经熟练掌握的各种技能；最外一层是"恐慌区"，是我们暂时无法学会的技能；二者中间是"学习区"，就是存

在挑战但通过努力可以学会的技能。无论是科学的证明，还是大多数人的体会，都可以得出结论——有效的练习应该是在"学习区"内进行。只有在"学习区"内练习，人的能力才会持续进阶。

马尔科姆·格拉德威尔在《异类》一书中指出，人们眼中的天才之所以卓越非凡，并非天资超人一等，而是他们付出了持续不断的努力。一万小时的锤炼是任何人从平凡变成世界级大师的必要条件——要成为某个领域的能手和专家，需要一万小时的练习。这个道理同样适用于公文写作这一能力的训练。具体体现在以下几点。

一是要乐于写。石油大王洛克菲勒说："如果你视工作为乐趣，你的人生就会变成天堂；如果你视工作为义务，你的人生就会变成地狱。"只要愿意写，肯下功夫钻研，就没有写不好的公文。只要坚持不懈地有效练习，就会从文字工作的"必然王国"走向"自由王国"。

二是要善于写。学习很重要，坚持正确的学习方法更重要，低水平的重复学习是没有价值的。学习使人很充实，然而浮在表面的学习是枯燥的、痛苦的、难以收到成效的，深入进去、沉潜下去才会更充实；学习很快乐，学习的目的是在学习中思考、运用和提高，只有学以致用才能快乐。

三是要勤于写。公文写作要一个一个字地组合，一句一句话地排列。没有吃苦耐劳的精神，是做不好文字工作的；没有刻意练习的韧劲，水平是难以提高的。要勤写、多写，静得下心，吃得起苦。一勤，则天下无难事。

四是要甘于写。公文写作是一项艰辛、寂寞、清苦的工作，这是岗位性质决定的，但每份工作都有它的价值，都能展现自己的才能和境界，所以心态不能浮躁，始终以一种积极、平和的心态对待工作。善于发现这项工作的优势，在不断学习和练习中提高自己的水平，用辛勤笔耕实现自己的人生价值。

能做到以上几点，就树立了写作的志向，就有了奋斗的目标。平时可以把写作融入自己的生活，很多事情都可以从写作的角度加以审视和把握，使自己始终保持在学习区，处于刻意练习的状态。

比如，除了书面的写作之外，我们日常的交谈也可以视作口头作文、即兴作文。怎么说得更到位，沟通更有效，也是一种演练。比如，我们除了完成一些完整章节的全文写作之外，还可以把日常一些规模小、随意性的写作行为，例如写几句话、几段话，当作片段写作、纲要写作。以小见大，从局部见整体，时时处处让自己练习，一点一滴加以提高。

又如，不管是写个人简介、一封感谢信，还是写一份合同，都应该从多文体写作的角度来看待，每一种文体中都有值得公文写作借鉴之处。通过在这些写作中综合运用记叙、议论、描写、说明、抒情等多种手法，使自己熟练掌握"十八般武艺"。这对于公文写作而言，既有助于方法和技巧的提升，在能力和信心上也能有所增长。

当我们看到一些人写文章倚马可待、思如泉涌，而且写出的文章理论水平高、逻辑清晰、指导性强，固然令人羡慕，但我们要知道，所有的高手、天才，其实都是学习和训练出来的。能力的提升就像肌肉，要付出汗水才能练成，而且没有捷径可走。公文写作者要把终身学习当成一种习惯，把刻意训练当成一种责任坚持下去，日拱一卒，持之以恒，才能日积月累，不断精进。

有两个很重要的方法和理念值得借鉴。

一是"一鱼多吃"、一源多流。 写上一百篇文章，不如写好一篇文章。要提升公文写作水平，聚焦目标、集中火力是一个很好的办法。比如，写完一篇讲话稿，可以尝试把这篇讲话稿改造成大会报告、会议纪要、学习通知、新闻通稿、评论员文章、社论文章、专栏文章、发言摘要等各类形式。虽然基本内容一致，但不同文种形式对文章的要求是不同的。把一篇文章拆开了、揉碎了，重新排列组合，反复咀嚼琢磨，就会对各种类型的文体有基本把握，也会大大加深对内容的理解。

二是以写促学，以说促学，以教促学。 日常写作不必局限于与工作相关的公文，如果有时间和兴致的话，还可以多写一些工作之外的东西。掌握不同文体技巧，熟练掌握言情、说理、叙事、状物这些最常用的基本功，并能融会贯通，这会对公文写作起到良好的促进作用。要珍惜座谈发言、讲座交流、知识分享等机会，每次都要认真准备，借此机会对自己的知识、观点和思想进行梳理和盘点，并在此过程中激发新的思想，挖掘新的学习内容，填补自己的空白点，使自己的知识条理化、系统化。把自己认为正确的、有用的观点和知识分享、传递给别人，并从公文写作的角度反观自己的内容输出，这就成了一个因为输出而倒逼提高输入的过程。

具体到一篇公文的写作，要注意在以下三个重点环节上刻意加以练习。

一是拟定提纲，方法是"闭上眼睛"。 开写之前，要起草提纲，在掌握基本素材、充分思考的基础上，合上参考文章，合上各类材料，越过纸面深思考，闭上眼睛想清楚，合上书本写提纲，以保持思路的清晰和深入。切忌翻阅各类材料，这里摘一个意思，那里找一个想法，拼凑提纲。

二是起草稿件，方法是"一气呵成"。 长期用电脑写作，很多人养成了"先写容易的"和"复制粘贴"的习惯。但如果先写材料丰富的、容易的、想清楚的，会使文章看上去是"拼凑"出来的，而不是

"想"出来和"写"出来的。这是公文写作的大忌。因此，在公文写作能力的培养阶段，就要形成一个良好的写作习惯，想清楚、写清楚，按照提纲，从头到尾写下来、顺下来，一口气完成，先"热写作"，再"冷处理"，就是放一会儿，回头去修改。

三是反复修改，方法是"逼着自己改"。刚学习公文写作的同志在写完初稿后，往往会感觉"不知道改什么""不知道怎么改""不会改""改不动"。这时候，写作者就需要对自己"狠一点"，进行自我否定、自我提升，强迫自己多换角度、加深思考、提高站位，对已有的文稿反复琢磨、反复修改，有时甚至还要推倒重来。一篇文章每突破一次"改不动"的困境，就会提升一个水平，写作者的写作能力也会提高一个层次。

我们说的刻意练习，并非到了写作这个阶段才显得重要。在公文写作能力的培养中，读书、搜集材料、思考和总结这几个方面都很重要，都可以运用刻意练习的方法和理念。

在吸取知识上，公文最重要的"诗外功夫"主要靠读书学习得来。常言道，"腹有诗书气自华"，公文要求有政治性、思想性、政策性、法规性、指导性，其实要求的是写作者具备与时俱进的政治能力、全面扎实的文字功底、科学辩证的思维方法、胸怀大局的高远境界、厚积薄发的文化底蕴和求真务实的文风作风，这些都要靠读书学习得来。

但是，光养成勤奋学习的习惯还是不够的，还要学会选择。不能什么书都读，一定要读真正经典的、一流的书，读那些被时间长河大浪淘沙检验过的好书，才是最有益的。

读书的目的是实践，所以要读得进去，还要跳得出来。不能死读书，当"书呆子"，也不能"掉书袋"——卖弄学问。除了读书，在处理事务、与各种人打交道的过程中，只要自己留心，也能学到不少东西。"世事洞明皆学问，人情练达即文章。"不但要向书本学习，要向实践学习，还要向他人学习。

在搜集材料上，要用做学问的态度来对待。做学问除了建立知识框架，还有一个大前提就是必须懂得如何搜集材料，占有材料，使用材料。研究必须充分地占有材料，有学者形容找材料要"上穷碧落下黄泉，动手动脚找东西"。公文写作也是这样，搜集材料要下功夫。

在时间和条件有限的前提下，尽量做到找全、找准材料，多方式、多渠道地搜集。通过提问和调研等深入挖掘，日常储备与专题储备、临时储备相结合，这样才能做到胸有成竹。这和我们前面讲的多方面积累是一致的，有了足够的积累，才有思考和研究的基础，进而反过来促进积累的深化。

在思考研究上，要学思结合，真正消化吸收学习的内容。网络化时代容易形成碎片化的思维习惯。越是这样，越需要真正沉下心来冷静思考，独立思考，深入思考，对一些问题有自己的见解和观点。这就要树立问题意识，带着问题深入思考，这是一种有益、有效的思考方式。从某种程度上来看，公文写作虽不是学术研究，但在对客观实际的思考和研究上，对事物规律的探究和辨析上，需要有研究意识和学术思维。

学术训练培养的是思维能力，包括提问的能力、综合分析的能力、提炼观点的能力、创新思维的能力等，这对从事任何工作都是有益的。如果一个人学问做得好，又善于学习新知识，并能进行转化，那他公文写作的水平也不会太差。要有意识地经常深入思考问题，不断提升思维能力，才能更好地驾驭公文写作，提升写作的质量和深度。

在总结提升上，务必重视总结的作用。写完一篇大的东西，或者完成一个阶段的工作后，要认真复盘，总结经验得失，摸索方法和规律，这样才能不断提升。积累是量的累积，是感性知识的叠加，而总结能带来质的跃升，实现理性认识的跨越。

总结可以从几个方面入手：**靠广博**，从广泛学习和深入实践中寻找事物的共性、规律，找到本质特征；**靠顿悟**，用心去感悟，从一团乱麻中理出头绪，找出关键，抓住要害；**靠熟练**，熟能生巧，最终如庖丁解牛一样驾轻就熟，把能力内化成"下意识"和条件反射，变成一种"手感"和"直觉"；**靠借鉴**，参照别人的成功经验，结合实际，转化为自己的理解；**靠实践**，在实际工作中消化运用，从分析和总结中完善、提高。

对于公文写作来说，有两句话很重要。一句是"功夫在诗外"，指的是系统支撑能力的培养，通过知识的系统性、关联性来触发想象和灵感，通过触类旁通、融会贯通来培养独到的思维习惯。另一句话是"功到自然成"，平时要不断地学习、不断地积累、不断地思考、不断地历练，用刻意练习的路径提升写作能力和思维能力。

第二部分 中阶：拆解公文

这一部分为中阶，拆解公文。分析公文中的几个核心要素，包括内容、结构、语言、逻辑，然后讲解公文起草的程序步骤。

8 拆解内容
巧手组合观点与材料，用事实成就雄辩

在这一堂课中，我们讲关于公文的内容。我们说某一篇公文是否言之有物、言之有据，主要是针对内容的评价，内容是否充实、是否实在管用。公文是实用性文体，是源于客观事物，也作用于实际工作的，所以在内容要实这一点上有更严格的要求。

这部分内容与我们下一堂课要讲的结构有密不可分的关系，结构是形式的范畴，形式为内容服务。如果说结构是一篇文章的框架蓝图，内容则是支撑框架的物件、填满蓝图的素材。内容看似包罗万象，概括起来主要是观点和素材，也就是论点和论据，以及由观点和素材组合而成的意群。

8.1 内容以"实"为要

"短、实、新"是公文评价的重要标准，也是转变文风的方向，其中"实"主要是针对内容而言。内容越实，公文的力量越大，影响越强，指导作用也就越大。这是因为：第一，只有实事求是，准确地反映客观事物，才能做到主观与客观相统一、思想与实际相结合，才符合唯物主义观点，公文才有生命力和价值；第二，只有基于客观而准确的事实，才能在正确的逻辑推导下得出正确的观点和结论，才能

揭示事物的本质和规律；第三，只有内容实际、求真务实，才能为正确领导和决策提供参考和保证，真正起到指导工作、推动工作的作用。

我们可以看一看邓小平同志所写的文章，他的文章体现了实用、管用的特点，很值得我们学习。《邓小平文选》中每篇文章大都在两三千字左右，短的只有一二百字，但内容丰富、求真务实、意味深长。比如《一心一意搞建设》《路子走对了，政策不会变》《拿事实来说话》等篇章，篇幅虽短，但字字千钧，十分有力量，令人百读不厌。

具体来说，公文的"实"，主要体现在以下几个方面。

真实准确不虚假。即内容忠实于客观事物的实际情况，能做到事实真实、内容可靠、数字无误、观点准确。这是写作最根本的原则，也是实施科学决策的基本保证。

首先，应如实地把客观实在的事实写出来，什么事、什么人、什么时间、什么地点、什么样子、什么缘故，都要准确、清楚，不能做任何加工。素材要准确、典型，不能粗枝大叶、道听途说，更不能随意捏造事实和数据，特别是对于第二手材料，要反复验证。正如列宁所说："如果从事实的全部总和、从事实的联系中去掌握事实，那末，事实不仅是'胜于雄辩的东西'，而且是证据确凿的东西。如果不是从全部总和、不是从联系中去掌握事实，而是片断的和随便挑出来的，那末事实只能是一种儿戏，或者甚至连儿戏也不如。"[1]

其次，观点、结论也一定是从对现实材料的分析中自然引出来的。不能想当然，不允许掺杂任何主观臆造的成分。引用观点要交代

---

1 （苏）列宁：《列宁全集》（第二十八卷），人民出版社2017年版，第364页。

出处，不能漏字错句、篡改原文，也不能断章取义、随意曲解。

最后，在真实的基础上还要做到准确。准确是对真实更高的要求，是对事物全貌的反映，而不是以偏概全或者选择性地运用事实。

充实丰富不空洞。这就要求占有丰富的材料，有充分的论据，增强说服力。材料包括各种情况、典型事例、论点、论据、数据等，将这些材料进行认真分析和综合研究，选用与文章要阐述的主题有关的、真实的、有代表性的、能揭示事物本质的材料，根据需要加以组合。

充实与空洞的界线，不仅在于有没有观点和材料，关键在于文章有没有针对性，是否达到了观点与材料的统一。如果写文章不提出问题，不解决问题，只罗列一些事实，不做科学分析与综合，不演绎出规律，不归纳出结论，只是泛泛地重复现成的一般原理、结论、口号，也是苍白无力的。

切实可行不浮泛。公文要解读政策、安排工作、提出主张，这些都要以可执行、可操作为目标。在阐述贯彻党和国家的方针、政策时，要紧密结合本地区、本单位的实际情况，尤其是实践中出现的新情况、新问题，把握好角度，把大政方针落实在具体工作之中。应当使工作思路、实施方案、政策措施等有较强的可操作性，能够直接用于实践，并接受实践的检验，否则提出的主张和措施就无法落地。

可行性一般包括四个方面：一是政治可行性，即某项政策、措施符合大的政治方向，能被大多数群众接受，政治风险不高；二是经济可行性，即实施政策、措施必需的资源是能够充分获得的，不会产生难以承受的经济负担；三是技术可行性，即将政策、措施付诸实施在技术上是可行的；四是心理可行性，即政策、措施的实施与受文对象及执行者的心理承受能力是相适应的。如果不具备这几方面的可行性，写出的公文是行之不远的。

朴实简洁不华丽。写短文、写实话，通俗易懂，朴实无华，不求文采，但求管用。这对所有的公文都是适用的，所以起草制度文件要"管用"，通知请示报告讲"要情"，领导讲话讲"要领"，汇报交流经验材料讲"要点"，其实都是要坚持朴实、简洁的要求。

8.2 多研究事，少研究字

怎样才能把内容写实？从理念和态度上来说，要记得的一点是，写作最重要的是研究事，而不是研究字。公文表面上是文字组成的，本质则是对事物认识的结果，或者说是对事物认识的文字体现。只从文字着眼，光研究"字"，而不着重于研究客观事物，是一种不正确的写作思维方式，容易陷入误区和僵局。

研究"事"，可谓"研究者"；研究"字"，则成了"文字匠"。有些文章写得不好，就是"在鼓捣字儿上花的时间太多，在研究事儿上下的功夫太少"。

那么，究竟应当研究哪些事情呢？**一是研究上情，就是上面的事。**主要是上级的文件、会议材料、领导讲话等。通过细心研读这些材料，从中深刻领悟、准确把握上级的精神，看有哪些新政策、新观点、新要求、新提法，便于在起草中有所遵循、有所借鉴、有所吸收和有所体现。**二是研究外情，就是外面的事。**外部形势、发展趋势、动态、最新观点，好的经验、做法和政策举措等。**三是研究下情，就是下面的事。**所辖领域和下属单位有哪些值得总结和提炼的好经验、好做法，哪些问题具有普遍性，指导工作如何具有针对性。

最重要的是研究内情，就是自己的事。把本单位的情况、取得的成绩、存在的主要问题、下一步的工作要求搞清楚，提出工作任务、思路和措施，使所写作的文章具有针对性、实用性。把事情基本研究明白了，再转化成文字，就能形成一篇求实、写实的公文。

在把握上述"四情"的基础上，重点还要"把准三脉"。

一是把准大政方针的"脉搏"。把局部工作放在大局中去思考和衡量，立足全局、胸怀大局，符合党和国家的方针政策，符合行业的发展规律，符合时代的发展方向。

二是把准领导思想的"脉动"。包括领导个人、领导集体、领导机关的意图。及时跟进其思想动向，把握其最新闪光点，做好归纳分析，摸准想法，站在领导的角度考虑问题，"身在兵位，胸为帅谋"。想领导所想之事，谋领导所谋之策，把领导的"关注点"作为思考问题的"着力点"。

三是把准现实问题的"脉络"。坚持从实际出发，尽可能地深入实际工作，熟悉现实情况。选取的素材要真实可靠，事实材料、数据材料要核实清楚，任务、措施要避免泛泛而谈，讲究可操作性。始终做到对情况胸中有数，提高公文的针对性，防止说过头话、写过时语。

8.3 用事实成就雄辩

公文的内容，其实就是观点和事实。我们一起来分析，为什么公文由观点和事实组成？到底哪个更重要？二者之间是什么关系？

公文姓公，它的内容不能由个人意志决定，而要代表国家和人民的根本利益，代表领导机关的施政意志，符合法律法规和政策规定，否则就无法发挥应有的效用。这是由公文的特性和要求决定的，也决定了公文具有以文辅政的内在定位。

这就要求，起草人员要准确把握行文目的和意图，把自己摆到使用公文的主体位置上，围绕主题内容提炼观点，旗帜鲜明地表明支持什么、反对什么，明确而具体地指出该做什么、不能做什么，而不要模棱两可、含糊其词。正是从这个意义上来说，公文本质上是一种论说文，以阐明观点、讲清道理、获得认同、推动工作为目的，写作手法以说理为主。

但讲道理不能是干巴巴的，得有事实作为论据和支撑，从事实中提炼和浓缩观点，做到"理从事出，片言为典"。既要言之有理，也要言之有物，这样得出的观点才具有说服力。

为了达到说理的目的，在公文中，既要有观点，也要有事实。光有事实没有观点，就是一堆散乱的材料。如果搜罗堆砌了很多案例素材，但提炼不出有价值的观点，就不能给人以启发。但如果光有观点、主张，没有事实加以印证，观点也难以立起来。通篇讲道理，但不能结合实际，用事例来论证，也难以说服人。只有事实和观点很好地结合，才能达到预期的目的。

二者的关系在于，表达观点是目的，使用事实是手段。我们经常说一句话，"事实胜于雄辩"。雄辩就是阐述观点。似乎是说，摆事实比讲道理更有用。而公文的特性、定位和目的决定了，它追求的是"用事实成就雄辩"。观点的启发性和说服力，既取决于论点表述是否一语中的、透彻明了，也取决于使用事实是否高明。

这和新闻报道中要求的不设立场、不带观点，只呈现事实不一样，公文反而要求观点鲜明，不能温暾、含糊。如果说新闻作品是"用事实说话"，公文就是"说话加事实"。只有把这两个方面组合运用到位了，让人心生认同甚至折服，才能称得上雄辩。

比如，战国时期秦国李斯的《谏逐客书》，就是劝说秦王嬴政要重视人才。它在用事实成就雄辩方面堪称典范。开头一句话"臣闻吏议逐客,窃以为过矣",用非常警醒的言辞开宗明义,也是全文的中心论点。随后,李斯用大量的事实展开了有力论证,对事理的论说充分而深刻,令人信服。这篇文章虽然是文言文,但写出好文章的道理是古今相通的。

摆事实、讲道理,我们要把握三个原则。第一个原则,要言之有理。理就是道,就是规律和逻辑。顺理才能成章,失去了理的支撑,不仅做不到以理服人,还会导致在实践中碰钉子,造成工作的被动局面。第二个原则,要言之有据。理论的正确、观点的有力,都要靠充分的论据来证明。组成文章的每句话、每个段落、每个观点都要有事实依据,这不仅仅是现实素材的堆砌,也包括符合逻辑的推导和论述,这样的文章才务实、可靠。第三个原则,要言之有物。就是要立足现实,切合实际、符合实情、契合常理,提出正确的思路、方法和措施,为辅政打下扎实的基础。

我们来看一个有趣的例子,体会一下如何用事实成就雄辩。下面这段是《西游记》中孙悟空大闹龙宫后,东海龙王上天向玉皇大帝告御状所递交的奏折,也就是今天的请示。他是这样说的:

近因花果山生、水帘洞住妖仙孙悟空者,欺虐小龙,强坐水宅,索兵器,施法施威……臣敖广舒身下拜,献神珍之铁棒,凤翅之金冠,与那锁子甲、步云履,以礼送出。他仍弄武艺,显神通……果然无敌,甚为难制……恳乞天兵,收此妖孽……

第一句前半部分,说明肇事者姓甚名谁、家住何方,方便缉拿;"欺虐小龙,强坐水宅,索兵器,施法施威",高度概括孙悟空干了哪些坏事。第二句，说了自己如何以礼相待，撇清自己干系，坐实了完全是对方单方面的原因。第三句，继续陈述孙悟空的劣迹，同时也指出他"无敌""难制"，申述困难，为后面做铺垫。最后一句是请示，提出派兵的诉求，干净利落收尾。

这是一篇专业水平过硬的教科书级公文，短短几句话，把事实交代得清清楚楚，诉求有力，还暗藏机锋。所以，很快达到了东海龙王预期的意图，玉帝勃然大怒，派天兵天将前去捉拿孙悟空。用前面环环相扣的事实，成就了最后的观点，是"事实成就雄辩"的典范，比一个劲地哭诉请求玉帝派兵要强很多倍。没想到这龙王还是公文写作高手。

8.4 如何提炼观点

观点是公文的精华，是公文达到其说理目的的手段和桥梁。好的观点，体现在运用正确的思维方式，揭示事物本质，找出事物发展背后的规律；体现在坚持问题导向，能发现问题、分析问题，并解决问题；体现在于具体的素材中提炼整理，去粗取精，实现从事实到结论的提升，使论点和论据有机统一；体现在打造亮点，使文稿有点睛之笔，有亮点和闪光点。只有这样，写作的公文才能有深度、出思想，而不是平平的流水账。

提炼观点要注意以下几点。

一是紧扣主题。比如，2019年中国发展高层论坛"塑造绿色发展动能"分论坛的主旨演讲，提出了三个观点：

第一，加大清洁天然气供给，是推动环境治理的最现实选择；

第二，推动电力系统低碳转型，是推进中国能源生产和消费革命的关键举措；

第三，推动传统能源企业绿色生产，是实现经济发展与环境保护良性循环的重要路径。

这些观点都是紧紧围绕"塑造绿色发展动能"这一主题来展开的，论述集中，内在一致，主旨突出。

二是论点要新颖。比如，2019年9月24日的纽约，国务委员兼外交部部长王毅在美中关系全国委员会、美中贸易全国委员会、美国全国商会、美国对外关系委员会联合举办的晚餐会上发布题为《登高望远，不惑前行》的主旨演讲，提出四个核心观点：

第一，互利合作是唯一选择，中美双方谁也没占谁便宜；

第二，开放融合是正确方向，中美双方谁也离不开谁；

第三，冲突对抗没有出路，中美双方谁也改变不了谁；

第四，共担责任是历史潮流，中美双方谁也不必取代谁。

并就如何真正把共识落到实处提出三点意见：

第一，对于双方可以开展合作的领域，应本着合作共赢的精神坚定不移向前推进和深化；

第二，对于双方存在分歧的问题，应本着不冲突不对抗的精神妥善加以管控；

第三，对于涉及彼此核心利益的事务，应本着相互尊重的精神坚持互不干涉内政。

这一讲话之所以让人印象深刻，在于它对当时的两国关系现状和未来趋势做了深刻的剖析，提出了诚恳的希望和倡议。不卑不亢，很有针对性，又让人一听就懂，用明白晓畅的语言表达内涵丰富的观点，容易引起共鸣，起到很好的沟通效果。

三是观点要鲜明。要避免以下几个误区。

误区一：语气含混。不要用"可能是""或者是"等带有不确定性的语句。比如，"中国人民一定行，中国一定能""没有任何力量能够撼动我们伟大祖国的地位，没有任何力量能够阻挡中国人民和中华民族前进的步伐"。要像这样的论述一样语气坚定，绝不含糊。

误区二：缺乏提炼。"班子不团结，就会伤害同志间的感情，就会妨碍民主集中制的执行，就会搞得下面无所适从，就会损害班子形象，就会带来许多不良后果，必须引起我们的高度警觉。"这就显得啰唆、累赘，应该浓缩为"班子不团结，是削弱班子战斗力的祸患，是危及事业发展的毒瘤"。

误区三：缺乏力度，不痛不痒。"要考虑采取一些措施解决干部作风不实的问题"，若改为"干部作风不实的问题已经到了非解决不可的时候了"，就更加有力，引人警醒。

公文的观点表达要鲜明、直接，不要温暾、含糊，这是由公文的实用性特征决定的，也是公文与文学作品等体裁形式的不同之处。当然，观点要鲜明、直接，并不是说不分场合、不分对象、直言不讳地提出几个观点就万事大吉。观点的表达，要注重方式，更要注重质量，还要注意效果。

8.5 事实论据与理论论据

我们知道了要多用事实来说明观点,可面对浩繁的材料和事实,怎么取舍呢?怎么为论点寻找合适的论据,以及如何选择有用的论据来提炼观点呢?要了解论据的特点和使用要领,我们可以从内容要素的角度来看,论据分两种:事实论据和理论论据。

事实论据是指事物的概况和原委,包括具体的事实、案例和数据的报告等。各种事务性文书的写作,往往离不开事实论据的运用。例如:写通报,需要陈述相关的事实作为表彰或批评的依据;写请示,需要陈述清楚请示事项的缘由;写领导讲话这样的综合性文稿,就更离不开事实的有效运用。可以说,事实论据运用得好,是观点表达,也就是雄辩的重要基础。

运用事实论据应该注意些什么呢?

第一还是要真实。要尽量占有第一手材料,如果是间接材料,就得反复核实。内容一旦失真,写出的东西就是垃圾,甚至是毒瘤,会给决策造成失误,贻害无穷。实践中,这种"事实"失真的情况并不少见。比如报喜不报忧、数据注水等,包括一些写先进人物的典型材料,写作者不顾事实地把人物无限拔高。既不符合客观情况,也让人无法学习。

第二是要准确。真实与准确并不完全等同,有时候讲的一些事实是真实发生的,但由于选择的角度或者内容的详略比例不对,就会出现以偏概全、流于表面等情况,不能准确地反映事物的真实全貌。要做到准确,就要求写作者有较好的语言表达能力,还要有较强的认识能力。

第三个是典型。能够证明观点或结论的事实往往较多，但不可能都写，这就得加以甄别和筛选，用那些能够揭示和反映客观事物本质特点和内部联系的事实。典型事例能起到以点带面的作用，泛泛地用几个事例，不如一个典型事例有代表性和说服力。

第四是切题。事实论据的运用要与观点有机地结合起来，切合题旨。如果缺乏针对性，哪怕再好的论据和事实，也不足以说明特定的主题，阐明想表达的观点。

那么，理论论据又是什么？理论论据是公文论据体系的重要部分。可以作为理论论据的主要包括：经典的理论观点和论述、党的方针政策和国家的法律法规、科学定理公理、会议的决定决议，以及名言、格言，等等。理论论据的特点在于，它是被前人论证过的，或者具有权威的"背书"，在某种程度上是不证自明的，恰当地使用理论论据可以增强文章的说服力。

理论论据并不是用得越多越好，需要注意把握以下几点。

一是要融会。援引经典著作里的话或其他理论论据时，首先得完整地、准确地理解和把握，而后才能加以运用。如果不明白它们的出处、来历和背景，从字面意思出发随心所欲地引用，就容易断章取义或者牵强附会，就适得其反了。

二是要得体。运用时需要考虑行文的特定情况和语境，服从证明观点或结论的需要。恰当引用，使它们衔接自然，勾连紧密，表达妥帖。如果生拉硬扯，乱贴"膏药"，就会造成文章表意的断裂。

三是要注意适度。能说明问题即可，而不能喧宾夺主，贪大求全。如果一味地照搬套用，让人觉得是在卖弄"学问"，就令人生厌了。

8.6 "意群"及其运用

观点是文章的筋骨，一般通过标题和分析、结论、对策建议等体现出来。如果观点立起来了，公文也就立起来了。事实素材是文章的血肉，是说明和论证观点的基础和依据。观点源于素材，又高于素材，是对素材的高度概括。素材应紧扣主题和观点，能够说明观点，要贴切自然。有了观点也有了事实之后，二者是如何组合的呢？

我们先看一下毛泽东同志关于观点与材料关系的精辟论述，对理解文章的内容、观点和材料的关系，具有很强的指导性。1958年1月，他在《改进学风和文风》一文中提到：

把材料和观点割断，讲材料的时候没有观点，讲观点的时候没有材料，材料和观点互不联系，这是很坏的方法。只提出一大堆材料，不提出自己的观点，不说明赞成什么、反对什么，这种方法更坏。要学会用材料说明自己的观点。必须有材料，但是一定要有明确的观点去统率这些材料。材料不要多，能够说明问题就行，解剖一个或几个麻雀就够了，不需要很多。自己应当掌握丰富的材料，但是在会上只需拿出典型性的。必须懂得，开会同写大著作是有区别的。[1]

可见，观点和素材不是随意摆放的，而是按照特定的意图和合理的逻辑有机组合在一起的。观点和素材的组合，我把它称为"意群"。这是为了便于理解而借用英语中的说法，但又不同于英语中的"sense

---

[1] 中共中央文献研究室编：《毛泽东　周恩来　刘少奇　朱德　邓小平　陈云思想方法工作方法文选》，中央文献出版社1990年版，第378—379页。

group"（指句子中按意思和结构划分出的各个成分）。此处的意群，就是文章中切分的具有相对完整性、由观点和素材组成的概念。

文章中的观点是散落的、分层次的，也是有机统一的，但不管大小，每个观点都要有相应的素材来加以说明。观念与素材的结合，形成了一个个或大或小的概念，这些概念可能是一个段落群、一个层次、一个意义段、一个内容要点等。把每个单独的概念拿出来，它是自足的、完整的、独立的，但组合在一起，它们又和别的概念构成互相说明、互相影响的有机关系。

我们可以把一整篇文章理解成一个大的概念，它由各个层级或大或小的概念组合而成。我们对大的概念进行不断拆分，直到最后不能再拆分，就好比建筑中的砖头这种最基本的构件。按照事先考虑好的思路，把一块块"砖头"砌成一面墙，几面墙再砌成一间房，很多间房就可以构成一栋楼。

所以，不管是写作还是阅读，我们都可以按照这种思路，把文章理解成是由意群构成的，阅读时可以从大到小分解，写作时反过来从小到大进行构建。整段话、整个部分、整篇文章都可以运用这种方法来组织，从而呈现一个个完整的意群。

意群既是一个个独立的概念，同时这些概念又是根据一定的关系组合在一起的，所以意群包含了明示或隐含的逻辑关系。当我们按照这种思路写作或阅读时，活跃在我们头脑里的，就是概念的逻辑组合，而不是简单的观点和支零破碎的素材的无序叠加。所有的公文都可以从意群的角度进行拆分和理解，这不但有助于理解观点和素材的关系，而且一旦认识到内容是由一个个大大小小的意群构成的，也就自然明白了，写实内容先要从写实意群开始。比如，下面是《中国共产党第十九届中央委员会第五次全体会议公报》中的部分内容：

全会强调，全党全国各族人民要再接再厉、一鼓作气，确保如期打赢脱贫攻坚战，确保如期全面建成小康社会、实现第一个百年奋斗目标，为开启全面建设社会主义现代化国家新征程奠定坚实基础。

全会深入分析了我国发展环境面临的深刻复杂变化……

全会提出了到二〇三五年基本实现社会主义现代化远景目标……

全会提出了"十四五"时期经济社会发展指导思想和必须遵循的原则……

全会提出了"十四五"时期经济社会发展主要目标，这就是：**经济发展取得新成效**，在质量效益明显提升的基础上实现经济持续健康发展，增长潜力充分发挥，国内市场更加强大，经济结构更加优化，创新能力显著提升，产业基础高级化、产业链现代化水平明显提高，农业基础更加稳固，城乡区域发展协调性明显增强，现代化经济体系建设取得重大进展；**改革开放迈出新步伐**，社会主义市场经济体制更加完善，高标准市场体系基本建成，市场主体更加充满活力，产权制度改革和要素市场化配置改革取得重大进展，公平竞争制度更加健全，更高水平开放型经济新体制基本形成；**社会文明程度得到新提高**，社会主义核心价值观深入人心，人民思想道德素质、科学文化素质和身心健康素质明显提高，公共文化服务体系和文化产业体系更加健全，人民精神文化生活日益丰富，中华文化影响力进一步提升，中华民族凝聚力进一步增强；**生态文明建设实现新进步**，国土空间开发保护格局得到优化，生产生活方式绿色转型成效显著，能源资源配置更加合理、利用效率大幅提高，主要污染物排放总量持续减少，生态环境持续改善，生态安全屏障更加牢固，城乡人居环境明显改善；**民生福祉达到新水平**，实现更加充分更高质量就业，居民收入增长和经济增长基本同步，分配结构明显改善，基本公共服务均等化水平明显提高，全民受教育程度不断提升，多层次社会保障体系更加健全，卫生健康体系更加完善，脱贫攻坚成果巩固拓展，乡村振兴战略全面推进；**国家治理效能得到新提升**，社会主义民主法治更加健全，社会公平正义进一步彰显，国家行政体系更加完善，政府作用更好发挥，行政效率和公信力显著提高，社会治理特别是基层治理水平明显提高，防范化解重大风险体制机制不断健全，突发公共事件应急能力显著增强，自然灾害防御水平明显提升，发展安全保障更加有力，国防和军队现代化迈出重大步伐。

以上段落清晰地划分出了意群。"全会深入分析了我国发展环境面临的深刻复杂变化""全会提出了到二〇三五年基本实现社会主义现代化远景目标""全会提出了'十四五'时期经济社会发展指导思想和必须遵循的原则""全会提出了'十四五'时期经济社会发展主要目标"，每个段落都阐述了一个清晰而完整的概念。

在"全会提出了'十四五'时期经济社会发展主要目标"这个段落里，主要阐述"经济社会发展主要目标"这个概念，从"六个新"的角度分开阐述，即经济发展取得新成效、改革开放迈出新步伐、社会文明程度得到新提高、生态文明建设实现新进步、民生福祉达到新水平、国家治理效能得到新提升。这里每个"新"都是一个完整的意思，即一个独立的概念。同时，它与别的概念又构成了逻辑关系。

在每个"新"中，不难发现，都是观点与素材的组合。比如，"经济发展取得新成效，在质量效益明显提升的基础上实现经济持续健康发展，增长潜力充分发挥，国内市场更加强大，经济结构更加优化，创新能力显著提升，产业基础高级化、产业链现代化水平明显提高，农业基础更加稳固，城乡区域发展协调性明显增强，现代化经济体系建设取得重大进展"。第一句话是观点和结论，后面的内容都是对前述观点的论证和展开。

《庄子·养生主》中有一个庖丁解牛的故事，讲到庖丁在宰牛时有一招叫"批大郤，导大窾"，就是劈开筋骨间大的空隙，沿着骨节间的空穴使刀。后来，人们用"批郤导窾"比喻善于从关键处入手，找到解决问题的办法。如果把文章的内容比作一头牛，那么这头牛的"郤"和"窾"就是意群，写好内容的关键就在于从意群下手。

《列子》中有一个故事叫"视虱如轮"，说的是一个叫纪昌的射手在学射箭时，在师父的指点下，学会把要射的目标在视野中放大，比如把一只虱子看得如车轮那么大，能够清楚地看到其内部结构，射起来自然更准了。运用意群这个概念，有助于我们达到"视虱如轮"的效果，更准确、更细致、更具体、更明白地把握文章的内容组成，更好地驾驭文章内容。

— **本堂课习题** —

2018年6月26日,中央政治局常委王沪宁在中国共产主义青年团第十八次全国代表大会上做了题为《乘新时代东风,放飞青春梦想》的致辞。下文是其中的一段,请用意群的概念对其进行分析,从而理解这段致辞是如何将观点和素材加以组合的。

我国广大青年要牢记习近平总书记关于"革命理想高于天"的教导,始终坚定理想信念。习近平总书记强调,理想指引人生方向,信念决定事业成败。在我国革命、建设、改革的伟大历史进程中,理想之光、信念之火激励着一代代有志青年听党召唤、跟党奋斗。创造新时代新的荣光,广大青年更要汲取真理力量,深入学习贯彻习近平新时代中国特色社会主义思想,增强"四个意识",坚定"四个自信",自觉听党话、跟党走。要善于从国家历史、现实成就、国际比较中发现变化、总结规律,充分认识我国仍处于并将长期处于社会主义初级阶段的基本国情,在顺境中不骄傲不急躁,在逆境时不消沉不动摇,不断树立为共产主义远大理想和中国特色社会主义共同理想而奋斗的信念和信心,让青春的理想抵得住风浪、经得起考验。

我国广大青年要牢记习近平总书记关于"扣好人生第一粒扣子"的教导,着力锤炼高尚品格。习近平总书记强调,青年的价值取向决定了整个社会的价值取向。青年正处于世界观、人生观、价值观形成的关键时期,应该积极走在培育和践行社会主义核心价值观的前列,加强品格涵养，不断从中华优秀传统文化、革命文化、社会主义先进文化中汲取养分，从各行各业先进人物身上接受教育，积极养成社会公德、职业道德、家庭美德、个人品德。要注重身体力行，从自身做起、从小事做起，学会感恩、学会助人、学会自省、学会自律，争当向上向善好青年，为提高全社会文明程度作出积极贡献。

我国广大青年要牢记习近平总书记关于"事业靠本领成就"的教导，不断增长能力才干。习近平总书记强调，广大青年要求真学问，练真本领。建设社会主义现代化强国，迫切需要青年一代本领高强、素质过硬。我国广大青年要加强学习，如饥似渴学，时时处处学，持之以恒学，打牢扎实的知识根基。要积极融入岗位大舞台、社会大课堂、群众大熔炉，在实践锻炼中积累智慧、施展才华，在搏击风浪中增长才干、成为栋梁。要主动拓宽全球视野，积极参与国际交流合作，展现大国青年的风范、气派、形象。

我国广大青年要牢记习近平总书记关于"青春是用来奋斗的"的教导，永远保持奋斗精神。习近平总书记指出，人的一生只有一次青春，要立鸿鹄志，做奋斗者。顽强奋斗、艰苦奋斗、不懈奋斗，是中华民族生生不息的动力源泉。幸福是奋斗出来的，奋斗的青春最美丽。我国广大青年要把人生志向转化为奋斗动力，不怕苦、肯吃苦，耐得住寂寞，经得住风雨，勇敢战胜前进道路上的一切困难。

我国广大青年要牢记习近平总书记关于"创新是第一动力"的教导，勇于投身创新创造。习近平总书记指出，青年是社会上最富活力、最具创造性的群体。青年常为新，青年也最能为新。我国广大青年要拿出"初生牛犊不怕虎"的锐气，解放思想、实事求是、与时俱进，踊跃投身全面深化改革大潮，聚焦国家发展战略和人民美好生活需要，各尽所能、各展所长，让创新活力充分涌流。

9 拆解结构
匠心布局，为内容选择最合适的"容器"

内容是公文的主体性因素，蕴含着公文的思想观点、论据素材和逻辑基础，是写作公文时需要关注和把握的重点。与内容相应的是形式，没有不依靠一定形式而存在的内容，也没有脱离内容的形式。内容与形式之间的关系是这样的：内容决定形式，形式服从于内容表达的需要；内容对形式具有先决性作用，有什么样的内容，在很大程度上制约和影响了形式的选择和使用；形式对内容具有反作用，好的形式能够增强内容表达的效果。

结构属于形式的范畴，同时是诸多形式要素中相对活跃的。具体到一篇公文，选择什么样的结构形式，取决于内容表达的需要。所以说，结构是内容最好的"容器"。比方说内容是水，是选择用杯子还是用瓶子来装，要看具体的用途和目的是什么，而不是反过来削足适履，让内容适应形式的需要。在服从和服务于内容、有助于内容表达的前提下，选择最恰当的形式，使内容与形式相得益彰，就是为内容找到最佳的"容器"。

9.1 形各异，神不散

结构是文章的框架结构、组织形式、排列次序和内部构造，即通常所说的谋篇布局。公文在形成观点、有了材料之后，还不能称其为一篇文章，必须按照内在的脉络，将这些井然有序地组织在一起，构成一个有生命的整体。结构的作用在于，将文章中各个要素通过合理的方式联系到一起，进行梳理、摆布，使之排列有序、主次分明、一目了然。

结构的内涵包括：文章总体的布局，也就是整体内容要素是如何构建和编排的；内容的层次，为了达到公文的表达效果，观点和素材是按什么方式有序划分和组织的；文章的条理，按照什么样的规律组合文章的观点和素材，使其思考和表达在逻辑上一致，形成清晰有序的内在肌理。可以看出，结构重在解决言之有序的问题。

在动笔之前，对公文框架进行一番全面考虑和总体设计，这是最重要的一步。结构未定，就匆忙动笔，是写作上的一大忌。明末清初文学家李渔在《闲情偶寄》中论述："工师之建宅亦然。基址初平，间架未立，先筹何处建厅，何方开户，栋需何木，梁用何材，必俟成局了然，始可挥斤运斧。"这段话以工匠建房来类比文章结构安排的重要性。如果设计结构不行，房子质量就没有保障。公文起草也是如此，先设计出蓝图，才能开始动笔，"袖手于前，始能疾书于后"。

安排结构，重点是解决正文主体框架、层次处理、段落划分、开头结尾、过渡照应等问题，基本原则是八个字：不板不乱，浑然一体。既不呆板，也不杂乱，形成一个脉络清晰、严谨有序、结构紧凑、浑然一体、形散而神不散的整体。如何使各内容要素之间协调有序呢？写作者需要把握以下几个方面的原则。

第一，本着为主题服务的原则来安排结构。主题是公文的核心，在构思谋篇上要围绕主题统筹考虑，对整篇安排各个部分的先后顺序及详略、层次之间的过渡、各部分之间的照应等进行整体谋划，围绕主旨从不同的侧面、角度展开，使各个环节围绕核心主线铺展，有的放矢，收放自如，而不能漫无边际、胡乱跳跃。

　　第二，**本着准确反映客观事物的需要来安排结构**。公文写作要反映客观事物的实际，按照事物发展的进程，有层次、有条理地加以说明和阐述。思维的延展和内容的铺展要由浅入深，由表及里，前后有序，环环相扣，层层递进。比如先谈现象，再谈原因，然后谈解决办法。又如，按照提出问题、分析问题、解决问题、制定措施、得出结论的顺序。再如，按照时间的顺序、从现象到本质的顺序、由简单到复杂的顺序、由局部到整体的顺序、由起因到结果的顺序等。这样才有利于把要传达的思想内容表达清楚，也有助于加深阅读者对公文内容的理解。

　　第三，**按照认识事物的逻辑规律来安排结构**。全面考虑阐述问题、分析问题、解决问题的需要，使结构安排符合人们对事物的认知规律，便于人们领会和接受。不能前后矛盾，不能只提出问题不解决问题，也不能不分析问题就突兀地提出解决方案。各部分、各层次之间有正确、严密的逻辑，不管是选择总分式、并列式还是递进式等结构，都能体现出明晰的逻辑关系，通篇浑然一体。

　　第四，**根据公文的不同文种来安排结构**。文种不同，其结构一般也不一样。比如，请示一般采取"提出问题—分析问题—提出解决的意见和建议—请求批准"的形式，通知一般采取"告知目的—告知事项—执行要求"的形式，工作报告一般采用"背景概述—总述—分述具体做法、体会、经验等—存在的问题和今后的打算"的形式。

9.2 做好框架"顶层设计"

结构的第一步是整体的框架设计,就是搭一个什么样的架子。其要点是:找出重点,理出层次,排出顺序,使文章思路贯通,布局严谨,衔接紧密,层次清楚,重点突出,自成一个紧凑、精干的有机体系。

找出重点,就是对文章的题材进行整体把握和合理分配,明确详写的方面,突出重点的问题,使文章有轻有重、有主有次,疏密有致。理出层次,就是按照逻辑关系、轻重缓急,对构思的内容进行分块,弄清楚某个问题包含哪些内容,哪些内容有关联,合并同类项,把条理清晰化,使文章脉络清楚,便于受众理解。排出顺序,就是按照已整理出的层次对题材进行排序,明白哪些先讲、哪些后讲,用什么逻辑关系加以组合,不能随意排列,不能错乱和颠倒。

朱光潜先生在《选择与安排》中写道:"第一须有头有尾有中段,第二是头尾和中段各在必然的地位,第三是有一股生气贯注于全体,某一部分受影响,其余各部分不能麻木不仁。一个好的阵形应如此,一篇好的文章布局也应如此。一段话如果丢去仍于全文无害,那段话就是赘疣;一段话如果搬动位置仍于全文无害,那篇文章的布局就欠斟酌。布局愈松懈,文章的活力就愈薄弱。"从这段话中得到的启示是,结构的考虑上要把握好完整性、连贯性、严密性三个要点。

一是完整性。首先,要做到开头部分、主体部分、结尾部分齐备,不可无故残缺。就是朱光潜先生所说的"有头有尾有中段"。其次,各个部分要相对饱满,不能干瘪、空洞,给人局部残损的感觉。最后,脉络通畅,贯穿首尾,如有文气不能串联的地方,形成脱节断气，也会影响文章的圆满。

在艺术创作中，有"只写残缺不写全"的说法，讲究点到为止，留下一些空白由读者填补，反而能更好地调动读者进行审美再创造的积极性。但是，这一做法在公文写作中不宜采用。公文的内容要求明确、实在，不能采用虚实相生、意到笔不到的写法，否则将会给落实执行带来许多不便。

二是连贯性。公文的各个部分之间，在内容上要相互连贯、井然有序，在语言形式上要有紧密的衔接和合理的过渡。一篇公文是由既有区别又有联系的若干层次构成的。这些层次之间，不管是在内容上还是在文气上，都要有内在的联系。在外部的语言形式上，不管采用序号衔接还是自然过渡，都必须自然流畅。为了考虑层次转换时的自然过渡，增强行文的连贯性，还应该合理使用"另外""因此""同时""但是"等一些过渡词。

三是严密性。严密性是指文章的各个部分之间有严密的逻辑联系，既不能出现前后内容互不相干的情况，也不能出现前后内容相互矛盾的现象。部分与部分之间，或呈现因果关系，或呈现主次关系，或呈现并列关系，或呈现表里关系，各部分互相弥补、互相协助，而不能互相矛盾、互相拆台。

朱光潜先生在《选择与安排》一文中还写道："文章的'不通'有多种，最厉害的是上气不接下气，上段上句的意思没有交代清楚就搁起，下段下句的意思没有伏根就突然出现……应该在前一段说的话遗漏着不说，到后来一段不很相称的地方勉强插进去……在上文已说过的话，到下文再重复说一遍。"这些问题都属于逻辑混乱导致结构不严密。

9.3 结构的四个层次

为了加深大家对结构的理解，我把通常所说的结构，由浅而深分为四个层次。

第一个层次，是通过制文要素体现出来的文面因素，如红头、密级、文号、签发人等，主要是格式范畴，也叫"浅层结构"。

第二个层次，是通过标题、开头、结尾、段落、层次、过渡、照应等体现出来的形式因素，也叫"表层结构"。

怎样开头和结尾，应从文章的整体出发，有利于主题的表达和各部分的协调。一般来说，开头要简洁明了，说明行文目的、依据、有关背景等，尽快切入主题。我们先看一个开头的例子，是如何直截了当、快速进入主题的。

国务院关于机构设置的通知

国发〔2018〕6号

各省、自治区、直辖市人民政府，国务院各部委、各直属机构：

根据党的十九届三中全会审议通过的《深化党和国家机构改革方案》、第十三届全国人民代表大会第一次会议审议批准的国务院机构改革方案和国务院第一次常务会议审议通过的国务院直属特设机构、直属机构、办事机构、直属事业单位设置方案，现将国务院机构设置通知如下：

....

主体要分清层次、段落、顺序。再来看看下面的例子。

国务院办公厅关于开展生态环境保护法规、规章、规范性文件清理工作的通知

国办发〔2018〕87号

各省、自治区、直辖市人民政府，国务院各部委、各直属机构：

坚决打好污染防治攻坚战，是党的十九大作出的重大决策部署。2018年6月，党中央、国务院发布《关于全面加强生态环境保护坚决打好污染防治攻坚战的意见》，要求健全生态环境保护法治体系。7月，第十三届全国人大常委会第四次会议通过关于全面加强生态环境保护依法推动打好污染防治攻坚战的决议，提出建立健全最严格最严密的生态环境保护法律制度。为落实上述相关要求，做好生态环境保护法规、规章、规范性文件清理工作，经国务院同意，现就有关事项通知如下：

一、清理范围

此次清理的范围是生态环境保护相关行政法规，省、自治区、直辖市、设区的市、自治州人民政府和国务院部门制定的规章，以及县级以上地方人民政府及其所属部门、国务院部门制定的规范性文件。清理的重点是，与习近平生态文明思想和党的十八大以来党中央、国务院有关生态环境保护文件精神，以及生态环境保护方面的法律不符合不衔接不适应的规定。

二、清理职责

清理工作坚持"谁制定、谁清理"的原则。国务院部门制定的规章、规范性文件和县级以上地方人民政府所属部门制定的规范性文件，

由制定部门负责清理；部门联合制定或涉及多个部门职责的，由牵头部门负责组织清理；制定部门被撤销或者职权已调整的，由继续行使其职权的部门负责清理。县级以上地方人民政府制定的规章、规范性文件，由实施部门提出清理意见和建议，报同级人民政府决定。

国务院各部门在开展清理工作的同时，认为法律、行政法规存在不利于生态环境保护的有关规定，应当提出具体建议、修改方案和修改废止理由；对于涉及有关法律、地方性法规、司法解释的问题，应当及时报告全国人大常委会法工委；对于涉及有关法律立改废释工作或者需要全国人大常委会作出相关决定的，应报请国务院依法提出相关议案。

三、清理要求

各地区、各部门要依据党中央、国务院有关生态环境保护文件精神和上位法修改、废止情况，逐项研究清理。规章、规范性文件的主要内容与党中央、国务院有关生态环境保护文件相抵触，或与现行生态环境保护相关法律、行政法规不一致的，要予以废止；部分内容与党中央、国务院有关生态环境保护文件相抵触，或与现行生态环境保护相关法律、行政法规不一致的，要予以修改。

四、结果报送

县级以上地方人民政府所属部门要及时向本级人民政府报送清理结果。市、县级人民政府要及时将本级政府及其所属部门的清理结果报送上一级地方人民政府。各省、自治区、直辖市人民政府和国务院各部门应于2018年10月15日前将本地区、本部门的规章、规范性文件清理结果报送国务院，同时抄送生态环境部、司法部。国务院有关部门应于2018年10月15日前将对法律、行政法规的清理意见、修改草案和说明报送国务院，并抄送生态环境部、司法部。生态环境部、司法部应于 2018 年 10 月底前将上述清理情况汇总后报送国务院。

五、组织实施

各地区、各部门要充分认识清理工作的重要性，加强组织领导，制定具体方案，明确责任分工和时限要求，抓紧开展清理工作。生态环境部、司法部要加强统筹协调指导，及时跟踪了解进展情况，研究解决共性问题，确保清理工作顺利完成。

附件：1. 规章清理情况统计表
2. 规范性文件清理情况统计表

国务院办公厅
2018 年 9 月 12 日

（此件公开发布）

这份通知的正文主体分为五个部分，分别是清理范围、清理职责、清理要求、结果报送、组织实施，层次有序，衔接得当，段落均衡，也符合工作推进的逻辑。

公文很多时候没有特别的结尾，如果有的话，应简洁果断，言尽则止，不拖泥带水。

层次指文章各部分内容表达的次序，着眼于内容的划分。段落是行文时自然形成的基本单位，侧重于文字表达的需要。层次安排根据主题思想表达的需要来决定，有总分式、并列式、递进式和对比式等，段落划分强调的是集中、完整和匀称。

过渡和照应是使文章内容前后连贯的重要结构手段。过渡起承上启下的作用，使先后相关的两个层次和段落上下连贯、前后衔接。照应就是文章前后内容关照呼应，能使结构严密、脉络连贯。

为了不影响讲述四个层次的整体性，这里只做一下简单的介绍，后文再对层次、段落、过渡、照应进行详细讲述。

第三个层次，是通过内容组合体现出来的语言因素，这是中层结构，也是主体结构。根据主题表达的需要和文章组成要素的特点，常见的结构形式有如下几种。

并列式结构： 围绕一个主题将几种情况、几项措施、几个经验或几个问题并列。

递进式结构： 内容按照时间顺序、空间顺序或逻辑顺序递进，常见的是第一步先交代事件背景或提出问题，第二步说明现状或者分析原因，第三步得出结论或提出建议。

倒金字塔结构： 先高度概括主题内容，然后围绕这一中心组织材料或展开陈述。首先将最核心、最重要的部分列出来，随后按照重要程度依次排列。

总分／总分总结构： 把总括性的内容放在前面，统领全篇，后面再加以分述；总分总就是到最后再加以归纳总结。

自由式结构： 就是灵活交叉使用上述结构方式。

第四个层次，是通过"为什么""是什么""怎么样""怎么办"等内在思考逻辑体现出来的思维因素，也叫"深层结构"。

公文主要是说理性的文体，基本遵循提出问题—分析问题—解决问题的思维脉络，自身具有条理性、贯通性和严谨性。表现出来就是，按照层次顺序有条不紊地表达，合乎逻辑和思维习惯，细密周延，流畅贯通。

比如，党的二十大报告由 15 个部分组成，其总体思路是按照

"具体—抽象—再具体"来谋篇布局的。报告的第一部分内容，讲过去五年的工作和新时代十年的伟大变革，这是具体的。过去五年和新时代十年，中国共产党带领全国各族人民攻克了许多长期没有解决的难题，办成了许多事关长远的大事、要事，推动党和国家事业取得举世瞩目的重大成就。这是看得见摸得着的，报告对这些历史性成就和历史性变革做了全面而系统的总结。然后，报告提出要开辟马克思主义中国化时代化新境界，指出马克思主义是我们立党立国、兴党兴国的根本指导思想。实践告诉我们，中国共产党为什么能，中国特色社会主义为什么好，归根到底是马克思主义行，是中国化时代化的马克思主义行。报告提出"两个结合"的要求以及"六个必须坚持"，这都是在实践基础上所做的理论创新和总结提炼。之后，报告运用新时代中国特色社会主义思想的世界观和方法论以及贯穿其中的立场、观点、方法，对全面建成社会主义现代化强国、实现第二个百年奋斗目标，以中国式现代化全面推进中华民族伟大复兴做出战略安排，提出必须牢牢把握的重大原则，指导我国经济、科教、政治、法治、文化、社会、生态、国家安全、军事、外交、党建等各个领域的工作。这就是从具体到抽象，再到具体。

从报告的逻辑结构来讲，又可分为五大板块。第一大板块，讲述过去五年和新时代十年我们在干什么。除了用简要篇幅回顾五年所做的工作，更多的是对新时代十年的总结，包括经历了对党和人民事业具有重大现实意义和深远历史意义的三大件事，十年前我们面对的形势，以及十年来党和国家事业取得的历史性成就、发生的历史性变革，从16个方面做了系统总结。第二大板块，谈到我们党勇于进行理论探索和创新，取得了新时代中国特色社会主义思想的重大理论创新成果，并对不断谱写马克思主义中国化时代化新篇章做了深入阐述。第三大板块，讲述新时代新征程中国共产党的使命任务，重点是对中国式现代化的特征描述、战略安排和原则要求。第四大板块，在前述理论阐述和战略目标的基础上，对各领域工作的目标、方法、步骤、要求等做出阐释。最后一个板块，强调全面从严治党，深入推进新时代党的建设新的伟大工程，落实新时代党的建设总要求，以党的自我革命引领社会革命，为中国式现代化提供坚强的政治保障。

可见，结构的实质是公文所涉实际工作以及作者对其认识理解在表现形式上的反映，应该做到层次分明、条理清晰、概括精辟、逻辑严密、言之有序。安排结构有一定的技巧，但并非纯技巧性的问题。还是那句话，内容决定结构，结构为内容服务。如果对事物认识理解透彻，思维脉络清楚，就不愁找不到较好的结构方式。

9.4 言之有序，因文制宜

文章的主题和内容一旦确定，结构形式也确定后，呈现出来就是文章分几块，每块讲什么。常见的结构划分方式有两块式、三块式、多块式和整块式，它们有各自的适用范围，不能千篇一律、机械套用，而应该因事因文制宜，为内容选择最合适的形式。

第一，两块式，即整个讲话分两大部分。第一部分要么总结成绩，要么分析形势，要么认识意义，要么指出问题，或兼而有之，最后归结为：××工作事关重大，务必统一思想，增强紧迫感、责任感，把这项工作抓紧、抓好。第二部分主要指出工作思路、目标任务、具体要求和政策措施等。措辞上无非明确任务、强化措施、加强领导、狠抓落实等。

这种结构适用于阐明简单事理或安排单项工作，而不适宜用于论述复杂事物或部署牵涉面较广的综合性工作，否则很容易形成"大观点套小观点，小观点套更小的观点"的复杂结构，不便受众理解和接受，甚至会造成内容混乱。

第二，三块式。公文主要的目的是解决问题、推动工作，所以既要讲明道理，又要确定工作目标和任务，还要提出保证完成工作任务的一系列措施，所以往往按照"讲道理、定任务、提措施"这样的逻辑框架来安排。

在三块式结构中，第一部分通常是总结成绩、认识意义、认清形势、统一思想等，也就是常说的"提高认识"。第二部分主要讲工作任务、要求、思路和重点，也就是常说的"明确目标"。第三部分主要讲组织领导、工作措施等，也就是常说的"抓好落实"。或者说，第一部分讲意义、讲道理，明确"为什么干"。第二部分讲工作、讲重点，明确"干什么"。第三部分讲措施、讲要求，明确"怎么干"。

需要注意的是，第一部分讲意义、讲道理，但不能是空对空地讲，要以事实为依据。常言"摆事实，讲道理"，空谈大道理，难以说服人。要用事实来证明所讲的道理的科学性，用事实和逻辑证明所说的道理是正确的。第二部分定任务，就是确定工作目标，以及主要的工作任务。目标与任务之间是总分关系，任务支撑目标。任务与任务之间可以是并列关系，也可以是递进关系。第三部分提措施，主要是研究应该采取哪些组织手段、行政措施以及其他办法，保证所定工作能顺利完成。

这里说的是一般的情况，但在实际工作中，往往会出现一些调整和变化，出现一些三块式的变体形式，比如"干什么"与"怎么干"，根据实际情况，有时是分列的，有时可以一起说。形式可以多变，但万变不离其宗。

由于逻辑上的三块式符合大多数人的思维习惯，因而被广泛采用。在实践中，三块式是最常用的结构方法，因为它符合人们认识问题、解决问题的一般思维规律，甚至有"无三不成文"的说法。对此，我们应该辩证地看待，三块式确实有其合理性和较广泛的应用范围，能够适用于大部分情形，但也不能机械教条，不加区别地予以使用。

第三，多块式。一般在四块以上，多的达十块，这种结构适用于大型综合文稿。其惯用做法是，将某个事物中的若干关键问题或某项工作中的若干重点环节抽出来，各自独立成一部分，依次阐述。

多块式这种结构相对更灵活自由，不用像三块式那样颇费精力地去考虑各部分之间的关系，但这并不等于说多块式的各部分之间没有逻辑关系和主次之分，可以随意组合。

可以这样说，三块式是更为严密的强逻辑，一般不能变换，多块式是弱逻辑，在符合大的逻辑思维习惯的前提下，局部内容可以灵活摆布，可以形成总分、总分总、并列、递进等多种逻辑关系，还可以根据对重要性的不同认识调整次序。这种结构形式除了大型报告经常运用之外，也适合于即席讲话，根据需要抽出几点，随机适当展开。

比如，某企业2021年工作会议报告就采取了这种方式：第一部分，"十三五"发展情况回顾；第二部分，面临的形势分析；第三部分，"十四五"总体思路和发展目标；第四部分，以高质量发展为目标，推动公司"十四五"期间健康可持续发展；第五部分，全面加强党的建设，为"十四五"发展提供坚强保证。可见，对于这份报告所要阐述的内容而言，用多块式的结构明显比采取传统的三块式结构要好，选择这样的结构是根据工作报告内容的需要来确定的。

除了以上几种，还有不设标题的整块式，适用于篇幅短小的讲话稿，如在各类会议和活动上的致辞、献词、欢迎词等。有时也用于篇幅较长的讲话稿，但往往会用一些反复出现的标志性语言来划分层次。虽然不设标题，但层次依然十分清楚。比如，江泽民同志1998年9月在全国抗洪抢险总结表彰大会上的讲话，全文近40个自然段，一段一层意思，一段一层递进，上下呼应，环环紧扣，逻辑性很强。

9.5 让公文"眉清目秀"

前面提到，从浅层结构上说，公文通常被划分为三对组合要素，即开头与结尾、层次与段落、过渡与照应。但在写作实践中，这六个结构要素的组合方式常常发生变异，要么不需结尾，要么篇段合一，要么层次简单化，要么做细密的层次分割，凡此种种，不一而足。一般而言，内容比较单一的公文，在长期实践中形成了固定的结构。但对于内容复杂的公文，结构上的变化较多，就需要根据主旨与意图、具体内容来确定。如何安排好公文结构呢？除了前面章节已经论述的要领之外，再重点讲讲要把握好的三项原则，即层次清晰、段落衔接、内容照应。

先讲层次清晰。所谓"层次"，是指公文组成部分的次序安排，一般比段落要大。广义的层次也包括短语的层次、句子的层次。层次除了内容的推进之外，也给人一种视觉效果。在层次划分上，可以用概念来分层，用逻辑来分层，用排比、反复等修辞方式来分层，用核心词或核心句来分层，用序号来分层等。

层次划分后，安排层次要注意做到突出主旨，顺序合理，避免交叉，清晰有序，"眉清目秀"。一般有以下三种方式。

一是总分式。即先总后分的形式。开头进行总述或综述，接着分别叙述有关事项，最后小结或提出要求。

总分式的具体内容安排是：开头对全文内容做总的概括，或简述有关事项的根据或缘由；之后重点分述各有关事项，根据前后、因果、重轻顺序，平行并列叙述；结尾用强调式、升华式、号召式、无尾式或惯用语结束。

这种形式在公文中使用比较普遍，如请示、决定、意见、指示性通知、会议通知、综合性报告、议决型会议纪要等常用这种形式。法规性公文也基本使用这种形式。

二是递进式。各层次内容层层推进，前后层次有一定关系。递进关系多种多样，如由表及里、由点到面、由浅入深、由感性到理性等。专题报告、情况通报、工作总结等常用这种结构形式，总分式的分述内容有的也用这种形式。

三是时序式，也叫"贯通式"。即按事物进程、时间顺序来安排结构。叙述的内容如果是一个完整的事件或过程，可用这种形式。此种结构形式常用于情况报告、事故报告、调查报告等。

再讲段落衔接。所谓"段落"，就是公文结构的基本单位，也叫"自然段"。它一般小于层次，往往几个段落才构成一个层次。有时也等于层次，即一个段落就是一个层次。衔接指的是层次之间、段落之间的连接和转换，起承上启下的作用。

公文的段落划分和衔接要把握以下几点：一是段落划分的方法，可以按中心意思（主旨）、条项内容（同类事项、问题、观点）、事物发展阶段等来划分，具有相对独立性的部分或过程中具有相对独立的阶段划为一段；二是每个段落应准确、简洁地表达一个完整的意思，避免内容零散、杂乱；三是段落之间的组合要有序、合理，注意上下段落之间的联系，避免出现逻辑上的跳跃和断层；四是段落应长短适度、匀称得当，不能过于冗长、累赘，特别是请示和法规性公文的段落要力求简短、清晰。

一般而言，公文段落写作的常用结构模式有四种。

第一种是"篇段合一"式，即全篇的结构为一段。这种形式多用于内容集中单一、篇幅简短的公文，如发布令、呈报性报告、转发和印发通知，以及简短的公告、任免通知和批复等。如《中华人民共和国主席令（第八十六号）》的正文：

《全国人民代表大会常务委员会关于修改〈中华人民共和国招标投标法〉、〈中华人民共和国计量法〉的决定》已由中华人民共和国第十二届全国人民代表大会常务委员会第三十一次会议于2017年12月27日通过，现予公布，自2017年12月28日起施行。

这一则国家主席令，内容概括集中，一文一事，篇幅短小，文字简洁，语言概括，十分典型地运用了"篇段合一"的结构形式。

第二种是分项式。 即开头先说明目的、依据、原因，或阐明主旨，然后分项表述有关内容，形成"总说—分述—总说"的结构。这种形式在公文中的使用相当普遍，如请示、决定、通知、函、会议纪要等公文，一般都采用这种结构。

第三种是条款式，又称"条文式"。 在公文写作实践中，常常需要对纷繁复杂的工作事项进行条分缕析，做出适当的主次、先后排列和结构配置。条款式便是这一工作实践的产物。即全文从头到尾采用条文结构，将一个事项作为一"条"，以汉字序数逐条排列（如"第×条"）。条款式专用于法规、规章类公文。

条款式也有两种。

一是章断条连式。全文分为若干章，章下列条，条目序号不受章的限制，全文条目序号连续编排。这种结构适用于内容多、篇幅长的法规、规章，如《中华人民共和国统计法》就采用这种形式。

二是条文并列式。即全文不分章，条目序号连贯编排。篇幅较短的规章、制度一般采用这种形式，如《国家统计局巡查工作办法》。有的条文并列式结构可不用"条"标示，直接以汉字序号排列，如《统计上大中小企业划分办法（暂行）》。条文式结构下的款或项应独立成段，段与段之间的内容应具有相关性。

第四种是分部式，又称"文章式"。即将内容分成几个大部分或若干层次，每个部分可用小标题揭示该部分主旨，以相对完整的一个意思组成若干段落，以若干部分或若干段落形成篇章。

分部式结构也有两种。

一是全文内容分为若干部分，每部分以小标题显示该部分的主旨，下面阐述具体内容。这种形式常在篇幅较长的报告中使用。

二是全文按层次直接分段排列，不加小标题和序号，奖惩性通报通常采用这种形式。

公文的段落之间、层次之间的衔接需要运用过渡手段，做到各个部分之间前后连贯、气脉相承，通篇浑然一体。过渡常见于行文中两层意思之间、总述与分述之间、叙述与议论之间的转换，一般采用关联词、引文、小标题、序数词等进行过渡。

常用的过渡方式有：过渡词，如"综上所述""由此可见"等；过渡句，如"特做如下决定""现将有关情况报告如下""提出意见如下"等；过渡段，如国家统计局《关于建立国家普查制度，改革统计调查体系的请示》文中的第二自然段："根据上述情况，……为此，特请示如下……。"

再讲内容照应。照应就是正文内容的前后呼应和互相观照，以加强公文的前后内容联系，增强公文的整体感。常用的照应方法有三种：题文照应、前后照应、首尾照应。

题文照应是公文写作的基本要求之一，要做到这一点，关键是公文的标题要鲜明地揭示公文的主旨，内容要紧扣标题，即通常所说的题文相符，不能"离题万里"。前后照应就是前面说的内容后面要有着落，后面写的事项前面要有交代。比如，前面提到的问题，后面应该有相应的解决办法和措施。首尾照应就是首尾遥相呼应，以引起阅读者的思索和回味。

— 本堂课习题 —

运用本堂课所学知识，分析党的二十大报告，其在结构上体现了哪些特点？对表达内容起到了什么作用？有哪些值得学习和借鉴的地方？

10 拆解语言
有诚意地交流，必须懂得"说人话"

语言是思想的载体，是思维的工具，是公文最为鲜活的部分，也是受众接触一篇文章的第一印象。在现实生活中，有不少公文十分枯燥，满篇陈词滥调，让人昏昏欲睡；有的不接地气，喜欢卖弄辞藻，华而不实；有的故意追求深奥晦涩，使用一种别扭的表达方式。类似这样的公文，被人们诟病为"不说人话"。虽然这只占公文的一部分，但在一定程度上造成了大家对公文的刻板成见，认为公文就是"八股"。

什么样的公文语言是好的，是公文写作者应该追求的？用我的话来说，就是"说人话"。当然，这是一种通俗的说法，实际上的意思是，公文体现的思想情感要符合人的惯常心理和情绪，内容契合受众的接受程度，表达方式符合受众的接受习惯。对于特定受众对象，还要考虑他们的兴趣、偏好以及特定的信息需求，这样才能形成有效的、有诚意的沟通。这些听起来很简单，其实内涵挺丰富，做起来也并不容易。

10.1 "是真佛只说家常"

好的公文应该通俗平易、明白晓畅，让人一看就懂，这样才能最大限度地提高沟通效率和执行效率。写作者与受众之间通过公文进行交流，好的交流不是让人迷惑，更不是为了显示自己水平有多高，而是要让对方有效地接收到写作者传递的信息，理解其意图和内容。即便写作者博古通今、思想深刻，如果对方听不懂、听不进去，那也达不到效果。因为公文写作的目的是让对方明白或者受益，那就要做到没有"官腔"、不端架子、深入浅出，让读者入耳入心。

有人会问："公文要追求思想性、理论性，有时难免要艰深一点，如果一味地追求平易，是不是就达不到深度上的要求了？"有句话说得好："是真佛只说家常。"真正懂得了深奥道理的人，为了让受众能理解和听明白，往往会用浅显易懂的方式来讲解。如果不能做到通俗易懂地述说，除了有意不想让人听懂之外，真正的原因往往在于写作者自己也没有把其中的事情搞清楚，把道理弄明白。

要做到深入浅出并不容易，前提是把深奥的道理理解得很透彻，能把复杂的事物、艰深的理论用生活化的语言讲明白，这比深入深出、浅入浅出、浅入深出都要难。所以"说好家常"，不只是一种技术要领，也是一种素质要求。有一点需要特别注意，就是要把浅显易懂与空话、套话、程序化的表达方式区别开来。如果把这些当成"说家常"，那就是天大的误解。浅显易懂的方式，应该同时是清新的、灵动的。或者说，因为清新、灵动，所以是浅显易懂的。在公文领域，我们看到太多空话、套话，并不是因为它们浅显易懂，反倒是因为它们含含糊糊才被反复使用。

那些流传下来的公文，都是通俗易懂才深入人心的。比如《毛泽东选集》中的很多文章就是这样的，到现在读起来还有一种鲜活的感觉。毛泽东同志一直提倡写文章、做报告要通俗易懂，反对板起面孔，用一些抽象的公式，把普通的道理讲得艰涩难懂。因为毛泽东同志在革命中长期深入基层、深入群众，与群众打成一片，学会了群众语言，写出的文章自然没了"官腔"，多了"地气"，生动形象，容易被理解。

10.2 "到什么山上唱什么歌"

公文往往有它特定的接受者，特定对象的需求和心理模式，也是需要加以把握的。从接受的角度来说，应该让受众易于接受、喜闻乐见，减少阅读障碍，提高受众的获得感。所以，除了关注实际工作的事，更要关注人。对象是谁？他们的情感、心理、需求是什么？把握好了这些，讲一些入情入理的话才能打动人，让人愿意听。

比如，一个青年员工座谈会的领导讲话稿，除了讲道理、提要求，如果能从生活压力、职业发展、婚恋交友、学习进步等年轻人普遍存在的困惑切入，有平等的、诚意的沟通，分析这些问题，帮助青年正确认识这些问题，甚至从一些事实和自身经历中为大家提供一些建议，那大家肯定听得很"解渴"，很受益。相反，如果对这些问题熟视无睹，讲的都是一些宏大的理念和硬性的要求，就很难引起大家的共鸣。

又如，会议讲话的受众是全体与会者，汇报的受众是上级单位领导，情况介绍的受众是兄弟单位的同志，那么在写作这些不同的文体时，写作者心里一定要装着受众，根据他们的接受能力和心理需求来写。如果受众是基层群众，用语就要尽可能生动形象、通俗易懂，多举例子、多摆事实，尽量少用枯燥的数字或者深奥的理论；如果受众是兄弟单位或者上级单位领导，对于本单位的特色工作、专业内容要适当解释，否则别人会一头雾水；如果受众是专家学者，就可以把相关问题的复杂性讲清楚，不妨理论性、专业性强一点，这有利于受众思考并提出好的意见、建议。我就听说过，某单位在对上级汇报工作时，讲了一通大道理，让上级领导很不高兴。总之，要增强对象意识，"到什么山上唱什么歌"，否则就成了"对牛弹琴"。

10.3 准确是第一要求

如何确立公文语言的标准？我觉得排在第一位的是准确。

公文的语言表述讲究准确、规范、严谨、平实，做到文通字顺、庄重严谨、精准简明。这既指内容上材料真实、数据准确、议论恰如其分，让受众一看就懂，也指在态度和效果上实事求是，认识准确到位，分析客观科学，想法切实可行，符合实际情况和客观事理。

准确明白是文章的基本境界，也是起码的要求。在文字表达上，少用或不用绝对性、夸张性的词语，避免过于笼统或模棱两可，避免出现歧义，避免口语化或过于专业化，把要说的事、要讲的理说准确、讲明白，做到条理清楚，语言顺畅。涉及的人名、地名、时间、数字、段落顺序、引文等必须准确无误。文字、数字、计量单位甚至标点符号的用法都必须准确规范。

语言在运用时，还要注意做到十个"不写"：不写正确的废话（不照搬照抄）；不写违背政治原则的话（慎用敏感话题、敏感事例）；不写没有根据的话（不听不信"小道消息"）；不写极端的话（过头话、明显跑偏的话）；不写没有时代感的话（陈旧过气的老观点）；不写装腔作势的话（大而空，言之无物）；不写模棱两可的话（观点模糊，不知所云）；不写断章取义的话（寻章摘句，把本来的意思弄丢了）；不写脱离文体语境的话（把新闻写成了小说，或把公文写成了散文）；不写没有思想内涵的话（"以其昏昏，使人昭昭"）。

对于汉语大量意义相同或相近的词语，应在词语的细微差别和感情色彩上仔细推敲。比如常见的易混淆词，"以致"和"以至"，"截至"和"截止"，"权利"和"权力"，"记录"和"纪录"，"法治"和"法制"，"爆发"和"暴发"，"备受"和"倍受"，"反映"和"反应"，"界限"和"界线"等。新华社曾经下发专门的易错词、易错表述规范，可以找来学习。

一些词语的使用应遵从习惯用法。比如，"实施"和"施行"的意思基本相同，但"本规定自发布之日起××"就多用"施行"，而"各单位据此规定制订×××细则"则多用"实施"。又如，《关于派员赴美国参加×××项目技术交流的请示》中的"赴"，如用"去"或"到"代替，其中的庄重而典雅的味道则明显弱化。

除了非虚构写作和小说等文学体裁外，大部分文体要用规范的书面语，少用或不用口语、俗语。比如，"经开挖发现，管道腐蚀厉害，需要换掉"。这里的"开挖""换掉"应该分别用"挖掘""更换"。又如，"施工周期正赶上汛期，务必加强巡检，及时发现并消除安全隐患"。这里的"正赶上"应该改为"正值"。

正确使用专用词语。比如，"免职""撤职""罢免""停职"四个词语，有着本质的不同。"免职"只是免去原有职务，除对违反规定的人员进行处理时用到这一词语之外，正常的职务调整、到龄退休等也会用到这一词语。"撤职"则确定是一种惩罚性行为，表明被撤职人员具有违法、违纪、违规等重大过错。"罢免"是相对选举产生而言的免职方式。"停职"则指暂时停止现有职务，接受调查或者审查。

"原"与机构名称连用时要准确。如果机构已经不存在了，则"原"在机构之前。比如，"原化工部副部长×××……"，因"化工部"这一机构已撤销。如果机构依然存在，只是人的职务是前任，则"原"在职务之前。比如，"2019年1月2日，××省人大常委会原副主任×××到××公司考察"，因"××省人大常委会"这个机构一直存在，只是×××同志后来不再担任副主任职务，所以这样表述。

避免词义用反、用偏、重复。比如，"公司这一政策的出台在广大干部员工中引起了热烈反响，周边很多企业员工纷纷投来了趋之若鹜的眼光"。"趋之若鹜"是贬义，用在此处不合适。又如，"消灭形式主义官僚主义，迫不及待"。此处的"迫不及待"用"刻不容缓"更合适，因为前者常常指人，后者才是指情势。再如，"公司已经三令五申地强调必须全力以赴抓好安全环保生产"。"三令五申"本身就是强调的意思，句中的"强调"属于多余。

避免副词误用或缺失。比如，"做研究应保持严谨的态度，哪怕是略微的毛病也不应错过"。"毛病"是名词，"略微"是副词，不能做定语，应该改为形容词"细小"。又如，"这一活动推广到全公司，并不断赋予新的内涵"。"赋予"前少了一个"被"字。

规范使用数字、字母、数量单位。比如在百分数的表述上，"%"与"百分点"都表示变化率，但前者是先减法后除法的计算所得，后者是只需减法一步操作即可。如果2019年某种产品产量为100吨，2020年为200吨，可以说2020年该产品产量同比增加100%；如果2019年某种产品收率为5%，2020年收率为10%，则要说2020年该产品收率同比增长5个百分点。

在表示倍数关系时，要根据是否包含原数，分清"增加/减少到""增加/减少了"两种表述根本上的不同。比如，某种产品2019年产量为100吨，2020年为400吨，则我们可以说："该产品2020年产量是 2019 年的 4 倍。""该产品 2020 年产量比 2019 年多 3 倍。"

正文中公历纪年的世纪、年代、年份、月、日，表示时间的时、分、秒等都要用阿拉伯数字。 比如，"该装置二〇一八年八月开工建设""某装置十五点二十八分发生蒸汽泄漏事件"，正确表述分别是"2018 年 8 月""15 点 28 分"。比如，"……裂解装置主要分为裂解炉、急冷系统、压缩系统、分离系统四个单元……"这里的"四"应为"4"。

表示数字区间时，数字后的单位不能轻易省略。 比如，"该油田每年可产原油 1800～2000 万吨"。"1800"后面漏掉了一个"万"字。

计量单位应使用国家法定的计量单位。 比如，"炼油厂区到乙烯厂区有 30 多里"中的"里"应用"千米"计量。又如，"气温高达 60 度"中的"度"应明确是否就是"摄氏度"，因为严格来说除了摄氏度，还有开氏温度、华氏温度等。

有关单位的字母大小写要准确。 比如，"酸值 pH"的"p"应是小写，大写就错了。"催化汽油吸附脱硫装置 S-Zorb"的英文名称中的大小写也要严格区分清楚。

避免省掉必要内容。 比如，"中共中央政治局委员、××省委书记到公司调研"一句中，作为高阶职务的"中共中央政治局委员"就不能省掉。又如，对外行文中不能直接写"省委省政府"，前面应加上省的全称或规范的简称，以明确是哪一个省的。

避免句式杂糅，注意使用规范。 比如，"本着……为原则"应为"本着……原则"或"以……为原则"，"是为了……目的"应为"以……为目的"或"为了……"，"对于……问题上"应为"对于……问题"或"在……问题上"，"原因是……造成的"应为"原因是……"或"是由……造成的"，"是因为……的原因"应为"是因为……"或

"……是原因"。

还要正确使用标点符号。双引号之间、书名号之间不用顿号。文号、表示文件试行的括号应在书名号之后，如，《××公司动设备管理办法（试行）》，应为《××公司动设备管理办法》（试行）。《关于开展×××活动的通知（××〔2020〕54号）》，应为《关于开展×××活动的通知》（××〔2020〕54号）。表示事件时，应为"5·12"事件，而不是"5·12事件"。

10.4 简为文章之至境

公文语言的第二个标准是简洁。简洁的内涵：既指风格质朴，自然去雕饰，不矫揉造作，不故弄玄虚，不佶屈聱牙，不生拉硬凑；也指内容凝练，用语精确，开门见山，直截了当，不说大话、空话、套话；还指文字简约，用尽量少的文字承载尽量多的信息。

古人说："简为文章之至境。"特别是对于公文来说，它是务实的文体，其目的是推动工作、解决实际问题，更要在简洁上有更高的要求。文约事丰，才能提高沟通效率，有利于执行和落地，更好地节省管理和行政成本。俗话说"有话则长，无话则短"，对于公文来说，这是不够的，应该是"有话则短，无话则免"。

能把文章写短，是很重要的一项能力。明朝大臣茹太素因为奏折写得太长，本来几百字能说清楚的事，非要写一万多字不可，把明太祖朱元璋惹火了，被狠狠地打了一顿，留下了"文章写长了要挨打"的故事。

古今中外用短文章讲清楚大道理的例子则更多。毛泽东同志写的"老三篇"（《纪念白求恩》《为人民服务》《愚公移山》）篇幅都不长，但讲述的是重要而深刻的道理。

怎样把公文写短？可以从以下几个方面入手。

第一，摆脱认识误区。一些人认为把文章写长才显得重视，才体现水平。这是一种不正确的认识，某种程度上是形式主义作祟。一位美国作家曾经说："我每天可以写一篇数千字的文章，但如果要写一篇500字的文章，我需要一周的时间。"这说明写短文章需要更强的能力和更高的文字驾驭水平。

第二，善于抓住事物本质。透彻地认识所写内容，深入了解实际，突出重点，不面面俱到。掌握行文要领，提高概括能力，善于归纳和提炼观点，包括段旨句的概括、意群的归纳梳理、结论的提炼。用自己思考过的语言加以表达，不要不假思索地照搬他人语句，不要"拣到篮子里都是菜"，也不要低估受众的理解力。

第三，加强锤炼，使文字更加精准简练。

一是避免重复，包括标题与内容的重复、起句与内容的重复、前后的重复，以及句子与句子、词与词之间的重复，包括文字不同但意思重复的内容，注意运用承前省略或承后省略来避免重复累赘。

二是炼字炼句，每句话、每个词、每个字，甚至每个标点符号都要进行精深锤炼，使字字句句都讲到点子上、讲到实处，做到陈述事实开门见山，议论一语破的，对策管用可行，不蔓不枝，干净利索。这一点上可以多向古人学习语感和驾驭文字的技巧，中国古人因为写字工具不便利，所以文章普遍都很简洁有力，很多写法值得借鉴。比如多用短句，多用动词、名词，少用形容词。

三是删繁就简。鲁迅先生说写文章："写完后至少看两遍，竭力将可有可无的字、句、段删去，毫不可惜。"写完后用心去"砍"，把多余的段落砍掉，把无关紧要的词句砍掉，把空话、大话、套话、废话砍掉。比如，现代汉语由于受西化翻译体的影响，句式复杂，意思转折多，有大量"的"字、"了"字，以至于"的的不断""了了不休"，还有很多"开展""进行"之类的过程性动词。其实，很多这样的字词删去对意思表达毫无影响，可以大胆删之，使文章更加紧凑简洁。

比如，"与目前企业实际不相符的管理制度，要及时进行修订"，"进行"表示从事某项工作的意思，"进行修订"属画蛇添足，直接说"及时修订"更简明。又如，"要坚定不移开展优化工作，深入挖掘增效的空间""公司113台（套）计量器具全部获免费检定，全年共减了检定费7.3万元"，句中"的""了"去掉会更加流畅。

需要说明的一点是，篇幅是形式范畴，形式为内容服务。把文章写短是普遍性要求，但确实需要的时候，该长也应该长。如果一味求短，就成了另一种形式主义。《庄子》中说："长者不为有余，短者不为不足。是故凫胫虽短，续之则忧；鹤胫虽长，断之则悲。"意思是说，长的东西但并不多余，短的东西也不显得不足。野鸭子的腿虽然短，但给它接上一截就不太合适；仙鹤的腿虽然很长，却不能给它截去一段。我们要避免的是"把野鸭子的腿加长"的文章，避免机械性、形式化的"穿靴戴帽"，少些空话、套话和正确的废话。

10.5 生动清新才吸引人

公文语言的第三个标准是生动。一些人认为公文是板起面孔讲官话，这种看法并不正确，一些经典公文都很有可读性，生动活泼，很吸引人。语言要接地气，扎根实际，多用生活中的语言和来自群众的语言元素，多用生动形象的语言表现形式，才会有更强的可读性。

具体来说，可以多用一些案例和故事，可以引用历史典故。比如下面这些例文。

加快创新是公司培育核心竞争能力的内在要求……当前，美国的苹果、微软、谷歌和亚马逊四家科技型企业的总市值已接近 2 万亿美元。科技企业苹果的市值（约 6000 亿美元）已经超过传统石油巨头埃克森美孚（约 3500 亿美元）。创新所蕴藏的巨大威力需要引起我们的高度重视。

用案例来增强说服力。

领导干部要先做人后做"官"。只有堂堂正正做人，才能清清白白做"官"。1962 年，焦裕禄一到兰考，就立下了"苦战三年驱走三害"的军令状。为了践行这一承诺，他最终付出了自己的生命。"看到泡桐树，就想起焦裕禄"，诠释了一个实干者在人们心中的分量。

用故事来讲述，就比单纯地讲道理效果更好。

秦始皇好大喜功，横征暴敛，弄得民怨沸腾，不过传之二世秦王朝就灭亡了。杜牧在《阿房宫赋》中说："秦人不暇自哀，而后人哀之；后人哀之而不鉴之，亦使后人而复哀后人也。"唐王朝建立后，唐太宗励精图治、纳谏任贤，成就了贞观之治。但是，唐王朝后来的统治者渐渐忘乎所以，沉醉于声色犬马，唐玄宗"春宵苦短日高起，从此君王不早朝"，各级官吏贪污贿赂成风，结果发生了安史之乱。"俭则约，约则百善俱兴；侈则肆，肆则百恶俱纵。"……

引用历史典故，增加深度和厚重感。

除了比喻之外，夸张、拟人、排比、反复、设问、对比等修辞，还可以根据需要适当加以使用。但要注意的是，在公文中使用各种修饰手法要适可而止，不能过多。过多会影响公文的庄重性和严肃性，反而会喧宾夺主、以辞害意。

这里可以借鉴陈望道先生在《修辞学发凡》中提出的一个概念：消极修辞。他说："消极的修辞只在使人'理会'，使人理会只需将意思的轮廓，平实装成语言的定形，便可了事。积极的修辞，却要使人'感受'。使人感受，却不是这样便可了事，必须使读者经过了语言文字而有种种感触。"

如果说文学作品需要用积极修辞增强表达效果，那么公文作为主要以论理为主的实用文体，就是消极修辞的典型代表。它追求观点的表达效果，服务于实际工作，最重要的就是用明白晓畅、清晰准确、通俗易懂的语言把要说的内容说清楚，最大限度地让受众获得更多的信息，不引起歧义和理解偏差。其目的就是追求高效、直接的信息传播，这是由它的性质和特点决定的，而不是让人听了之后一头雾水，或者需要发挥想象力才能理解。

陈望道先生进而指出了消极修辞的四项原则：意义明确；伦次通顺，就是依顺序、相衔接、有照应，做到文气贯通；词句平匀，就是选词造句需要有平正的标准；没有怪词僻句，没有夹杂或者驳杂的弊病，就是安排稳密，语句的安排要与内容相贴切。

这些要求涉及主旨、结构、文气等多方面，最终都体现为对语言的要求。所以在公文写作上，应该先做"减法"，力求写准、写对，这更多的是运用消极修辞；适当再做"加法"，力求写好。需要指出的是，积极修辞的使用要有限度，以不伤害意思的准确表达为前提。

一些公文为了追求生动，使用过多俚语、俏皮话和网络语，则更是不可取的。语言讲究生动并不是一味追求浅显与通俗，它更多的是来自内在思想的鲜活生动。使用太多的俏皮话、热门词容易适得其反，显得油滑和不庄重。语言生动不能以"降低"思想水平和内容的严肃性为代价。

10.6 量体裁衣

公文语言除了一般性的要求之外，还有很重要的一点，就是要根据不同的文种和体裁形式，把握相应的语言要求。公文的用途和目的不同，对象和场合不同，文体特征不同，写作的要求和技法不同，语言上要注意的地方也不同。要具体情况具体分析，采用正确的写法，做到量体裁衣。

比如，不同的行文关系。请示、报告等上行文，要体现组织观念，真诚地尊重上级，反映情况、陈述意见、提出请求等都要实实在在，语气平和、肯定。函之类的平行文要语气礼貌、恳切，体现谦虚平和、以诚相待、平等协商、相互理解支持，切忌用命令的口气和曲意逢迎的口吻。通知等下行文要说理透彻、要求明确，便于下级机关理解执行，行文严肃，语气果决、有分寸。

又如，不同的文种。请示用语要谦恭、恳切，以示对上级的尊敬和对所请示解决事项、问题的急切心情。报告反映情况、陈述意见、提出请求等都要实实在在，语气平和、肯定，不使用请求的口吻和语气。函的语言则要恳切、得体、简洁、明白、质朴，措辞温和，不能强硬。请求批准函不必低声下气，答复函切忌盛气凌人。

— **本堂课习题** —

这篇文章是邓小平同志在 1986 年 3 月 28 日所讲的《拿事实来说话》[1]，请分析其语言有哪些特点，哪些方面值得学习和借鉴。

我们的改革是从农村开始的，在农村先见成效，但发展不平衡。有百分之十左右的农村地区还没有摆脱贫穷，主要是在西北干旱地区和西南的一部分地区。我们的政策是让一部分人、一部分地区先富起来，以带动和帮助落后的地区，先进地区帮助落后地区是一个义务。我们坚持走社会主义道路，根本目标是实现共同富裕，然而平均发展是不可能的。过去搞平均主义，吃"大锅饭"，实际上是共同落后，共同贫穷，我们就是吃了这个亏。改革首先要打破平均主义，打破"大锅饭"，现在看来这个路子是对的。

对这个政策有一些人感到不那么顺眼，我们的做法是允许不同观点存在，拿事实来说话。农村改革，开始的一两年里有些地区根本不理睬，他们不相信这条路，就是不搞。观望了一年，有的观望了两年，看到凡是执行改革政策的都好起来了，他们就跟着走了。这里指的不是农民群众，主要是一些领导干部。所以，改革的政策，人们一开始并不是都能理解的，要通过事实的证明才能被普遍接受。

现在我们搞以城市经济体制改革为中心的全面改革，同农村改革

---

[1] 邓小平：《邓小平文选》（第三卷），人民出版社 1994 年版。

一样，起初有些人怀疑，或者叫担心，他们要看一看。对这种怀疑态度，我们也允许存在，因为这是正常的。既然搞的是天翻地覆的事业，是伟大的实验，是一场革命，怎么会没有人怀疑呢？即使在主张和提倡改革的人当中，保留一点怀疑态度也有好处。处理的办法也一样，就是拿事实来说话，让改革的实际进展去说服他们。

我们的现代化建设要取得成功，决定于两个条件。一个是国内条件，就是坚持现行的改革开放政策。如果改革成功，会为中国今后几十年的持续稳定发展奠定基础。还有一个是国际条件，就是持久的和平环境。我们奉行反对霸权主义、维护世界和平的外交政策。谁搞和平，我们就拥护；谁搞战争和霸权，我们就反对。我们同美苏两个超级大国都改善关系，但是他们哪件事做得不对，我们就批评，就不投赞成票。我们不能坐到别人的车子上去。我们这种独立自主的外交政策，最有利于世界和平。问题的关键是中国的现行政策不能变，无论对内还是对外政策都不能变。我相信，只要坚持现行政策，搞他几十年，中国会发展起来的。

我们现在搞两个文明建设，一是物质文明，一是精神文明。实行开放政策必然会带来一些坏的东西，影响我们的人民。要说有风险，这是最大的风险。我们用法律和教育这两个手段来解决这个问题。只要不放松，认真抓，就会有办法。对贪污、行贿、盗窃以及其他乌七八糟的东西，人民是非常反感的，我们依靠人民的力量，一定能够逐步加以克服。

11 拆解逻辑
注重逻辑，别让公文变成一团乱麻

公文在某种程度上是政论文，性质是说理，写作手法以议论为主。相较于文学写作需要想象力而言，公文写作更需要逻辑思维能力。从某种意义上说，公文就是围绕特定主题进行逻辑思考，并将观点和素材按照一定的逻辑关系加以组合的结果。所以，良好的逻辑思维，是公文写作重要的"诗外功夫"。

增强逻辑思维能力的过程，其实是一种有意识的思维训练。人人具有与生俱来的思维和表达能力，但是这样的能力并不是经过严格思维训练后形成的逻辑能力，难免具有习惯性和随意性。平常写文章有时会出现的"跑题""文理不通"等错误，其实都是违背逻辑规律造成的。思维能力就像肌肉，需要经常锻炼才能提高。只有通过学习和运用逻辑，才能由自发的直觉思维上升为自觉的逻辑思维，从而掌握正确思维的规律，增强表达的精准和提高效率，避免犯逻辑错误。

11.1 逻辑思维的作用

逻辑是人们正确思维、论证和表述的重要工具，而公文写作本身就是运用概念进行论理。概念、判断、推理、归纳与演绎，既是公文写作的基本方法，也是逻辑学的基本要素。懂得如何运用逻辑思维，可以提高公文写作时使用概念、提出命题和进行推理的能力。

逻辑规律对公文写作的作用，可以概括为以下几点。

第一，逻辑是认识问题、分析问题的必要工具。 构思与写作时，人的思维认识也在活动。在这个过程中，我们可以根据逻辑知识，将已知的一般原理、规律性的知识应用到个别事物上去，从而得出新的结论；也可以由已知的个别知识概括出一般性知识，从而扩大知识原理的适用范围。

比如，要写国际化发展的题目，就可以联想到国家"一带一路"倡议提出的"政策沟通、设施联通、贸易畅通、资金融通、民心相通"这"五通"，在自己的业务发展中有哪些体现，这样一结合就能得出不错的观点。

第二，逻辑是提高语言表达能力的工具。 有时候，一些文章表达思想不明确、不深入，既有语法、修辞问题，也往往有逻辑问题。要提升表达思想的效果，就应该做到观点明确、用词恰当、文理通顺、条理清晰、富有说服力，这些都与逻辑密切相关。

比如，写培育国际化新业务的文章时，用什么标准来衡量它是否具有优势，可以从几个特征出发来考虑：能够构成长期竞争优势（时间约束），能够成长为支柱业务（规模约束），盈利前景有保障（效益约束）。运用逻辑思维，就能做到思考清楚、观点明确、表达准确。

第三，逻辑还是我们掌握和学习新知识的工具。 任何一门学科都是由一些基本概念和命题组成的，都有独立的范畴体系。而概念之间的关系、命题之间的推演、某个结论的证明，都是建立在逻辑规律基础之上的。

如果我们具有一定的逻辑知识，就可以按照素材之间的固有联系，分析它们的内在结构和各部分之间的逻辑关系，从而快速学习，结构性地把握一个新领域的知识，高效完成一篇文章的逻辑再造与重构过程。

还以写国际化发展的题目为例，可能对一些刚接触这个领域的写作者来说，一些内容是相对陌生和专业的，那么可以从基本概念和术语入手，比如国际并购、产业转移、国际分工、跨境贸易、市场换技术等，弄清楚其中的逻辑关系和概念之间的相互联系，把握内在规律，了解相关领域的大致知识，为写作打下基础，也会加深对专业知识的理解。

第四，逻辑还是识别和揭露思维错误的重要工具。掌握了正确的思维形式及其规律规则，就可以自觉发现和避免逻辑错误，澄清糊涂观念。我们经常会发现一些文章中出现概念混淆、因果倒置、问题反复、循环论证、文题不符、以偏概全等逻辑错误，如果懂得逻辑知识，就能很轻易地发现这些错漏，加以纠正和补救，使文章更具说服力和逻辑感。

我们重温一下毛泽东同志在《改进学风和作风》中的一段话，这段话深刻揭示了逻辑的重要性："文章和文件都应当具有这样三种性质：准确性、鲜明性、生动性。准确性属于概念、判断和推理问题，这些都是逻辑问题。鲜明性和生动性，除了逻辑问题以外，还有辞章问题。现在许多文件的缺点是：第一，概念不明确；第二，判断不恰当；第三，使用概念和判断进行推理的时候又缺乏逻辑性；第四，不讲究辞章。看这种文件是一场大灾难，耗费精力又少有所得。"[1]

世界上的事物是有机联系、相互影响的，它们之间存在着内在的逻辑关系。公文是客观事物的反映，有着相对应的逻辑关系，体现在

---

1 中共中央文献研究室编：《毛泽东　周恩来　刘少奇　朱德　邓小平　陈云思想方法工作方法文选》，中央文献出版社1990年版，第378页。

文章的部分与部分之间、段与段之间、句与句之间。逻辑关系不清，必然导致思维混乱，导致文章结构和文字表达混乱。把事物之间的关系弄清楚了，文章也就好写了。

11.2　要素组合的逻辑

公文中的逻辑涉及多个方面，我们依次说明。第一种是要素组合的逻辑。公文中涉及的大部分问题或现象，概括起来可以归纳为四种要素类型，即"类""因""果""法"，或者说具有这四种属性中的某一种。

"类"，即"性质、类别"，回答"是什么"的问题，体现为情况、现状、问题；"因"，即"原因"，回答"为什么"的问题，体现为原因、做法、经验；"果"，即"结果""效能"，回答"怎么样"的问题，体现为成效、收获；"法"，即"方法""路径"，回答"怎么办"的问题，体现为措施、办法、要求、建议。

"类""因""果""法"的逻辑思路，将公文的内容要素划分为四个逻辑单元，每个逻辑单元解决一个问题，分别对应"是什么""为什么""怎么样""怎么办"。不同的文章，不同的内容要求，其要素组合的具体逻辑结构也会有所区别。

在常见的公文写作中，通常有三种主要的要素组合方式。

第一种，"果—因"（或"因—果"）关系组合。即前一部分叙述结果，后一部分叙述原因（或前一部分叙述原因，后一部分叙述结果）。这样的结构形式多用于总结、工作报告。

第二种，"因—法"或"类—法"关系组合。这种组合一般为两个部分：第一部分说"因"——事情的原因或原委。第二部分说

"法"——解决或处理问题的办法。这种形式多见于通知、通告、公告、决定、意见等。

第三种,"类—因—法"关系组合方式,多见于调查报告。这种"三段式"的内容结构:第一段说"类"——"是什么",即现状、情况;第二段说"因"——什么原因导致出现这种情况;第三段说"法"——解决问题的方法、路径是什么。

以上介绍的是三种主要的基本组合方式,但因为公文文体多种多样,所以逻辑结构不仅限于以上三种。不过,不管林林总总的公文外表看起来是多么不同,其内容结构无非是按照一定的思维逻辑,对上述四种内容要素的有机组合。

比如,向上级单位提交的动态信息,就是"类—果"的组合;与兄弟单位交流的经验材料,是"类—果—因"或"类—果—因—法"的组合;向上级提交某方面工作的综合报告,是"类—因—法"或"类—因—果"的组合;就某个问题进行调查研究形成的调研报告,是"类—因—法"的组合;就某个具体的迫切问题呈报上级的请示,是"类—法"或"因—法"的组合;贯彻落实上级精神的情况报告,是"法—果"或"果—法"的组合。

也就是说,我们在考虑公文的逻辑时,可以从它所涉及的问题与内容归于哪一种属性着手,将其划分为"类、因、果、法"四种当中的逻辑单元,然后根据文种和写作的需要,对其进行安排和组合,从而体现合理的逻辑结构。

11.3 内容排列的逻辑

前面我们说过,公文内容是由一个个大大小小的意群构成的。因此，写实内容先要从写实意群开始。"意群"这个概念，有助于我们理解和处理文章中的逻辑关系。这些逻辑关系，在意群内部以及意群与意群之间，无时无刻不在发挥作用。要写实意群，必须运用好这些逻辑关系。

一篇文章中涉及的逻辑关系常常是多种多样的，常见的逻辑关系主要有总分关系、主次关系、并列关系、递进关系、点面关系、因果关系、定性与定量的关系、虚实关系八种，需要在写作时把握好。

一是总分关系。也就是纲目关系。所谓"纲举目张"，就好比树的主干与枝丫的关系，主干是统领枝丫的，两者不能平列，更不能颠倒。

二是主次关系。也就是重点与一般的关系。它们之间本身并没有隶属关系，但相互之间联系密切，是影响与被影响的关系。要找出主要矛盾和矛盾的主要方面。

三是并列关系。这是相互之间不相隶属又相对独立的一种关系。这种关系出现的概率更高。天时，地利，人和；人，财，物；物质文明，精神文明，政治文明，生态文明；经济建设，政治建设，文化建设，社会建设，党的建设；等等。

四是递进关系。这是同一种事物不同发展阶段的关系。时间上的递进：古代、近代、现代、当代。空间上的递进：国际、国内、本地。学习上的递进：武装头脑、指导实践、促进工作。递进关系，有时也是一种特殊的并列关系，如季节中的春、夏、秋、冬，人生中的幼年、少年、青年、中年、老年，其中每个阶段可以说是并列的，但它们又是有秩序的，不可以随便打乱编排。

五是点面关系。面是由众多的点组成的，为了说明面的情况，我们可以用点的事情来作为例子。这一方法经常用，关键是"点"的选择必须与"面"有内在的联系,是可以做到以点带面的。

六是因果关系。事物之间存在必然的因与果的关系。揭示因果关系,可以增强文章的说服力和感染力。但这种关系不是人为制造出来的,必须是客观存在的。它是文章内在逻辑关系的基础和核心。它有时需要明白指出,更多的时候体现在文章的整体构架和文字表述背后,而不必明白指出来。

七是定性与定量的关系。事物的发展有一个从量变到质变的过程。对一件事情的判断,定性的说服力总不如定量的大。定性是一种大体判断,而定量则是一种精确判断。能定量说明的最好定量,但也不能绝对,数字要用得恰到好处,好钢用在刀刃上。

八是虚实关系。以虚带实,虚实结合。所谓"虚",就是文章要有灵魂、有高度、有理论支撑;所谓"实",就是文章要有数据、有案例、有事实支撑。虚实的比重取决于文章表达的需要,没有一定成规,但两者必须紧密配合,融为一体。

11.4 运思行文的逻辑

在写作中,其实有两个层次的逻辑:一是文面逻辑,或者叫"文本逻辑",就是文本所体现的外在逻辑;二是运思逻辑,或者叫"思考逻辑",就是在写作思考中所遵循的逻辑。从运思的角度来说,主要有以下几个方面。

一是在确立主旨中体现逻辑。主旨即主题,是文章的灵魂和统帅。写文章要处理好材料和观点的关系,材料应与观点统一,要把材料经过大脑的加工贯通起来,形成系统的看法。这种从材料中获得主旨的抽象概括过程,是一种严密的逻辑思维过程。只有运用逻辑思维,面对杂乱的材料才能理出头绪，梳理清楚，找到鲜明的主旨，形成正确的、新颖的、有价值的观点，并且靠文章的逻辑来展现。

主旨的确立一般有两种方法。

第一种是归纳法，即"从特殊到一般"的推理方式，根据事物的相同点抽象出事物的本质特征。比如，许多工作通知、意见等的形成，就是根据现实中的共同性问题，及时予以归纳做出的指导性意见。

第二种是演绎法，即"从一般到特殊"的推理方式，依靠抽象思维，舍弃具体表象，抽取出事物的本质特征。演绎法的基本形式是"三段论"，即"大前提—小前提—结论"的推导方式。这种逻辑推理方式，多用于通报的分析评议和简报的评论性按语等写作中。

二是在思维方式上体现逻辑。不同人的思维方式是不一样的，不同的思维方式在处理信息和思考问题时，所具有的逻辑性是不一样的，产生的结果也是不一样的。

从不同的角度划分，常见的思维方式包括发散思维和收敛思维、散点思维和系统思维、常规思维和逆向思维、线性思维和非线性思维、静态思维和动态思维、精准思维和模糊思维、感官思维和结构化思维等。在写作中，需要克服的是散点思维和线性思维，更需要的是发散思维和结构化思维。

散点思维，也叫"点状思维"，是指信息片段孤立地散落在大脑中，处于跳跃状态，彼此之间没有关联，在处理信息时表现为固定化、程序化。这也是人最早掌握的一种思维方式，但它无法处理复杂的问题，所以也无法满足写作所需。

线性思维，是把认识停留在对事物直线的、单向的、单维的认识上，并以这样的认识为出发点，片面、直观、直接的思维方式。线性思维只能沿着一条线索往前推进，是相对机械的思维方式，容易导致简单归因等逻辑错误。

发散思维，是指沿着不同的思维路径和角度，从不同的层面和关系出发来思考问题，并在此基础上选出最佳的解决问题的方案。一般来说，很多事物具有复杂的结构和多种属性，因而解决问题的方法也应是多元的。所以，发散思维是通常情况下比较合理的思维方式，有助于找到解决问题的理想方案。

结构化思维，也叫"框架思维"，是指思考分析问题时，首先进行准确界定，然后以假设为先导，罗列问题构成要素，并对要素进行分类，对重点要素加以分析，寻找对策，制订行动计划。可见，结构化思维是一种思维方式，也是一种管理方式。

结构化思维的实质，是以构建与客观世界结构性相对称的体系框架，并置分析之事于其中以获得分析结论的过程。文章是对客观事物的反映，写作的思考逻辑与结构化思维是同构的，所以在写作时正确使用结构化思维，有助于深化思考。

三是在做出判断时体现逻辑。在写作中经常要做出判断，在每一次做出判断时，需要清楚地知道这一判断的依据是什么，界定范围是什么，背后的逻辑是什么。

对事物的判断可以分为两种：事实判断与价值判断。事实判断是对事物本身事实的描述，比如"这朵花是红的"；价值判断是对事物性质和价值的指陈，比如"这朵花很美"。当写作中需要做出带有主观色彩的价值判断时，应该以事实判断为基础，或者至少是符合事实判断的，而不是脱离事实的主观臆断。

与事实判断和价值判断相应的，还有一组概念，就是实然判断与应然判断。实然性，也叫"已然性"，是指事物的客观现实状态，就是事物目前是什么样子，已经具有的情状，使用的是描述性规则。比如，今年的工作取得了什么实际成果等。它是客观事实，只涉及真与假之分，这在工作总结、报告、经验材料等文种中经常需要用到。

应然性，是指事物应该有的样子，理想中需要具有的状态，带有主观目的和意图，使用的是规范性规则。比如，明年的工作目标是什么，下一步工作有什么要求等。它是主观投射，涉及应不应该、行不行、正确与否等判断。这在请示、工作报告、调研报告、领导讲话等文种中经常用到。

此外，写作中还会出现或然判断与必然判断。或然性，是指带有一定偶然性的结果，具有不确定性，一般会有"可能""想必"等加以界定；必然性，是指确定无疑会出现的结果，一般搭配"一定"等修饰语。

在不同情形和语境下，准确把握和使用以上不同的判断，能使文章描述的事实和观点的表达更符合逻辑。

四是在把握结合时体现逻辑。在写作中，有许多相对应的结合，需要做好结合的文章。比如，理论与实践的结合，历史与现实的结合，上情与下情的结合，等等。

在把握这些结合关系时，一方面要理顺二者之间的关系，让事物的两个方面符合一定的逻辑，使之相辅相成，不能混为一谈，也不能有所偏废；另一方面要抓住主要矛盾和矛盾的主要方面，注重二者当中起主要作用的一方，而不能主次颠倒。

11.5 层次顺序的逻辑

要想整篇文章体现清晰的逻辑性，不仅仅是在运思和行文上，还要体现为内容布局具有逻辑性，具体就是内容的分段以及段落之间的排序。

段落的排列顺序，一般有三种。

一是时间顺序的逻辑。就是按照时间的先后次序，体现工作进展的过程。如果将其行文顺序加以变动，就不符合逻辑了，这也体现了时序上的逻辑性和严谨性。比如，一份总结某个大型项目建设过程的总结报告，一般按照"项目设计—项目实施—竣工验收"这样的时间顺序行文。如果颠倒次序，既不符合实际情况，也不合乎逻辑要求。

二是空间顺序的逻辑。就是按照空间地域的顺次排列，这种顺序一般是固定的，不能随意打乱。空间顺序分两种，一种是通用的、共性的。比如，先讲本地，再讲国内，最后讲国际。反过来也可以：先讲中央，再讲省级，然后讲市级，最后讲县级。由大到小，或者由小到大也可以。另一种是个性化、因地制宜的，每个单位的情形不一样，根据各个地域的重要性和权重，每个单位的排序有所区别。比如，同样是华北、华东、华中、华南几个区域，在甲单位可能是一种排序方式，在乙单位是另一种排序方式。不管是哪一种，都应该符合一定的逻辑且自洽。

三是意义顺序的逻辑。就是说在内容的排列顺序上，应关注轻重缓急，把最重要的内容放在第一段，把次重要的内容放在第二段，依次排列。比如一篇《信息化工作座谈会纪要》，内容有三部分，排列顺序是："一、把握信息化工作的本质规律""二、明确信息化工作管理的理念""三、推进信息化工作的具体措施"。文章的三部分内容的关键词是"规律""理念""措施"，三项内容相比较，"理念"无疑是最重要的一项，也是文章的主旨所在，它应当放在第一的位置统领全文，"规律"其次，"措施"再往后。

段落之间有层次之分，段落之内还有层次。一段话要表述清楚，也要按照一定的逻辑，有条理、有次序地讲述，而不能东一榔头、西一棒子，这样才能以清晰的逻辑引导读者的思路。公文写作，在段落内容的构成上，形成了很多相对固定的层次组合模式，可以自觉加以运用。比如，"目标＋措施＋成效"，先说"为了……"，然后说怎么做，再说取得了什么成效，就能组成一个脉络清晰、逻辑合理的段落。诸如此类的，还有"依据＋做法＋经验""意图＋办法＋效果""引言＋理解＋落实""问题＋原因＋办法"等固定模式，可以根据实际需要灵活运用。

11.6 概念、判断、推理的逻辑

概念、判断、推理是基本的逻辑概念，也是写作中需要注意的逻辑命题。一篇好的文章，应当注重概念明确、判断恰当、推理合乎逻辑，熟练运用同一律、矛盾律、排中律等逻辑规律。

第一种情况，要正确判断概念之间的关系。 有些人常常因为对一些概念的意思和含义不了解，导致在写作时犯概念错误。在写作过程中，如果遇到某个概念不清楚或者不理解，就需要认真、细致地查询，弄清楚概念及其与其他概念之间的关系，之后才能下笔。比如，两个概念之间本该是种属关系的，不能混淆为并列关系，否则就会犯错误。

举个例子，某同志写的文章，将一组数字"1×1000"误写为"1000×1"，被上级领导狠狠地批评了一顿。这个同志很不服，问领导两者有何不同，领导答道："你跟一个女孩约会1000次，与跟1000个女孩各约会一次，能是一回事吗？"这个同志在逻辑上犯了"概念混淆"的错误。

第二种情况，要正确运用同一律。 在写作中，同一律是指在同一时间、同一条件下始终保持一种观点或一种概念。它的主要形式是"A 就是 A""如果 A，那么 A"。同一律在一定程度上保证了思维逻辑的确定性，确保了文章逻辑严谨。

违反同一律的主要形式是偷换概念，也就是说在写作中，把大概念和小概念彼此间调换了。或者以偏概全，以小代大，以次充好。其共同特点是一开始说"A 就是 A"，说着说着就变成了"A 就是 B"，至于 A 和 B 是不是同一个事物，往往就顾不得了。

比如，写一篇关于海外市场开拓情况的报告，在这个既定的主题下，内容的范围就是海外市场的开拓，如果写着写着把这个概念扩展到对外合作上，把引进外资的内容也写了进去，很明显就是混淆了概念。

正确运用同一律，要求我们在同一条件下、同一时间内确保思维不紊乱和一致性。如果要从一个概念跳跃到另一个概念，一定要说清楚二者之间的关系，保持逻辑的完整与周延。

第三种情况，要正确运用矛盾律。 矛盾律是指在写作过程中，会用到很多观点，但是在一篇文章中不能出现观点相互矛盾的情况。比如，若 A 和 B 相互矛盾，也就是 A 若是真，那么 B 就是假的，二者不能兼容。一篇文章在同一个思路下，观点得统一，不能前后矛盾，出现"自打脸"的情况。

比如，写一篇关于加强资金集中管理的文章，围绕这个主题，就要写清楚这样做的必要性，加强集中管理有利于提高管理效能、有利于防控风险等，如果写着写着却写到"集中管理不利于调动下级单位的积极性"等观点上来，那观点就互相"打架"了，这篇文章的权威性和说服力就荡然无存。

自我否定是写作的一大忌。它不仅影响文章的严谨性，也会使文章逻辑紊乱，冲淡文章主题，打乱文章结构。

第四种情况，要注重充足理由的可靠性。 充足理由在写作中起到了很重要的作用，它的形式是由 B 可以推出 A。如果 B 是真的，那么我们可以进一步推出 A 也是真的。

这就是说，在一个理由充分的条件下，在判断和推测中有一个逻辑的联系。要推测一个结论，先要确保用来推断的理由是正确的，不然将会出现理由不正确的错误，那么在判断和推测之间的逻辑关系断裂，结论就不能推出来或者不成立。也就是说，只有理由充分和依据正确，才能推断出观点。

所以，在写作的时候，一定要有充足的理由去验证观点，才能把这个观点写在文章中。例如，有人说："我不是法官，我还学什么法律！"对于具备逻辑知识的人来说，就很容易发现其错误所在。我们稍加分析便不难发现，这句话实际上是一个省略的三段论推理，中间那句省略的是小前提："我不需要懂法。"此推理尽管前提真实，结论却是虚假的，因为它违反了三段论推理规则"前提中不周延的项，在结论中也不得周延"，从而犯了"大项扩大"的逻辑错误。

11.7 语言表达与文法的逻辑

公文的逻辑性，除了论理层面的严谨、缜密，还表现在文章的语言严谨、文法准确、逻辑周密上。

大家都知道，毛泽东同志是遣词造句的大师。他的文章既有思想的力量，也有艺术的感染力，还有强大的逻辑力量。新中国成立初期，一些报纸、杂志、图书上的文字以及党政机关的文件在语言运用方面存在着混乱的情况。毛泽东注意到这一点，要求规范语言的使用，强调写文章要讲文法、修辞、逻辑。

讲究逻辑就是要注意文章的准确性、条理性和前后的一贯性。写文章要注意语言表达精准和文法得当，避免一些常见的语病。这些错误的出现，既有思维不清和逻辑错漏的原因，也常常是遣词造句不当造成的。

要避免文法上的搭配不合理。比如，"目前，对明年及未来世界经济走势，则是众说纷纭，仁者见仁"。一般来说，"仁者见仁，智者见智"是针对个体而言，而非针对群体，这里的准确搭配应该是"众说纷纭，莫衷一是"。

又如，"一个职工能否成功，一是要态度端正，二是要有工作热情，三是要善于学习总结，四是要甘于奉献"。这里前面用"能否"，后面用的都是肯定句，搭配不当。

语序不合理，也会带来表达的混乱。比如，"××部门已于8月30日召开了表彰先进个人会议，××主任和其他部门的领导同志出席了这次会议"。准确的说法应该是，"××主任和部门的其他领导同志"，才前后一致、表达准确。

— 本堂课习题 —

这是从报刊上找到的一篇文章的部分内容，其在内容逻辑上有一定的特点，请找出本堂课所讲的八种逻辑关系，分别在文中的什么地方有所体现。

为什么中国海油能跻身世界50强？
（节选）

一、对外合作使中国海油从弱到强

年轻的海洋石油工业，从它诞生的那天起就实施了全方位的对外开放。1978年3月，党和国家做出了坚持自力更生，在平等互利原则下，积极稳妥利用外国资金和技术，加快发展我国海洋石油工业的重大决策。同年，中国海洋石油总公司成立，享有对外合作开采石油的专营权。作为改革开放的排头兵，中国海油以对外合作为重要手段，积极引进资金、技术和管理经验，培育形成了竞争优势与核心竞争力，推动海洋石油工业从无到有、从弱到强。

一是海洋油气资源得到高效开发利用。

二是引进和积累了大量发展资金。通过对外合作累计引进外资337亿人民币，占中国近海总勘探投资的43%。

三是海洋油气勘探开发技术和装备能力大幅提升。

四是形成具有自身特色的管理模式，培养锻炼了人才队伍。

进入新世纪以来，中国海油坚定奉行"走出去"战略，在加强海外资源获取、建立海外油气生产基地、实施资产并购等方面都取得了重大进展。

二、坚持对外合作发展的基本经验

始终坚持"互利共赢"的对外合作理念。

始终坚持以合作促发展的正确方向。

始终坚持灵活多样的对外合作模式。中国海油在对外合作进程中，根据不同时期、不同阶段、不同海域的特点，有选择、有针对性地开展合作，对外合作模式不断创新。在发展思路上，逐步实现了从机遇型收购向战略型收购转变；在地域布局上，降低了投资的区位集中度，实现合理布局；在资源类型上，实现了从传统油气资源向液化天然气（LNG）、页岩气、煤层气、油砂等非常规油气业务的拓展；在合作方式上，采取了风险勘探、资产并购、参股合资等多种类型，提高了海外业务发展水平。

始终坚持防范对外合作的各类风险。

三、以对外合作的新突破实现中国海洋石油工业的壮大

回望30多年的发展历程，中国海油对外合作一路风风雨雨，既饱尝过向外方公司"拜师学艺"的艰辛，也遭遇了文化观念冲突、管理滞后带来的挑战，特别是海外业务时时刻刻面临着地缘政治等不确定因素带来的风险。但这些困难和挑战不仅没有阻挡中国海油对外合作的步伐，反而激发了我们攻坚克难的斗志，深化了对外合作运行规律的认识，使我们在国际化道路上走得更加稳健。

打造中国企业国际化经营的典范。

进一步提高国际化经营能力。

努力实现对外合作的新突破。

……

12 拆解写作步骤
学会"七步成文法",轻松掌握写作全流程

前面几堂课,我们拆解了公文中的一些关键要素,是每一篇公文都具备的共性特点。具体到一篇公文的撰写过程,从立意、构思、谋篇到成文,要经过哪些步骤呢?这堂课,我们将讲述公文从无到有的写作全流程。我将其总结为"七步成文法",即每一篇公文写作成稿需要遵循的七个环节,依次为定"调子"、理"路子"、搭"架子"、填"肚子"、梳"辫子"、戴"帽子"、过"稿子"。

12.1 定"调子":目存于鹄

定"调子"的表面意思是确定乐曲的调子。用在写文章中,所谓"调子",就是写作的意图。定"调子"就是要先搞清楚文章写作的目的是什么,方向是什么,基调是什么。先确定一个方向,再围绕这个大方向去组织素材。

公文要实现既定的拟制目的和预期的执行效果,其写作也要做到未动笔先有"意",要综合各方面的"意思",形成特定的表达主旨。定"调子"是公文写作者提高文字表达能力的看家本领,也是观察问题、分析问题、总结问题、表达问题的能力水平的体现,是决定行文走向和写作成败的关键。

事实也是如此。当我们准备写一份公文时，先要有一个大致的目的和方向，以把握写作的基点，这样才能有的放矢、正中靶心。否则，就会迷失方向，无的放矢，不得要领。那么，应该从哪几个方面定"调子"呢？

首先，基本要素要清楚。要清楚用文主体，明确发文机关，准确地体现发文者和受文者的关系；要清楚受文对象，明确读者受众。射箭要射靶子，弹琴要看听众，写公文也要看对象。要清楚为什么写，写给谁看；要清楚使用文体，明确文种形式；要清楚写作时限，明确成稿时间。

其次，原因目的要清楚。一般来讲，公文的写作内容及要求具有特殊的规定性，这就需要搞清楚基本依据和遵循要旨。

一、要明确写作动因、目的和需要解决的问题。凡动手写作，就有一个"写作意图""写作动机"，或表达情意，或宣事明理，抑或是传授知识。如果背离目的，再精彩的文字也只能是废话一堆。因此，在接受写作任务时，一定要完完全全、明明白白地弄清楚写作动因、目的，以及需要解决的问题，准确领会写作意图和要求。

二、要明确写作方向和全局思路，这是全部写作活动的基本依据。要善于把握写作意图背后的精神实质，进行必要的提炼、概括、完善、拓展、创新，做到融会贯通，善于站在上级、领导和全局的角度观察问题、分析问题、思考问题，达到与领导同步思维，实现双重作者的思想一致。

三、要查找行文依据。需要指出的是，领导指令只是行文的缘起和动因，并非行文依据。行文依据，指行文所依靠的理论或事实，其中法律依据是公文行文的根本依据。公文是治国理政的具体方式方法，必须依法行事。政策依据，是指以国家现行的各种方针政策为行文依据。现实情况和条件依据，指的是公文所关涉的某项工作和具体问题的实际情况。越是重要的公文，就越要有明确和充分的依据，绝不可以草率动笔。

比如，给上级写一份公文，申请增加人员编制。在写作之前就要先想清楚，应该用请示形式的上行文，受文机关是上级机关及其组织人事部门和编制审批部门，写作目的是要让上级了解和支持增加编制这一诉求，那么在内容上就要把理由说充分，比如本单位职能扩大、任务加重、人手紧张等。站在上级的角度思考如何能被接受，所以要写清楚希望通过增加编制和人员把工作做得更好，还要提出明确的思路和方案，写清楚怎么增加才合情合理，还要从政策上、实际情况上把握，依据是否合理可行。归根结底，就是要体现"增加编制的重要性、必要性、可行性"这一意图，为全文写作定下基调。

12.2 理"路子"：袖手于前

所谓理"路子"，就是研究和推敲写作思路，通俗地讲就是"构思"。古人云，"作文之道，构思为先"。在动笔之前，对文章基本框架、内容和形式做总体谋划和设计，做到"胸有成竹"。对于写作来说，构思犹如大厦建设之初的图纸绘制。它是起草公文的起步和开始，也是影响和决定文章质量高低的关键环节。

写好一篇文章，都要经过一个深思熟虑的过程。如果急于成文而疏于构思，在行文之前对文章的主旨、题材、表达方式等考虑不充分，就很难顺利进入写作过程。即使勉强进入，写起来也会困难重重，要么写不下去，要么半途而废，甚至推倒重来。构思若对，干活不累；构思不对，功夫白费。

一般来讲，在动笔之前，应该先有一个通盘的构思，对三方面的问题进行深入思考：一是"为什么写"，旨在解决写作目的"思想认识"问题，杜绝"为写而写，越写越空"现象；二是"写什么"，即明确写作内容的问题，提升表达的厚度和精度；三是"怎么写"，即谋划写作方法的问题，通过恰当得体的方法，实现文章内容和形式的有机统一。

公文构思的结果，应该是理出文章的方位、主题、标题、观点，以及论证观点的事实和道理。简要地说，构思可以遵循五个步骤展开。

第一步是确定方位。 就是明确所写事项在全局工作中处于什么位置，从而找准写作思路的出发点。好的写作思维是开放的，构思文稿的坐标轴是立体的，应该有上下、前后、左右、内外八个维度。只有做好这样的功课，才能找准写作的坐标，知道自己该写多大范围的事情，从哪儿开始写起。

第二步是确定主题。 主题是公文中贯穿始终的基本观点、主张和意图，是公文的灵魂和统帅。公文写作首先要确定主题，然后才能依据主题选材用材、布局谋篇。有了主题，公文才能提纲挈领。

第三步是确定标题。 在公文写作中，文章的标题与主题密切相关，标题是主题的概括，是为主题服务的，标题是为了引导主题。确定标题时要重点考虑三个方面：标题要与主题表现的思想内容、思想感情相切合；标题的文字要简洁明白，含意清楚，一目了然；标题要醒目，有新鲜感、冲击力、吸引力。

第四步是确立观点。 一般可以从三个方面进行考虑。一是从回答"为什么"的角度确立观点，把"为什么"的原因分析清楚。常见于领导讲话。二是从回答"怎么样"的角度出发确立观点，把"怎么样"的情况叙说清楚。常见于工作报告、调查报告、调研报告、述职报告等。三是从回答"怎么办"的角度出发确立观点，把"怎么办"的思路论述清楚。常见于工作报告、调查报告、领导讲话、述职报告等文章的后半部分，即政策建议和工作思路的论述部分。

第五步是选择材料。一般需要考虑四个因素。一是有用，能够为叙述和论证观点服务。对于不能为叙述和论证观点服务的材料，必须舍弃。二是真实，必须真材实料，不能使用虚假的材料，引经据典要有出处。三是新颖，即富有吸引力，使用的是最新的事实、数据、经验、理论等。四是典型，有代表性，能够反映事物的本质、主流和发展规律，能够证明观点的正确性、科学性。

我们看一篇例文《创建巩固的大别山根据地》，这是邓小平同志在解放战争时期所写的一篇呈送中央的报告，所述内容是刘邓大军挺进大别山之后，在对根据地情况了解甚至熟悉的基础上所做的经验总结。

（一）我军已胜利完成渡过淮河、进入大别山之跃进任务，敌人追击计划完全失败。今后的任务，是全心全意地义无反顾地创造巩固的大别山根据地，并与友邻兵团配合，全面控制中原。（任务）

（二）实现此历史任务，要经过一个艰难困苦的过程，发展半年以上的时间。如不大量歼灭敌人和充分发动群众，要想站稳脚跟是不可能的。因此，我们应切勿骄躁，兢兢业业，上下一心，达成每一个具体任务。（目标）

（三）应向全军说明，我们有完全胜利的把握。首先是有陈谢兵团在伏牛山、豫西、豫南广大地区及山东大军在陇海路南北的互为配合。其次是我当面敌人只有二十三个旅，兵力分散，战斗意志薄弱，此次尾我失败，战略上愈显被动。再次是大别山区有长期的革命传统，且保存有游击战争的基础，我们有许多本地干部。特别是党中央、毛

主席的英明领导,全军上下一致的决心和信心,胜利是有把握的,虽有困难也是能够克服的。(形势的整体判断)

(四)应向全区群众说明,我们是鄂豫皖子弟兵的大回家,他们的子弟在华北胜利了,壮大队伍了;说明蒋军必败我军必胜的条件;说明我们决不再走。我们的口号是与鄂豫皖人民共存亡,解放中原,使鄂豫皖人民获得解放。(宣传方针)

(五)在军事上,我们在最初一个月内,不求打大仗,而是占领城镇,肃清土顽,争取打些小胜仗(一两个团一次的歼灭战)。同时,特别注意引导大家熟悉地形,习惯生活,学习山地战,为大歼灭战准备条件。但必须了解,如果我们不在半年内歼灭十个旅以上的敌人,就无法使群众相信我们不会再走而敢于起来斗争,我们也就会遇到更多的困难。因此,任何时候,全军都必须有高度的战斗意志和战斗的准备。(军事策略)

(六)充分发动群众及其游击战争,同我们一块斗争,是实现我们战略任务的决定条件。而我军严格三大纪律八项注意,严整军风纪,是树立良好影响,使群众敢于接近的先决条件。各级必须专门检查实现,万勿忽视。(作风问题)[1]

在不长的篇幅里,用六个段落讲述了根据地建设的任务、目标、形势的整体判断、宣传方针、军事策略和作风问题,重点突出,层次有序,逻辑清楚,展示了邓小平对情况的熟悉和清晰的思路,也展示了他对问题思考的全面和深入。可以想见,在写作之前,邓小平进行了通盘的构思,因此也取得了很好的效果——不但被中央认可,还被

---

[1] 邓小平:《邓小平文选》(第一卷),人民出版社1994年版,第94—95页。

推广到其他根据地。毛泽东同志阅后批示，转发彭德怀同志、东北局和华东局。

12.3 搭"架子"：成局了然

所谓搭"架子"，就是根据写作目的和占有的素材来安排结构、确定层次，拟出比较详细的写作提纲。完整、严密的结构，能让公文繁复的材料主显宾从，各归其位。

围绕主题设计结构是起草文稿的重要方略，而结构的设计要通过列提纲的方式进行细化并固定下来，以便写作时有所遵循。拟定公文写作提纲，就是搭建公文构成中的"骨骼框架"，是公文写作者思路要点的文字体现。

提纲有助于理顺写作思路，使公文的构造初步定局。动笔写作时胸中有数，避免丢三落四、前后重复、主次不合理等结构上的问题，也有助于在写作过程中把握写作意图和目的。这就好比"修房子"，只要把框架搭好，再砌砖和装饰就不难了。

此外，公文写作提纲还可以用来征求领导意见。重要公文的写作提纲拟定以后，还需请示领导同意，以便让领导对公文写作提出具体的意见和指示。集体写作时，提纲是沟通和安排工作任务的重要载体。每个人看了提纲，就知道自己写的部分在全局中的位置。

公文写作提纲没有什么固定模式，但根据不同的时限和文种要求，公文写作提纲可分为三类。一类是粗纲，只简略地标出公文的层次段落和各部分之间的大致关系，所用语句也不一定是起草后文稿中的语句，只是"撮辞以举要"，有些内容简单的公文在下笔之前有个腹稿即可。第二类是细纲，应该把大小标题、各层次的主要内容及各层内部的段旨、所用的材料尽可能详细地开列出来。这样的提纲不只是分条列项，还是近乎文章的形式。第三类就是二者的有机结合，将某些部分详细列明，有些部分只用简略的语句加以概括。

通常，公文提纲的写作有三个步骤。**一是确定主旨，即要反映的主要问题。**这一步实际就是写主标题，是写好提纲的关键。**二是全面罗列素材，精心归纳、提炼各层次的标题。**精心提炼标题，既可大题小做，也可小题大做。无论采取哪种方式，都要注意标题必须涵盖所要表达的内容。**三是细分写作层次。**公文提纲越细，写作质量往往就越高。写作公文提纲时，尽量具体到一、二、三级标题以下各层次的内容，并对每一级标题下所要表述的内容都进行相应的注明。各层次、各段落之间的衔接与转换要妥善安排，使之相互连接、前后贯通，转折过渡自然，结构严密、完整。

下面两篇例文，是相对比较粗的提纲，但有了这样一份提纲，写起来就有了方向，也有了思路和框架的基础。第一篇是关于如何营造干事创业的良好风尚。

一、以案为鉴，警钟长鸣，着力巩固遵纪守法、合规履职的良好风尚。

二、大力倡导奋斗和实干，着力营造充满激情干事、创业的良好风尚。

针对一些干部"不愿为"的问题，要发挥思想教育引领作用，提升"愿为"的觉悟境界。

针对一些干部"不想为"的问题，要发挥考核选拔导向作用，激发"想为"的内生动力。

针对一些干部"不能为"的问题，要坚持学习与实践深度结合，夯实"能为"的能力基础。

三、坚持人文化管理理念，着力形成心情舒畅干事、创业的良好风尚。

第二篇是关于发展混合所有制改革的经验材料。

发挥"榕树效应"，走出混改新路。
建设运营好精品项目，是"榕树效应"落地生根的重要基础。
坚持互利共赢的合作文化，是"榕树效应"具有生命力的重要内涵。

下面两份提纲是比较细致的，可以按照提纲直接下笔写作。要写一篇关于安全生产应急管理的文章，就可以先拟定一份提纲，具体如下：

一、深刻认识提高应急管理能力的重要意义。
（一）充分认识加强应急管理的必要性和紧迫性。
1. 加强应急管理是确保国家安全和社会稳定的必然要求。
2. 加强应急管理是确保企业可持续发展的重要基础。
3. 加强应急管理是确保高质量发展的迫切需求。
（二）现代应急管理呈现新特征。
1. 坚持以人为本，生命至上的理念。
2. 实现政企联动的管理模式。
3. 强化法治化、制度化管理。
4. 现代先进技术手段成为重要支撑。
（三）当前我国应急管理的新形势和新情况。

二、坚持和发扬应急管理的经验做法。

（一）坚持落实企业的主体责任。

（二）坚持以预防为主，加强安全底线意识。

1. 牢固树立安全底线意识。

2. 持续加强隐患排查治理。

（三）坚持体系化建设，构建"四位一体"全面应急管理体系。

1. 持续完善移动应急指挥系统。

2. 建立全球应急资源管理平台。

3. 大力提升应急救援队伍能力建设。

4. 有序推进应急响应基地建设。

（四）坚持在实战中检验，切实提升应急能力。

1. 定期组织安全演习。

2. 有效应对事故灾害。

3. 主动参与外部救援。

三、以改革创新精神推进安全生产应急管理建设。

（一）切实落实企业主体责任，增强应急管理的责任意识。

（二）以《安全生产法》为依据，提高应急管理的制度化规范化水平。

1. 认真贯彻落实新修订的《安全生产法》。

2. 持续加强隐患排查治理。

（三）把应急管理纳入公司管理体系构建重要位置，不断提高预案的针对性和实效性。

1. 增强应急预案的实战性。

2. 推动应急管理工作"三同时"建设。

（四）以提高应急处置和救援能力为目标，全面促进应急管理水平。

1. 持续提升应急实战能力。

2. 提高应急管理的基础建设。

3. 持续加强应急管理的文化建设。

又如，一篇关于信息工作的总结材料提纲，同样是比较细致的。

"合作共赢"理念引导信息工作"五度"提升

一、聚集研究力量，提升信息工作的深度。

关注智库单位。

关注行业专家。

关注科技领域。

二、联合宣传队伍，提升信息工作的广度。

选题共研。

渠道共建。

人才共育。

资源共享。

三、服务生产单位，提升信息工作的效度。

为优秀企业"报喜"。

为困难企业"报忧"。

向公司领导"报平安"。

四、推动考核表彰，提升信息工作的力度。

加强顶层设计。

正向表彰激励。

反向考核约束。

五、统筹政务管理，提升信息报送的高度。

与请示汇报结合。

与公文处理结合。

与督察督办结合。

12.4 填"肚子"：博观而约取

所谓填"肚子"，就是按照写作提纲，一段一段地往里填充能表达主题的相关材料和事例，这个过程就是写作的过程。

公文写作在这个阶段的基本任务，主要有四项。

一是统筹内容。内容安排要合理有序，如刘勰《文心雕龙》中所写，要做到"使众理虽繁，而无倒置之乖"。在纷繁中求条理，就是要做到既内容丰富，又条理清晰，让所有的材料和内容"殊途同归"。

二是连贯首尾。使开头和结尾一脉相连，思想内容衔接连贯，完整准确地表达思想观点，使人看后能得其要领。

三是关联左右。写文章就是积字成句、积句成段、积段成篇，段落和层级之间只有相互衔接、联系紧密、细密无缝，才能使文章条理清楚、脉络连贯。

四是取舍素材。就是对所获得的素材进行取舍和定夺，做出合理安排。取舍就是保留对主题有用的材料，舍弃对主题没用的素材。定夺就是恰当地安排素材，做到繁简适度、运用得当，更好地适应表现主题的需要。

请阅读下面这篇《人民日报》上关于"一带一路"宣传报道的总结，在素材使用上较有特点。

让新闻现场激荡历史回声

一、抓现场，在新闻的原点、重点与热点，见证"一带一路"蓝图的铺展。

什么是最佳现场？一是回到原点。3年多来，习近平主席在"一带一路"上留下了诸多外交足迹，生动诠释了"一带一路"的内涵。比如，从习近平主席发出首倡之地的哈萨克斯坦纳扎尔巴耶夫大学，我们发回了特别报道《"中国就是哈萨克斯坦的大海"》；对习近平主席重点考察过的中白工业园，我们采写了《别开生面的云端讨论》……沿着习近平主席的外交足迹，回到对于"一带一路"倡议有着重要意义的新闻现场。二是把握重点。我们在中巴经济走廊瓜达尔港，发回《"盼望习主席来瓜达尔港看一看"》；走进柬埔寨的西哈努克港经济特区，追寻《让穷乡变成"柬埔寨深圳"》……三是聚焦热点。中欧班列……

二、讲故事，以交往故事、发展故事、幸福故事，讲述"一带一路"中国倡议的落地。

一是讲交往的友好故事。在行走"一带一路"途中，《人民日报》记者讲述了一则"丝路变红线"的故事。一位哈萨克斯坦小伙子和一位美丽的中国姑娘，在"一带一路"合作项目中相遇、相识、相恋，缔结了一段幸福美满的跨国婚姻。后来，小伙子遭遇病魔，两人相偎相扶，并得到了中国医生和所工作的中哈合资企业领导的大力支持，共渡难关。正像报道中所说："从中国小伙和瓦莲金娜，到阿尔曼和韩江红，丝绸之路上，中哈两国人民相亲相爱的感人故事在延续。"二是讲共同的发展故事……三是讲民生的幸福故事。

三、重传播，以一次采集、多种生成、多元传播，彰显主流媒体的影响力。

我们曾说，"稿子见报，传播才开始"；现在，应该变为"稿子没见报，传播已开始"。在"一带一路"的采访报道中，我们强调把传播意识，灌注到新闻生产、新闻传播的全链条、全流程中，特别重视"以他之视角来丰富我之认识""以我之理解阐述他之故事"，借嘴说话、借力打力，形成"传播妙点"。

用别人的嘴来说话，比我们自己说更有说服力。"我们不需要拥有海洋，因为中国就是哈萨克斯坦的大海。"……"蹭热点"：将巴基斯坦的瓜达尔港称之为"巴基斯坦的雄安"，将柬埔寨的西港特区称之为"柬埔寨的深圳"……

根据不同的平台，制作不同的新闻标题。《人民日报》见报稿标题为《"中国就是哈萨克斯坦的大海"》，而在新媒体上，则用了《哈萨克斯坦农民犯愁的事，习近平主席在帮着操心》；报纸版标题《别开生面的云端讨论》，新媒体上则是《省委书记乘机偶遇CEO，把"一带一路"聊到了空中》；报纸标题为《做梦都想把中国农技园搬到图尔根》，新媒体上的标题为《吃货的福音，中哈还要打造"舌尖上的'一带一路'"》；报纸标题为《"一带一路"，让白俄罗斯圆了轿车梦》，新媒体上的标题为《厉害了！中国车企治好了总统"心病"》。从传播效果看，新媒体上的阅读量、转发量相当可观，《省委书记乘机偶遇CEO，把"一带一路"聊到了空中》一文，在《人民日报》客户端上线22个小时后，阅读量就破百万，其他媒体也纷纷主动转发。《哈萨克斯坦农民犯愁的事，习近平主席在帮着操心》一文，同样引起了高转发量和评论量。

在"一带一路"的报道中，我们也贯穿了"一次采集、多种生成、多元传播"的原则，对记者提出明确要求，要写出三类报道：同一主题，既要写报纸版，也要写新媒体版，还要提供视频版。三个"版本"都需要秉持同一价值观，具有"人民范儿"，但根据媒介的不同、平台的不同、受众的不同，按新闻规律来处理。

这篇总结的特点是逻辑清晰、层层递进，文章三大块按时间的逻辑推进，"抓现场"是讲先搜集素材，"讲故事"是说要表现好素材，"重传播"则是发挥好素材的作用。逻辑严谨，层次分明，每个部分内部也是条理分明、合理有序。虽然主题宏大，但内容充实，一眼看去全是例子。而且观点提炼精到，不但例子多，观点的提炼也到位，且金句不断。可以说，这篇文章不但告诉读者如何使用素材，其本身也是驾驭素材的范例。

12.5 梳"辫子"：各安其位

"肚子"填满以后，也就是材料基本内容完成、文章的初稿已经写好后，接下来就要进入梳理阶段。在这个阶段，主要就是从多个维度，对文章进行梳理。

一看切题是否准确。切题就是符合题意，符合要求。公文写作是遵"令"而作，也就是要根据特定的意图行文，为什么写、写给谁、写什么等，这些都要明白把握。切题的成功，就是方向的成功。

二看内容是否充实。公文写作要实打实地阐述政策、表明态度、解决问题、推动工作，所以充实公文内容，提高针对性至关重要。在大的主题之下，紧扣工作领域，抓住几个具体问题，吃透上情，摸准下情，搞清内情，深入分析背景、成因，提出解决问题的主张、措施和要求。在事实的基础上，还要有新颖有力的观点，用观点统率事实，用事实说明观念。光有事实没有观点，就是一盘散沙；光有观点没有事实，就是没有血肉的空骨架。观点与主题必须契合，和事实有机结合，相互之间协调一致。内容的成功就是观点与事实的成功。

三看结构是否合理。公文谋篇布局应根据内容表达的需要，寻求好的表达形式。结构最为重要的就是条理清晰，层次有序，逻辑得当。从局部的结构看，一般来讲，观点—事例—分析—结论，这是人们普遍接受的一种组织方式。从表达逻辑讲，先说"是什么"，再分析"为什么"，然后阐述"如何做"，最后说"达到什么效果"。结构的成功，就是逻辑的成功。

四看表达是否得体。公文的表达要秉承两个原则，即"删繁就简"和"标新立异"。删繁就简就是要简洁清楚、流畅自然，养成简约生动叙事、清楚明白说理、形象准确描绘的习惯。标新立异就是无论立意谋篇还是遣词造句，都要有独创性。学会把一些意念、想法和见解重组，提出新理念、新思想、新举措。表述的成功，就是语言的成功。

比如，年底对工作进行总结，形成总结材料。在有了框架和基本素材之后，再从思路、结构、观点、表达等方面进行梳理，找出不合适的地方加以完善。

- 根据工作职能进行梳理。比如，办公室的主要职能是"办文办会办事"，可以将其梳理归纳为"办文质量跃上新台阶，办会效果有了新提高，办事水平有了新改进"三部分。
- 根据工作思路进行梳理。如果工作思路与众不同或别有创新，也可以围绕工作思路来梳理。
- 根据工作特色进行梳理。这不仅需要充分掌握材料，还要有一双善于发现的眼睛，能从大量的资料中挖掘出闪光点。比如，总结思想政治工作，从原始素材中提炼出"工作扎实、细致耐心、方式灵活、领导带头"几方面特点，由此梳理归纳为"立足一个'实'字，增强思想政治工作的针对性；着眼一个'细'字，增强思想政治工作的感染力；突出一个'活'字，增强思想政治工作的吸引力；强调一个'带'字，增强思想政治工作的感召力"四部分，不落俗套，写出了新意。

·根据采取的工作措施进行梳理。这也是很常见的方法，如纪检部门抓"执行力建设"时采取了"统一思想、转变作风、加强督办、素质培训"四大措施，总结时就归纳为"统一思想抓落实，转变作风抓落实，督促检查抓落实，提高能力抓落实"四部分。

·根据解决的问题来总结。比如，从解决"脸难看、事难办、门难进"等问题出发，将工作梳理归纳为"进一步提高服务意识，尽量让老百姓少受一点气；进一步改进服务环境，尽量让老百姓少跑一点路；进一步优化服务手段，尽量让老百姓少花一点钱；进一步提高工作效率，尽量让老百姓少排一点队"四个方面，针对性强，直接鲜明，能给人留下较深的印象。

12.6 戴"帽子"：意新为上

这一步主要是指对公文的观点进行修改。形象地说，观点就好比人戴的帽子，要适宜，还要醒目。文章成形后，要对文章戴的"帽子"进行检查，看看观点是否合适，对观点进行进一步提炼和优化。

对于观点的要求，我概括为五个方面，即客观、概括、简明、新颖、协调。

客观就是观点不是凭空想象、主观臆造的，而是从大量材料中提炼出来的，是感性认识上升到理性认识的结果。观点要符合客观实际，要经得起实践考验。概括有两层意思：第一是观点能全面概括内容，不能以偏概全；第二是观点是对客观情况的加工、提炼、抽象，概括最能代表事物特征的东西。简明，即观点的文字表达要简练、明确，以最简短的文字，表达容量最大的内容。新颖主要指观点要体现事物发展的新情况，要有新意，不能老一套、炒冷饭。当然，强调观点新颖，并不是要脱离实际，搞花架子，单纯去找新词、俏皮话，这是没有现实意义的。协调主要包括两方面：一是观点和要表达的内容在形式上要协调；二是观点之间要协调好，要符合逻辑，表达方式也应基本一致。

明末清初文学家李渔有言："意新为上，语新次之，字句之新又次之。"所谓"意新"，就是指观点创新。这一点对于我们修改公文观点，特别是面对经常性的材料写出新意很有启示意义。

观点在公文中常常体现为各级标题。比如下面这则例文是一次专题党课授课的内容提纲，标题很有特点，经过了精心锤炼，醒目、新颖，有启迪意义。

树立正确的苦乐观，需要理解得与失的辩证法。
树立正确的苦乐观，需要认识苦与乐的双重性。
树立正确的苦乐观，需要把握多与少的"平衡术"。
要有功成不必在我的"栽树"精神。
要有忠诚履责的担当精神。
要有甘于付出的奉献精神。

下面两则例文是专题会的讲话提纲，在标题上也体现了提纲挈领、精练务实的特点。

一则是关于信息化项目建设的。

一、坚持业务驱动、技术支撑，充分挖掘和满足业务需求，强化技术与业务的衔接。

二、坚持分步实施、急用先上，合理配置资源，逐步推动项目落地见效。

三、坚持有效集成、数据共享，打破各自为政的信息孤岛，加强各系统之间的联通。

四、坚持数据为先、治理为本，确立数据的统一规范标准，做好数据清洗、导入等基础工作。

五、坚持好用实用、强化保密，既要提升用户体验和获得感，也要通过技术和管理手段确保信息保密。

另一则是关于对外合作的。

一、进一步明确对外合作工作的定位，是公司不可或缺的战略性、基础性工作。

二、进一步强化政策和市场机遇，盘活资源，强化协同，积极开创工作新局面。

三、进一步加强队伍建设，建设一支数量充足、结构合理、素质优良的合作管理专业队伍。

四、进一步理顺机制，强化对合作项目的有效管控，提升管理效能和经营效益。

12.7 过"稿子"：往活处炼

这一步主要是指经过一系列精心撰写，特别是经过自审、初审、复审、终审四道关以后，对文章进行最后的确定。

这一阶段要特别谨慎，进行反复修改，包括内容、观点、结构、素材、标题、标点、文面、排版等，都要严格把关。如果公文质量还有些问题，或形成的条件还不成熟，要有意识地"压一压"，进行"冷处理"，最后拿出高质量、高水平的公文。

写文章要舍得下力气锤炼，因为文章是反映客观事物的，人们认识客观事物是一个复杂的过程，通过文章来反映客观事物更是一个艰难的过程。在修改的过程中，要有否定自己的勇气，不能怕麻烦，也不能护短。只有在不断的修改中，才能臻于完善。

公文的修改打磨可以理解为"二次创作"，并非浅显地找错别字，而是顺着第一次创作的脉络足迹，继续完善结构存在的漏洞、补充内容的缺失，进一步从主旨、逻辑、情理、感情上完善文章的过程。

公文修改的窍门可以概括为五个字：增、删、整、调、换。

"增"包含两层意思：一是对有关内容的丰富；另一个就是增添其他内容，可以是一个层次、一个事例、一句话，甚至是一个词组。凡是与主题相关，并符合主题或观点需要的，要尽量丰富、补充、铺开。

"删"就是凡与主题无关，或不能帮助主题展开、表述拖沓冗长的，都要勇于舍弃。有舍才有得，不把不合适的东西删减掉，就不容易凸显主题。

"整"就是整合，一般采取"主线法"。即从繁杂的内容中抽出一条主线来，再围绕主线进行概括、细化，逐个解开"疙瘩"，然后把缺的补上，零零碎碎的雕刻去掉，使材料顺畅、干练。

"调"就是调整次序，按照主题和结构的起伏变化、事物的内在联系和发展规律、语言表述的需要，对层次、标题、语言和字词的位置进行变换。

"换"就是更换内容。如果我们感觉某个观点不太合适、某个事例不太典型、某句话语有些平淡，但根据主题、结构、观点和表达的需要，又不能一刀砍掉，这时候就需要更换内容了。

然而，不管何种要素的修改，不论哪种方式的修改，最终都应该服务于公文立意或主题的表达。就这一点而言，非常类似于中国古典诗词所强调的"炼意"。

炼意中的"意"指的是诗词主题。炼意也就是讲求如何围绕突出主旨进行艺术构思的过程。清代文学家刘熙载说："炼篇、炼章、炼句、炼字，总之所贵于炼者，是往活处炼，非往死处炼也。夫活，亦在乎认取诗眼而已。"所谓"诗眼"，就是炼字中表达出的诗歌主旨所在。

我国古代作文讲究"炼字"，有句话叫作"写稳一个字，九牛拉不出"，某种程度上是一种追求完美的"文字洁癖"。当然，锤炼字词并非只是为了写好一个字、一句话，更是为了全篇的整体美，为了全文立意的彰显。如果过分追求新奇，拘泥于一字一句的得失，那就反而流于匠气，成为败笔了。

由此可知，炼字固然重要，但切不可走入雕词琢句、寻章摘句的歧途。炼字、炼句、炼章、炼篇的本身也就在炼意，只要服从于炼意，力求语意两工，才是正道，是真正的"往活处炼"。

以上是对"七步成文法"的介绍，应该说，这一方法是经过实践检验的行之有效的方法，尤其是对比较大型和综合的文稿更为奏效。即便是小型的文稿，也可以运用这一方法，提高成文的效率。

"七步成文法"中很重要的一点是，一定要把每一步做扎实，特别是把想的功夫、构思的功夫下到位，切忌那种"初稿不用下功夫"的片面误区。没想清楚就动笔，信马由缰，写到哪儿算到哪儿，时间都花费在反复修改上，是非常低效的做法。

我们说文章要认真修改，但不是说把前面的工作都挪到后面来做。修改有多个层面，最难的是方向和基调的修改，这种一定要避免。其次是结构的修改，也比较"伤筋动骨"。再次是内容的局部修改，相对不难。最后是字词的修改，就更容易了。要尽量避免颠覆性的修改，提高成稿的效率，这就要求前面的工作要做到位。

有一种很多人乐此不疲但又被人深恶痛绝的恶习就是"推稿子"，一开始写不下功夫，草率地拿出稿件，后面花费大量的人力和时间，反复地"推"，一个字一个字地改，一句话一句话地琢磨，甚至"七稿八稿，回到原稿"，效率不高不说，也很折磨人。

这是一种不正确的写作理念，相当于把前面的构思、布局、梳理、提炼等工作都人为地拖到了这个环节。正确的方法是，一步一个脚印，做好每个环节，为高效率完成高质量的稿件打下坚实的基础。

— 本堂课习题 —

请根据下述素材，为文章拟定标题，并在每段开头提炼出精练、醒目的观点。

为保障在外务工人员在春运期间能够顺利返乡，中央石油石化企业一方面认真做好油品供应，紧盯炼厂及省市库存变化，加强产销衔接，确保成品油资源稳定供给；另一方面加强服务保障，举办各种公益爱心活动，开通爱心线路，助力在外务工人员"温暖"返乡。

各地石化企业以返乡、旅游、回程为切入点，提前增加高速公路、旅游景点、中心城区、国省道沿线区域加油站库存，确保稳定供应，避免发生脱销、断档等情况。2020年1月10日起至2月18日，各地石化企业将投放成品油（不含煤油）资源3294.8万吨、同比增长98.5万吨，其中汽油资源1849万吨、同比增长115.3万吨；柴油资源1445.8万吨、同比减少14.8万吨。

春节期间，中石油福建销售推出顺风车项目，鼓励爱心私家车主帮助家乡农民工同路返乡，目前接到车主申请296人，乘客申请126人，成功匹配87人，后续申请数还在迅速增加。中石化在广东龙山等14座沿线加油站为11000名"返乡摩骑"免费加油，并赠送太平意外保险，骑行雨衣、护膝、背心"安全三件套"以及易捷福袋（内有面包、水、八宝粥等食品）等爱心物资。中海油所属加油站提供交通安全咨询服务，提供热水、姜汤、热粥、方便面，以及取暖和摩托车检测、简易维修等服务。

中石油连续多年组织"中国石油·温暖回家路""情暖驿站·满爱回家"大型爱心公益活动，持续做大公益平台。春节期间，广东、广西壮族自治区、江西、贵州、湖南五省（区）247座中石化加油站变身"情暖驿站"，与广东共青团共同组织5000多名志愿者，为"返乡摩骑"提供便民暖心服务。据统计，中石化"情暖驿站"连续8年服务春运，已累计服务超过320万辆"返乡摩骑"和4200万春运返乡人员。

与粤运交通合作开通15条"爱心大巴线路"，从佛山、中山等地出发，开往广西梧州、贵港等17个地市，免费帮助老人、孩子、孕妇及经济困难的务工人员返乡；新增6条困难大学生"爱心送站"专线，从佛山、中山等地高等院校出发送往附近高铁站和火车站，解决了偏远校区困难大学生返乡难题。联合广西壮族自治区人民政府驻广州办事处，衔接好当地乡镇派车负责返乡"最后一公里"，确保每位老乡都能平安到家。

13 实用方法1
用好"段头撮要法",让人一目了然

公文不同于文学作品,公文的主题必须明白显露、十分鲜明。它需要与全文结构紧密融合,需要与材料相辅相成,需要与语言和谐一致,这就需要一定的主题呈现方法。

前面提到,主题的呈现就是各级标题。标题就是公文的观点。除了标题之外,每个层次段落的首句、起句也具有类标题性质,是标题的拓宽和延展,是文稿观点的体现,也是主题表述体系的一部分。

因此,公文每段内容第一句话的提炼很重要。它既是承上启下的过渡,也是全段内容的提要,能起到总体概括的作用。有了这样的"段旨句",一段文字要说什么事情、有什么结论就一目了然,文稿更精练。在起草文稿时,应有意识地琢磨每段的首句。这其实是一种非常重要的写作方法,我们把它叫作"段头撮要法"。

所谓"段头撮要",就是在公文的每个部分、每个层次、每个意义段的前面,用简明的语言概括出该部分、层次的主旨所在,以显示出一篇公文在总的观点、基本论点及中心思想统率下的具体观点和主张。通常做法是将一个小标题置于一部分文字的顶部,或者把一段话放在段落的开头,多数情况下还在前面标以序号。

"撮要",也可以叫"倒悬",它最大的好处是能让受众快速抓住要领,把握行文的缘由、目的、意义,唤起注意,有利于增强公文主

旨的表达效果。这一方法的起源，可以追溯到毛泽东同志1951年提议并亲笔修改后经中共中央下发的《中共中央关于纠正电报、报告、指示、决定等文字缺点的指示》，其中强调：

一切较长的文电，均应开门见山，首先提出要点，即于开端处，先用极简要文句说明全文的目的或结论（现代新闻学上称为"导语"，亦即中国古人所谓"立片言以居要，乃一篇之警策"），唤起阅者注意，使阅者脑子里先得一个总概念，不得不继续看下去。然后，再作必要的解释。长的文电分为几段时，每段亦应采用此法。

可以说，"段头撮要"是毛泽东同志从理论、实践方面一再倡导的一种写作技巧。他自己更是在这方面做出了榜样。起句立意、开门见山的技法，在他所起草的公文文件中，可以说比比皆是。比如，《中国社会各阶级的分析》第一句话就是："谁是我们的敌人？谁是我们的朋友？这个问题是革命的首要问题。"《集中优势兵力，各个歼灭敌人》第一段落的第一句话是："集中优势兵力、各个歼灭敌人的作战方法，不但必须应用于战役的部署方面，而且必须应用于战术的部署方面。"即使是在只有500多字的短文《关于健全党委制》中，他也巧妙地运用了这种谋篇方法，开头起句立意："党委制是保证集体领导、防止个人包办的党的重要制度。"鲜明地指出了全文的基本观点与中心思想。在《党委会的工作方法》一文中，他讲了12个问题，每个问题的开头都有"段旨"：一、党委书记要善于当"班长"。二、要把问题摆到桌面上来。三、"互通情报"。……这样不仅在结构上使全文"眉清目秀"，也使全文的观点更加鲜明突出。

"段头撮要"其实就是公文中的观点。公文的观点表达要鲜明、直接，不要温暾、含糊，这是由公文的实用性特征决定的，也是公文与文学作品等体裁形式的不同之处。

观点不是凭空产生的，而是作者知识积累、思维能力、创新能力等方面的综合体现。这些内在的思想，要变成文稿中的观点，需要经过一个转化的过程。衡量一个人的文字水平和能力，很重要的一点是看转化的水平和能力。

转化就是将搜集获取的素材、学习掌握的知识、各种思想火花与智慧等，经过自我的消化吸收，经由类似发酵的"化学反应"，变成可在具体语境下使用的内容这一过程。通过转化，将零散的变成系统的，将无序的变成有机组合的，将浅层次的变成有深度的。所以，这是一种复杂的创造性劳动。

转化的第一种途径，是书本知识的转化。读书是积累知识、提升智慧的源头活水。知识的积累包括理论知识、专业知识和各种社会知识。要学思结合，联系实际，真正把书读进去，化为自己的知识。如果不能有效转化，学到的知识就是死知识。比如，对于公文写作者来说，哲学是特别需要掌握的一门学科，是思想力的根本。当要分析一些现象时，要善于运用透过现象看本质的哲学思维，运用矛盾分析等马克思主义哲学的辩证法和认识论，以及使用发展的观点、联系的观点和历史的观点。当要阐述和界定一些新概念时，可以从哲学认识论的角度进行论述。

转化的第二种途径，是上级精神的转化。常言道："领会上头，摸清下头，两头一碰，才有写头。"写作公文要保持和上级精神相一致，观点创新也要在充分吃透上级精神的基础上进行。有时候，写的稿子起点和站位不高，思想层次上不去，很大程度上就是体现上级精神不够。在转化上级精神时，要准确把握和深刻理解精神实质，但这绝不是照搬照抄，如果"上下一般粗"，那就起不到对工作的有效指导作用。所以，要尽可能从上级精神中领悟出本单位的工作思路、发展方向，将上级精神转化为本地区、本单位的具体方针和工作指导。

转化的第三种途径，是领导意图的转化。我们说，给领导准备讲话稿，需要我们在写作之前，摸清、摸准领导的意图，把领导对问题的基本看法、零散认识集中起来，形成系统完善的思路。但是，领会意图并不是完全被动地、一味地依赖领导，而是要积极发挥主观能动性，在捕捉领导思想闪光点的基础上，努力深化挖掘和延展下去，做好充实、完善、深化、创新的工作，这才是转化的关键和真谛。所以，要有敏锐的思想触角，更要有较强的判断力和感知力。

他人智慧的转化也是转化的重要渠道。公文写作过程中要善于吸收他人的观点，择其善者而用之，这样有助于借助"外脑"，提高质量。讨论交流的过程，就是学习的过程和认识不断深化的过程。很多好的观点，往往来自他人的启发和集体智慧的碰撞。

还有很重要的一点，就是实践感悟的转化。公文写作一定要紧密结合实践进行思考。如果不关注现实问题，不与实践相结合，文笔再好，理论水平再高，也无法把稿子写好。比如，你要写创新的文稿，观点再新颖，如果不能反映我们自己的实际，不能在实际工作中有效落地，也是无花之木。

转化，基础在转，关键在化。也就是说，一定是有消化加工和重新改造的成分在其中，而不是简单复制和原样照搬。这样转化的能力，才会真正成为你的秘密武器，成为新观点层出不穷的源泉。

公文的观点常常体现在各级标题上。除了大标题常常是文章的核心主题之外，正文中各个部分的标题，通常有三种基本写法。

一是用"要"字统领各标题。比如：（一）要深刻认识创新驱动发展战略；（二）要正确把握创新驱动发展战略；（三）要全面贯彻创新驱动发展战略。这种写法的优点是，标题所显示的观点简洁明了，语句短促有力，各部分之间的衔接也很紧密，整个文章显得很紧凑。

但这种写法更适用于篇幅相对短小紧凑的公文，在论述各部分中的观点时也不宜太展开，而要用高度概括性的语言进行简明扼要的阐述，体现这种简短有力的文风优点。

如果文章篇幅不长，可以不用序号隔开，而是用"是"统领几个标题。比如，在企业管理现代化优秀成果交流会上的讲话的几个标题：

一是提高思想认识，高度重视管理创新工作；二是认真总结管理经验，形成一批优秀管理成果；三是加强成果宣传推广与应用，营造良好氛围；四是构建管理创新的长效机制，全面提升管理水平。

二是用不带观点的陈述式短语做标题。比如：（一）关于2015年工作；（二）当前形势分析；（三）2016年工作部署。或者：（一）科技创新工作进展；（二）存在的突出问题；（三）下阶段工作思路和安排。

三是用带观点的祈使句作为各部分的标题。比如，党建工作座谈会报告的标题：（一）加强思想建设，凝聚共同理想信念；（二）加强组织建设，发挥党组织政治核心作用；（三）加强作风建设，始终保持优良传统；（四）加强反腐倡廉建设，营造风清气正的发展环境；（五）加强制度建设，提升企业治理规范化水平；（六）加强党务工作者队伍建设，不断创新工作方式方法。这种写法是最常见的，便于在各部分中装进较多的内容，充分展开来讲。

以上几种都是带有序号的写法，还有一种不带序号的写法，即标题置于文中，以变换字体和空格提行加以体现。比如，讲话一开始就申明全文要讲"三个问题",接下来第一个问题讲发展,第二个问题讲改革,第三个问题讲队伍,依次讲述。这种写法使整个文章显得浑然一体,层次划分不露痕迹,适用于内容相对简单、篇幅较短小的文章。

正文中的二级、三级标题,是为各部分大标题服务的,或是解释说明,或是进一步论证,构成一种总说与分说、总论点与分论点的关系。纵观各类公文,以下四种方式比较常见。

一是用一个"字"或"词"统领各标题。比如用"抓实":(一)抓实干部队伍建设;(二)抓实基层组织建设;(三)抓实党风廉政建设。又如,"突出××××"(布置工作),"在××上下功夫"(提出措施),"始终坚持××××"(总结经验),"新进展、新步伐、新突破、新亮点……"(总结成绩),这种写法易于掌握,也便于理解和记忆,但不可多用、滥用。

二是提炼小观点作为小标题。这种方法使用得好往往令人耳目一新,印象深刻。比如,在谈产业发展问题时,用"上游主业地位更加凸显""中下游产业布局基本完成""专业服务发展能力不断提升""产贸融协同效应初步显现"这样四个句子做小标题。

又如,在谈党的建设时,用"作风建设取得明显成效""反腐倡廉工作深入推进""党建工作创新积极推进""干部队伍建设成绩显著"四个小观点作为小标题。

三是用一个词或词组概括段落大意,再用内涵界定或扩充的方法做小标题。如"总体思路""发展目标""基本原则"等。这个要适合特定内容才用。

四是用于上下文自然承接而又能准确概括该段大意的句子做标题。比如,在"三严三实"党课材料中,谈到落实"三严三实"的实践要求时,用了四个标题:正心修身,锤炼"三严三实"的政治品格;

正风肃纪，落实"三严三实"的作风要求；正道善为，遵循"三严三实"的行为标尺；正己化人，恪守"三严三实"的做人准则。看似漫不经心，实则刻意为之，比较巧妙，但不易掌握。

上面总结的是一些常见的标题处理方法，在实践中要灵活运用。比如即席讲话，要多用观点性标题，且语句要简短，以便听者理解和记忆。制作标题的方法也要穿插使用，以免雷同，形式呆板。

要注意的是，有些标题四言八句对仗很工整，但由于过于追求对仗，往往与内容不太相符，辞不达意，这也是写文章的一个大忌。

14 实用方法2
用思维导图制作提纲，磨刀不误砍柴工

前面提到，确定结构是写作公文的重要方略，而结构的设计要通过列提纲进行细化并固定下来，以便写作时有所遵循。制作一份准确、完整、严密的写作提纲，就等于成功了一半。所以，大凡有经验的公文写作者，都不惜花时间和精力去琢磨提纲。

提纲的重要性主要体现在，它初步确定文稿的内容，为整个文稿的面貌和走向划定了"轨道"，能起到提纲挈领、纲举目张的作用；它是思考逻辑与文本逻辑的结合，因而是起草者运思过程的呈现；它是文稿的"初级产品"或者"胚胎"，可以作为交流和汇报的载体。

公文的提纲拟制方式一般有两种。一是列出书面提纲。提纲的详略应根据文稿内容需要和起草者行文习惯而定。重要的公文提纲应尽可能列得细一些，甚至可以细到每段几个层次，每个层次包含的要点以及精彩的表述等，然后稍加扩充、润色、归整，就可以成为一篇像样的文稿。二是在心里列提纲，也就是打腹稿。虽没布局成文，但脑子里勾画了轮廓，短一些、急一些的公文多采取这种办法。无论是列出书面提纲还是打腹稿，都要始终围绕主题进行，一级提纲扣紧主题，二级提纲扣紧一级提纲，做到环环相扣、首尾相顾、不板不乱、浑然一体。

对于公文写作者来说，提纲是破题的一个重要手段，构思和拟定

提纲也是进入写作状态的一个过渡阶段。对于要写的题目，经过认真调查研究、深入思考，广泛搜集素材、了解情况，对要写的题材有初步的认识，对主题、结构、内容有一些大致的想法，这就是一个提纲的雏形。把这些想法转化为一篇公文的内容框架，就形成了一份提纲。提纲一旦形成，就在写作者的头脑中形成了一篇文章的整体概念，能够做到心中有数、胸有成竹。

具体到工作中，如果要向领导汇报，或者需要与人合作，抑或是需要把任务安排下去，一般要列比较细致的提纲，要列到二级标题，甚至三级标题，还要标上内容要点。如果有成形的意思和成熟的段落，也应当直接放入提纲。有时还会把一些思维闪光点、关键词、资料的线索、写作的角度以及需要特别注意和标注的内容在提纲中加以体现，以便与沟通对象进行有效的对话，能一目了然，甚至在无法当面交流时，通过书面提纲就能达到同样的交流效果。这样的提纲一般比较完善，从某种程度上来说，甚至已经是"半成品"。在此基础上，加以修改和完善就能成文。

如果是个人独立承担一个稿件，完全在自己掌控的情况下，为了提高效率，一般也可以不列非常细致、具体的提纲，而是在构思腹稿的基础上，直接在文档上把腹稿内容转化为简易的提纲。可能只有一级标题，只是一个大致的思路，文字表述也不完整，但同时会把一些重要的内容要点以关键词或者备忘的形式，列示在提纲的相应位置，起到思维提示的作用。这其实是一种"半提纲"的形式，文稿一旦完成，提纲也就被完全覆盖了。

有了这样一份提纲，就不难写出好的稿件。但要注意的是，提纲是过程性的，同时是开放性的，不能画地为牢。有了提纲之后，还要听取各方面的意见，形成有效的互动。要进一步思考和深化认识，对提纲中模糊存疑的地方加以验证，增加确定性，对有偏差之处进行校正。在此基础上调整和完善提纲，组织材料进行写作。这是一个持续思考和研究的过程。既要重视提纲，又不能完全依赖提纲，需要辩证地看待。

在制订提纲的过程中，如何明晰思路、高效思考，将思想火花及时、有效地做记录和整理，直观地加以呈现，还可以用一些思维辅助工具，如思维导图、金字塔原理、系统循环图等，帮助提高思考问题的效率。下面重点介绍一下思维导图这种工具。

思维导图是英国人东尼·博赞（Tony Buzan）发明的一种利用图像辅助思考的工具。使用的基本方法就是用一个中央关键词或想法，以辐射发散的形式，引起其他相关的形象和想法，并将之进行系统整理，形成完整的思维体系。思维导图很简单，却极其有效，它充分运用左右脑的机能，利用思维的规律，协助人们在科学与艺术、逻辑与想象之间平衡发展，从而开发人的思维潜力，提高思维能力。

目前，思维导图已经被广泛应用于记忆、学习、思考等多个领域。在起草文稿时，学会使用思维导图工具，对于具体的领悟、构思、布局等步骤会产生非常实用、有效的帮助。东尼·博赞是使用思维导图进行写作的提倡者。他说："思维导图使我能够分清主次，更快而且更清楚地看出一些主要思想如何彼此关联。它给了我一个中间平台，使我在思维过程与实际写作之间平稳过渡。它使我有了把思想组织起来并加以深化提炼的能力，而不再重复耗时费力的起草过程。由于把思维和写作分开来了，我可以更清楚地想问题，思路也广泛多了。开始写作时，我已有了一个清楚的结构布局，这使写作更容易、更快，也更愉快。"

在公文写作中，运用思维导图进行提取、延展、归类、整理，进而设计、布局，既是一个发散思维的过程，也是一个布局谋篇的过程。用思维导图把思考和讨论时形成的想法直观地呈现出来，就会对写作思路、结构和内容分布一目了然。画思维导图的过程，既是对前期构思的固定，也是一个继续发散思维的过程。把散乱的思路加以系统化、条理化的整理，就是一个布局谋篇的过程。一张思维导图做下来，文章的结构也就差不多形成了。

从写作的角度来说，思维导图把起草者构思的过程直观地呈现出来，使思维逻辑与文本逻辑相结合，构思与布局融为一体；从思维学的角度来说，它不仅运用了传统的垂直思维（符合常见逻辑的思维方法），也充分运用了水平思维（打乱一般的思维顺序），通过非常规的、跳跃式的思维去寻求解决问题的办法，从而拓展了思维的广度、深度和角度。所以在起草公文时，先把思路用思维导图的形式呈现出来，然后再转化成提纲，是一个行之有效的好方法。

下面的例文在构思时就运用了思维导图法。

在《智能工厂专项规划》发布会上的讲话

今天，我们发布《智能工厂专项规划》，是推动主体业务数字化转型的顶层设计，是支撑公司高质量发展的基础保障，也标志着推进智能工厂建设吹响了号角。针对推动规划落地实施，提高规划执行效果，我提五方面的要求。

一是要统一思想，提高认识，深刻理解编制和实施《智能工厂专项规划》对于公司发展的重大意义。智能工厂建设及数字化转型工作不仅仅是信息化部门的建设工作，更是公司层面整体业务转型、提升管理效能、推动提质增效的一项系统性工作，有助于利用信息化手段强化管理、节约成本、提高效率，立足业务数据收集分析辅助科学决策，通过信息数据共享增强工作协同，利用数据推动职能驱动逐步向任务驱动和流程驱动转变，还能用信息化技术替代一部分简单重复劳动，释放劳动力价值，促进员工成长。这需要大家从更高的高度和层面来认识数字化转型的意义，遵循整体规划，立足各自工作，树立"一盘棋"思维，统筹设计信息化解决方案，系统协调推动数字化转型。

二是加强组织领导，强化落实责任，大力推进《智能工厂专项规划》的落地实施。要准确理解、牢牢把握规划的精神实质和目标要求，不断提高规划执行力和水平。规划是整体蓝图设计，需要具体项目支撑，项目从立项到组织实施，再到运用，都要遵循规划的思路和要求，避免各自为政，产生新的信息孤岛。同时，随着业务的发展，要深入业务实际，立足实际需求，对标先进一流。根据行业和技术发展趋势，不断优化、动态调整规划，使规划能够始终引领业务数字化转型进程。

三是加强宣贯学习，营造浓厚氛围，树立全员建立数字化思维。首先是加强规划本身的学习宣贯，形成学习规划、推进规划、实施规划的氛围，让其深入人心，这也是规划能够有效落地的重要保障。其次要加强智能化、数字化方面的课程培训、知识分享、学习讨论，提升员工知识技能，拓展他们的视野格局，提升其数字化思维。还有很重要的是要在工作实践和业务实际中提升对数字化的了解和感知，把数字化思维运用到生产经营管理实践当中，从具体场景和工作实践中挖掘数字化需求，找到业务痛点，明确实施路径，把信息化作为我们管理工具箱中的一项重要工具。需要的时候要想起来用，知道怎么用。理想状态是每个员工既懂业务，又懂数字化，那我们的数字化转型就能很顺利地实施。

四是强化协同，理顺管理，增强实施智能工厂规划的合力。根据

"业务驱动、IT 引领"的原则,信息化部门要发挥智能工厂、数字化转型工作"牛鼻子"的作用,强化顶层设计,加强归口统筹,优化资源配置。各业务部门和所属单位要立足实际、明确需求,自己最清楚自己缺的是什么、最需要做的是什么,在提供真实需要的基础上做好落实、配合等工作,协同推进各项工作的开展。要进一步优化项目管理,明确各个层级以及职业部门、专业部门、需求单位等不同主体在信息化建设中的界面和责权利,优化决策流程和管理流程,提升整体管理效能和协同水平。

五是完善工作机制,注重规划落实,持续优化规划闭环管理体系。构建规划、计划、投资预算、项目以及年度重点工作联动的工作机制,提供工作的系统性、一致性和整体性。要把握好三个"高":高站位推进规划实施,立足支撑业务高质量发展、提质增效、智能管控等建设目标,引领未来信息化建设,至少要管 5 年;高起点推进数字化转型,规划要从理念、模式、框架、路径、技术应用等方面,为数字化提供底层支持和方法论指引;高质量推进项目建设,每个项目都要解决痛点需求,带给用户获得感,产生实际成效,高效合规,打造精品项目。

第三部分 高阶：驾驭公文

这一部分是高阶课，驾驭公文。
讲述公文写作中一些更深层次的问题，
既是对前面所讲内容的巩固，
也是在前两个阶段基础上的提升。

15 文为事作
多研究事，勿当研究字的"文字匠"

在前面关于内容的章节中，我讲过公文写作要多研究事、少研究字。这既是公文写作的正确理念，也是有效方法，还是作风和态度的要求，更是对公文写作规律的揭示。不光对于初学者来说是这样，对于非常成熟的写作者，这个问题也非常重要，因为成熟的写作者更需要思想和"内力"的支撑，而这些都来自对客观事物的研究。这就是古人说的"格物致知"，成熟的写作者由于技巧娴熟，容易偏重于依赖技巧，认为靠"套路"就能完成任务，而忽略了公文应该"及物"的特性，仅在文字上下功夫，不知不觉中就变成了"文字匠"。所以，不管是新手还是老手，都应该牢记："不管走了多远，都不要忘记为什么出发。"

公文写作远不是"会写字"这么简单，它是对现实世界、实际工作、客观事物的如实反映。如果不从实际出发，不反映客观事物的真实情况，不提出有价值的务实、管用的主张和措施，脱离了对实际情况的观察、了解和研究，只在寻章摘句、刻意雕琢上下功夫，就本末倒置了。哪怕写得花团锦簇，也不过是可悲的"文字匠"。

所谓"好文章的分量"，根本上是它所表达的思想和道理。思想从哪里来？古人讲，要读万卷书，行万里路；毛主席讲，从实践中来，到实践中去。就是要求我们多听、多看、多学习，认真思考，精心研究。运思和写作是一个主观思维过程,公文写作要做的就是填补主观与客观的缝隙,拉近客观事物与符号编码之间的鸿沟。

从某种意义上说,在公文写作中,"写"只是最后一个程序;从"研究事"的角度来说,在写之前还有几个前序性的工作。

15.1 研究清楚了再写

我在前面说过,写作公文要树立"领导者"意识和"接受者"意识。这里我们要说,还要牢固树立"研究者"意识。从某种意义上说,公文写作者比研究人员更需要搞研究,因为这是正确决策的需要,如果对问题没有深入研究而草率决策,造成的破坏性后果比研究人员造成的要严重得多。在起草公文前,写作者一定要对有关问题进行深入研究。

研究哪些事呢?主要是上情、下情,外情、内情。如果只是起草通知、函、会议纪要,研究单项的、具体的问题就够了;如果起草大型的报告、领导讲话和综合性工作汇报,则要对全盘工作做深入、细致、全面的研究。

比如一份综合的汇报材料,研究的内容包括以下几点。一是研究本单位、本部门的职能、职权、职责,将应该做什么工作、可以做哪些工作研究透。二是研究本单位的历史,至少是最近五年的历史,深入了解已经做了哪些工作,有什么问题和不足,有什么需要改进的地方,有什么固定的工作模式和行之有效的工作,还要了解哪些是经常性、常规性、持续性工作,哪些是临时性、紧急性工作。这些可借助《年鉴》、本单位、本部门的各种资料汇编以及机关历年的内部刊物获得。三是要研究本单位、本部门的工作规划、工作安排、工作要点。

四是要研究本单位、本部门的运作机制，掌握本单位是怎么开展工作的，如本单位的内部机构、二级单位、指导单位的运作情况，以及单位的工作制度，如办公会议、党组会议、常委会、全会、代表大会召开的频率和主要议程，以便提前搜集相关资料和素材。五是要研究上级机关对本单位工作的要求、指示、批示，弄清楚上级机关希望本单位、本部门怎么开展工作。这可以借助于上级单位下发的文件以及主办的网站和刊物了解，也可以通过上级单位领导人的讲话了解。六是要研究外地兄弟单位、兄弟部门的工作情况，看看别人是怎么做的，了解外地工作进展的情况，看看外地工作是否有所创新，是否有可以借鉴的先进经验。进行这些研究之后，撰写公文就有了基础，写起来就会驾轻就熟，且立意会比较高。

研究工作比研究材料更重要，研究事比研究字更重要。研究事，可以叫研究者；研究字，就变成了文字匠。文章是为工作服务的，工作就是为了解决问题。对问题思考的高度和深度，决定了公文的高度和深度；对工作的关注度、融入度，决定了公文的适用度和瞄准度。公文必须围绕着工作，围绕着问题，特别是中心工作、主要问题、重大问题进行构思和写作。只有这样，写出的公文才能切合实际，解决问题。我们前面提到的邓小平关于根据地军事斗争的经验总结，毛泽东关于"除四害，讲卫生"的通知，给胡乔木同志写的信，都体现了对工作认真研究再下笔的特点和要求。

15.2 问到点子再写

公文写作要坚持问题导向，善于提问。我们常说的问题意识，就是一种提问题的能力，是一种主动思考的思想准备。树立问题意识，就是要善于发现问题、提出问题、直面问题、研究问题、回答问题，积极推动问题的解决。

爱因斯坦说，"提出一个问题往往比解决一个问题更重要"，因为解决一个问题也许仅仅是一个数学或试验上的技能，而提出新问题，从新角度看旧问题，却需要创造性思维。心理学研究表明，意识到问题的存在是思维的起点，没有问题的思维是肤浅的思维、被动的思维。问题意识在思维过程中占有非常重要的地位，是培养思想力和创新精神的切入点。一个有问题意识的作者，在公文酝酿过程中，会产生解决问题的需求和强烈的内驱动力，驱使个体积极思考，不断提出问题和解决问题。

问题意识决定公文的研究方向和研究深度，是对写作者思想力和理论功底的真正考验。没有问题意识，就难以找到材料表达的突破口。即使抓对了问题，也可能浅尝辄止。严格说来，起草每一份文稿，都应该或者能够提出一个重大而现实的问题，或者回答一个问题。可以说，公文写作者没有问题意识，本身就是大问题。

问题意识的树立，离不开学术意识和怀疑精神。学术意识，就是把写作的议题当作学术课题加以研究，始终保持一种旺盛的求知欲，运用学术研究的基本方法，促使自己不断地从问题出发寻求答案，为了解决问题而欲罢不能，而不是为了写而写。怀疑精神是一种创造性思维。古人说："学贵知疑，小疑则小进，大疑则大进。"这里的"疑"，就是在提倡怀疑精神。怀疑精神是问题意识的前提，只有不人云亦云，敢于独立思考，不盲从，才能见人所未见，才能提出有价值的问题。

写作每篇公文，都要多问几个"为什么"，多问几个"行不行"，多问几个"怎么做"，透过现象看本质，把深层次问题提出来。要学会围绕问题写作公文，这里介绍一个基本方法，其步骤是：提出一个新问题（证明在思考，有的放矢）；有一个自己悟到的新思想（可以看出对这个问题的独到理解）；有几个自己精心挑选的事例（证明经过了调查研究，能够从理论与实践的结合上说明新问题）；有几个合适的比喻、典故或数据（说明已吃透了这个问题，能够深入浅出）；有与文件不同的表述或阐释新问题的语言（说明不是在抄文件、抄社论、抄讲话）。这个操作方法比较笨拙，但比较有效。经常操练，长此以往，久久为功，抓问题的本事和写作的本事也就水到渠成了。

在一篇具体的公文中，有针对性的问题才是好问题。针对性就是说，紧扣文稿主题，紧扣工作实际，紧扣任务目标，紧扣受众心理。客观存在的、具有典型性的、具备分析价值和解决可能性的问题才是好问题，这是公文写作把握问题的标准，也是公文实用性的要求。问题不是简单直观地摆在事物表面，它需要深入思考、需要精心调查、需要潜心研究才能被觉察、被发现，任何时候都需要有一个敏于思考的头脑和一双善于发现问题的眼睛。

15.3 调查研究到位了再写

调查研究是科学决策的前提条件。毛泽东同志在《反对本本主义》中说："没有调查，就没有发言权。"[1]他认为，"认清中国的国情，乃是认清一切革命问题的基本的根据"。[2]调查研究也是公文写作必不可少的环节，既是一种实践的方式，也是一种交流的方式，更是一种思考的方式。因此，开展认真、客观、细致的调查研究，以获取真实、丰富的一手资料，是写好公文的前提。

---

1 毛泽东：《毛泽东选集》（第一卷），人民出版社1996年版。
2 毛泽东：《毛泽东选集》（第二卷），人民出版社1996年版。

调查研究的实质是深入全面认识事物的方法和过程。对写作公文来说，不搞调研，不明情况，脑子里就没东西，"巧妇难为无米之炊"。网络时代，人们获取信息的渠道越来越多，写作似乎变得越来越简单，了解情况由过去的"面对面"变成了现在的"键对键"，一些公文的产生不是在调查研究基础上用心写出来的，而是从网上下载的。用这种方式"生产"的公文，实际上是用一堆"正确的废话"装饰起来的语言垃圾，其症结在于没有体现写作者思想在内的劳动价值，因而是没有生命的。

调查研究，包括调查与研究两个环节。前者是感性认识，后者是理性认识。调查研究实质就是用感性认识反复刺激理性思维，从而产生思想"火花"的过程。坚持调查研究、提升调查研究能力，是公文写作的必由之路，是起草者获得正确认识的源泉，也是检验和深化思想认识的根本。一个人不论阅历怎么丰富，不论互联网思维能力如何强大，都不能代替亲力亲为的调查研究。因为直接与基层接触，面对面地了解情况和商讨问题，获得的认识和感受与间接听汇报、看材料、从网上获取信息是截然不同的。通过深入实际调查研究，把大量零碎的材料经过去粗取精、去伪存真、由此及彼、由表及里的思考、分析、综合，加以系统化、条理化，透过纷繁复杂的现象抓住事物的本质，找出它的内在规律，由感性认识上升为理性认识，写出来的公文的质量和水平才会有保障。

调查研究的方法有很多，如专题式蹲点调研、解剖"麻雀"、实地考察式调研、座谈式调研等，都是一些常见的传统调研方式。要做好调研工作，需要掌握一些社会调研和研究的方法，比如统计、调查、访谈、数据分析、行业研究等方法。此外，也要积极适应新形势新情况，特别是当今社会信息网络化的趋势，学习了解"互联网+"模式、大数据思维的特点，不断创新调研方式，逐步把现代信息技术引入调查研究领域，努力学习掌握运用现代科学技术的调研方法，创新开展问卷调查、统计调查、抽样调查、网络调查、视频对话调查等调研手段，进一步丰富调研渠道，提高调研的效率和科学性水平。

开展高质量的调查研究工作，至少应该做到以下几点：调研前精心准备调研提纲；提前利用各种方式了解调研单位及调研问题的情况；调研中先看现场，后开座谈会；认真准备座谈会发言，重点阐明调研目的和要求，让被调研单位和人员清楚地获悉；调研中注意引导气氛，善于提问，获得想要的信息，不轻易发表个人意见；注意领会调研组领导的意思，必要时提出合理化建议；调研后认真总结经验。

调查研究要把握几个方面。一是善于动脑。调查研究是艰苦的脑力劳动，是开放性、探索性、创新性的思维活动，既要有突破固有成见的勇气，也要善于开动脑筋，讲究方法，进行科学思维。二是敢于动口，就是敢于提问，敢于一针见血地把问题挑明，敢于讲出自己的不同看法与对方讨论。要解放思想，消除顾虑，学习"打破砂锅问到底"的精神。三是勤于动手。勤于搜集资料信息，勤于记录各种意见，勤于思考、提炼、分析和归纳。

15.4 想好了再写

公文要体现思想性，公文写作的高下最终也是思想的体现，是写作主体思维能力的反映，具体体现为思维的准确性和思维的效率，它决定了最终的文稿是否具有思想性、构思是否独到、角度是否新颖、成文是否顺利。要想持续地写出高质量的公文，就要运用正确的思维路径和规律，形成有益的思维方法。这样写作时能快速启动思维程序，提高思考的效率和效果。所以，公文写作拼到最后拼的就是思维。

按现代科学理论来说，认知世界有且只有两种思维形态：一种是结构化思维，就是逻辑思维，一般具有语言、概念、数字、分析、逻辑推理等功能；另一种是感官化思维，也就是形象思维，具有音乐、绘画、想象、情感等功能。从文稿写作的特点来看，运用更多的、更重要的是结构化思维。

简单来讲，结构化思维就是面对问题的时候通过某种体系框架，将它拆解成一个个操作性定义和可分析的内容要素，通过加工和还原，从中得出整体结论的过程。运用结构化思维，能得到对事物相对完整、系统和深入的认识。相反，有些人的思维方式是线性的，或者是散点式的。运用这样的思维方式来思考事物，得到的结论往往是不缜密、不完整的。

具体来说，在公文写作中，结构化思维主要体现为辩证思维、战略思维、全局思维、底线思维、系统思维、创新思维等。作用至少包括三个方面。首先是系统性，就是观察事物全面，分析问题周延，得出结论中肯，能够反映事情的全貌，没有重大缺失和遗漏，不是以偏概全，也不是挂一漏万。其次是逻辑性，文稿是客观世界存在事物的反映，而客观事物是有内在逻辑和规律可循的，运用结构化思维，能较好地把握事物之间的逻辑关系，从而在思维和表述上都能做到逻辑清晰。最后是创造性，即透过现象抓住事物本质，话不在多，但切中要害，提出新颖独到的见解，给人以深刻启迪、震动和警醒；论述问题能往深处开掘，抽丝剥茧，逐步递进，不满足于抓次要的，还能抓主要的，不满足于看到事物外在特征，还要挖掘内在联系，不满足于眼前情况，还要预测发展趋势；把具体的事物概括化，把零乱的观点系统化，从个别问题中引出一般性规律，用雄辩的逻辑力量增强思想性；等等。

运用结构化思维，认真思考写作的对象和内容，才能把问题思考清楚，而思考清楚是写明白的前提。所以在公文写作中，"思考"的功夫下了还是没下，下到了还是没下到，效果大不一样。公文写作的关键不是技巧和文字水平，而是基于缜密思考之上的对事实、对资料的价值判断。一个命题，最不缺的就是各种各样的资料，最应该做的就是从这些海量的看似再寻常不过的字句、观点中，把最有价值、最有内在张力的部分敏锐地提炼出来，再用正确的思维对其改造和拓展，提升其思想深度。

一般来说，长周期的稿子，时间相对充裕，有条件在思考谋划上多下些功夫，但还是要强化"想好了再写"的意识。不要因为时间够用，就一遍一遍地写、一遍一遍地改，这样很容易陷入低层次重复的怪圈。而对短周期的稿子，或许没有那么多时间调研，但头脑风暴的活儿不能少，大家可以一起讨论，或者安排座谈调研，请一些专家学者一起讨论。

还有一种极端的情况，需要一晚上甚至几小时就拿出稿子。这时候也不能慌张，甚至更需要坚持"想好了再写"。时间越紧，越要思考明白、拿得准，因为没有调整修改的时间。有时遇到这类急用的稿子，倒逼着自己去思考，大脑快速运转，往往还能急中生智，冒出些火花。当然，思考的功夫最好下在前面。如果再往前延伸，就是功夫下在平时。没有平时看似不经意的积累，等到急用的时候"临时抱佛脚"，就会捉襟见肘。

具体来说，要提高公文的思想力，得出有深度的思想观点和有价值的判断，要做到以下几点。

一是基于事实归纳进行分析。不能从迎合时髦的概念、精心过滤后的汇报、道听途说的信息出发，去分析实际存在的问题，而应从未经别人加工的原始材料着手进行剖析，从大量鲜活生动的现实事例入手搞好提纯，努力把掌握的情况归纳清楚、总结到位，使之成为经过理性分析和研究的有用素材。

二是经过独立思考做出判断。要通过自身深思熟虑，做出抓住事务本质、符合实际的正确判断，防止拾人牙慧，避免人云亦云；要通过检视所有素材，做出抓住主要矛盾的主要方面的客观判断，分清主次，防止先入为主，避免以偏概全；要通过自己审慎分析、严谨思考，做出抓住特征、把握特点的清晰判断，防止盲从草率，避免简单武断；要从艰苦扎实的理性分析中，得出经得起各方追问的判断。

三是排除干扰深究确证结论。敢于排除权威之定见干扰，勇于提出合理建议，拒绝强加观点；敢于排除源自经验之成见干扰，勇于挑战陈规陋习，拒绝固守既往定论；敢于排除缘于喜好之偏见干扰，勇于摒弃私利纠缠，拒绝拘泥本位发声，力求结论中包含更多的理性认知。

15.5 运思四法

在运用结构化思维进行公文的构思时，有四种主要的思维方法。

一是辩证思维。从某种程度上来说，可以把公文看成政论文，在思维方式上以辩证思维为主，在内容形式上以说理为主。说理是什么？是概念，是逻辑，是辩证思维的思想结晶。但是干巴巴地说理是不行的，要善于"理从事出，片言为典"，从具体的事出发总结出道理，并且浓缩提炼。辩证思维最基本的特点是将对象作为一个整体，从其内在矛盾的运动、变化及各个方面的相互联系中进行考察，以便从本质上系统地、完整地认识对象。一旦理论从实践中破壳而出，就有了独立的指导意义。

比如，在一个中青年干部培训班的开班讲话中，讲话人在阐述"如何把好干部用起来"这个问题时，从四个方面进行了论述：坚持既注重群众拥护又不以票取人，坚持既注重干部的成长经历又不论资排辈，坚持既注重干部的"显绩"又不忽视其"潜绩"，坚持既注重干部的集中考评又不放松平时的监管。这四层意思，既符合中央的精神，又切合实际情况，考虑到事物的两个方面而不执于一端，政策导向非常鲜明又顾及了实践操作的可行性，体现了一分为二的辩证思维。

二是战略思维。战略是军事用语，原意是筹划和指导战争全局的方略。战略思维是指思维主体对事物的全局性思维，是系统、创造性地思考、规划全局性问题时的思维活动过程。公文文稿起草中的"略"，是谋篇布局的方略，是系统的思维过程，是文稿内部的组织形态。

战略思维的高低，取决于几种能力：观察能力，即有意识地对现象进行感知的一种思维能力；判断能力，即对事物性质有所肯定或者否定的一种辨别能力；预见能力，即根据客观规律判断事物未来发展变化的一种能力；创新能力，即在观察、想象、判断和预见的基础上，发现新问题，提出新见解，正确应对事物新发展、新变化的一种能力。其中，预见是战略思维的灵魂，没有预见，就没有战略思维。培养预见能力，就要善于从观察了解事物运动的延续性、广延性、因果关系、相似关系等方面加强战略思维训练。

比如某企业的报告中提出，把天然气产业发展放在战略高度来加以谋划，着重从资源、市场、技术、人才四个战略支点加以推动，这就体现了战略思维的运用。

三是全局思维。所谓"全局"，是指事物各个要素相互联系、相互作用的发展过程。从空间上说具有广延性，是指关于整体的问题；从时间上说具有延续性，是指关于未来的问题。全局思维就是审时度势，时势并举。"时"，就是要着眼形势，看清形势，牢牢把握住时代的脉搏。"势"，是一种"因势而谋、应势而动、顺势而为"的思维方式。时与势，互为依托，互相交融。

具体来说，全局思维就是从实际出发，正确处理全局与局部、内部与外部、未来与现实的关系，为实现全局性、长远性、战略性目标而进行思考。清末民初经史学家陈澹然有一句名言："不谋万世者，不足谋一时；不谋全局者，不足谋一域。"其中"谋万世""谋全局"强调的正是全局思维的重要性。在起草公文文稿时，也应主动从全局和长远的高度进行构思。

比如，某公司2015年领导干部会议讲话稿的构思上就体现了全局思维，通过认真学习中央精神，牢固树立"在经济领域为党工作"的理念，强化政治意识、责任意识、大局意识，认清全面从严治党的新形势，提出要积极承担党和国家赋予公司的新使命。具体来说包括：勇于承担在经济领域为党工作的新使命，坚决落实"四个全面"的战略部署，成为讲政治守规矩、按市场规律办事的中央企业排头兵；勇于承担中央企业"保增长"的新使命，以努力完成生产经营任务、主动适应经济发展新常态，成为抵御经济下行压力、促进国民经济"稳增长"的主力军；勇于承担加强对外经济合作的新使命，将提升公司国际化经营能力融入"一带一路"建设之中，成为构建全方位对外开放新格局的先锋队；勇于承担建设海洋强国的新使命，推动国家海洋战略实施，成为保障国家能源安全、维护国家海洋权益的领头羊。把自身的工作自觉地放在党和国家工作全局中加以审视和考量，并积极担当责任和使命，既是一种胸怀大局的意识，也是全局思维的体现。

四是创新思维。创新思维是逻辑思维、形象思维、直觉思维和灵感思维等多种思维形式的有机结合,本质在于将创新的感性意识提升到理性探索上,实现创新活动由感性认识到理性思考的飞跃。培养创新思维,要有问题意识,有善于归纳总结的能力,还要有大胆创新的动力。

某企业在工作报告中,提出要培育公司发展新的经济增长点。这虽然是公司发展的现实需求,却是一个全新的命题,也是一个开放性的创新话题。起草人充分调动创新思维,从理论认识、现实情况、未来趋势、案例对标、受众心理等各个方面发挥创新意识,努力把握和驾驭这个命题。在论述中,报告开宗明义地提出:公司发展要立足当前,着眼长远,在推动当前发展的同时努力增强发展后劲。要持续推进产业结构的优化调整,创造条件培育新的经济增长点,提升内部价值链整体效益,以新的经济增长点为打造"百年老店"提供支撑。然后从"突出发展优势产业,推动产业结构调整和转型升级""积极寻找新的利润来源,进一步优化产业布局""优化资源配置,提升内部价值链整体效益"三个方面进行阐述,体现了现实性与创新性的结合。

— **本堂课习题** —

　　假设你所在的单位接到一份上级通知,要上报一份近年来关于干部人才队伍建设的报告。这份报告初稿由你执笔,那么在写作之前,应该做哪些必要的前序工作?

16 文有常法
摆脱认识误区，辩证看待写作中的"套路"

公文是相对规范化、程序化程度较高的文体，相对于文学作品等体裁来说，它的外在轮廓和组织形态有一定的稳定性，自由度、流变性都没有那么强。因此也有一种习惯的看法认为，公文写作主要是一种套路化写作，依靠范文、模板，通过模仿就可以完成。应该说这种观点很有市场，很多人对此深信不疑。

如何看待这种观点，其背后所反映的对公文的认识有何正误之处？公文写作的规律性体现在哪儿，什么是其中的变与不变？所谓的"套路"，其正当性和局限性分别在哪儿？公文写作过程中是否有创造性劳动的参与？什么是正确学习公文写作的方法？本堂课我们集中探讨这些问题。

16.1 善用套路

首先我们要认识到，在公文写作中，套路是一种客观存在。比如公文有一定的格式要求，特别是《党政机关公文处理工作条例》规定的 15 种法定公文，每一种都有相对固定的格式，其实这就是一种套路。对于这些规范化、格式化程度比较高的文种，首先要按照格式要求来写作，其实就是学会这些套路，而且只要花一些时间和精力，就能够较为轻松地掌握。这也是学会写公文的必经之路和有效方法。

而更广义的套路，其实是一些方法技巧的经验总结和抽象化，是共性写作规律的凝练。比如，领导讲话、工作总结、调研报告、信息简报等事务性公文，更具有灵活性与创新性，写作难度也更高，写作起来总体上来说相对更复杂，但其背后也有一些写作的基本规律，常用的构思方法，和一些约定俗成的结构特征、句式表达、呈现方式等，我们同样可以把它们理解为套路。对初学者来说，可以选择一些范文精心研读，揣摩它们的思路和语言风格，细心体会如何谋篇布局，把握它们的形式特征，观察体会经验丰富的同志从立意构思到谋篇布局，再到起草和修改的全过程。领悟每一处细节，熟悉其基本要领和固定方法。

所谓"大道至简"，就是把复杂问题简单化。套路在一定程度上可以发挥作用，但它绝对不是万能的。要写好一篇公文，光靠掌握这些套路是远远不够的，因为一篇好的公文，往往涉及方方面面的知识，要掌握很多情况，对工作有一定的认识，还常常要对一些专题进行深入研究，写出新意还是有一定难度的。这个时候，光有套路的"工具箱"还不够，还得有情况的"素材库"、观点的"武器库"乃至"思想库"才行。

我的体会是，世界上所有的工作可以分为两种：一种是模仿性的工作，即有一定的程序、模式或成熟样板可以遵循的工作；另一种是创新性的工作，即主要靠发挥创造性劳动完成的工作。这两者之间是可以转换的。公文有许多固定模式和套路，初学者可以先从模仿起步，逐步掌握这些套路，并在实践中反复使用，做到熟能生巧。熟悉了基本套路之后，再静中求动，在不变中求变，遇到新情况，再积极发挥主观能动性，探索新的模式。掌握了新方法之后，再把它转化为固定程序和套路。如此循环往复，实际上是一个不断从模仿到创新的过程。套路的真谛，就在于让我们学会把复杂问题简单化，掌握方法，抓住规律，提高效率。然而，对于套路不能做机械的、形而上学的理解，理解了套路但又不局限于套路，才能达到更高的境界。

很多人把套路的作用夸大了，甚至说什么"套路在手，万事无忧"。比如网上经常抛出一些公文写作大全，里面整理了一堆写作的词汇和句式、一些标题和句式，号称看完立马就能成为写作高手了。例如"几个性"——重要性、紧迫性、长期性、复杂性等，几个感，几个点，几个不，几个新，几个思维，等等。这些说白了也是一种套路，初入门的时候看看可能还有点用，但过分夸大它们的作用，就变得庸俗化，变得低层次了。

从本质上说，套路是形式的范畴，形式要为内容服务，不能颠倒过来。如果不考虑实际内容表达的需要，不能做到因时因地因文制宜，完全被套路所束缚，那就掉入了窠臼之中。不但文稿显得没有生气，给人千篇一律的感觉，写作者也沦为"文字匠"了。

文章无定式，内在有章法。公文有独特的写作规范和相对稳定的行文格式，同时又不能机械套用、照搬照抄，把所有的东西写成"八股文"。套路是相对的、暂时的，创新是绝对的、永恒的。所以不要从术的层面去理解套路，而要从道的层面去理解和善用套路，把寻找套路、总结套路作为一种思维方法，一种提高思维效率的途径。

那怎样才能善用套路呢？一是要善于借鉴。借鉴有利于在比较中完善形式，在积累中深化内容，在选择中甄别质量。善于借鉴，能帮助我们开阔思路、拓宽视野，站在巨人的肩膀上取得成功。二是要注重消化。消化的过程就是认真研究、仔细琢磨的过程。吃透上级精神，分析现实情况，借鉴别人的经验，都要注重消化吸收。这有利于变生搬硬套为融会贯通，变一知半解为胸有成竹，变囫囵吞枣为含英咀华。只有注重消化，才能将知识内化于心、外化于行。三是要大胆创新。创新求变，是提高公文质量的重要前提，打破老生常谈、墨守成规的思维定式，才能使文稿"新风盎然"，读起来有滋有味。

16.2 正确对待模板

初学者结合模板与例文来学习公文写作，可以更直观、更快速地掌握格式要求，也可以通过对照仿写，提高学习的效率，这其实也就是对套路的学习。人的很多知识和本领是靠模仿获得的，比如说话、走路、书法、绘画等。在学习公文写作的过程中，模仿借鉴同样是很好的方法和便捷的途径。但我们不要对套路做庸俗化的理解，认为就是照搬照抄、千篇一律。模仿不是抄袭，更不是简单地复制粘贴，而是要在套写和模仿中摸索门道。

比如，有人一开始接触通知的写作，采取了模仿的办法，从网上下载了上百份通知，大体可以分为任免通知、会议通知、培训通知、工作通知、文件转发通知等。然后按照类别进行集中的仿写训练，写完后进行对比分析，找出不足，不断改进。再写会议纪要、汇报材料等，也都采用类似的方法。慢慢就会发现，每种公文文种都有自己独特的套路，只要用心观察和分析，就能将每种文体的写作都烂熟于胸。

可见，只要用得好，模仿确实是公文写作的一种学习途径，特别是入门阶段，可以作为完成任务的权宜之法，对老手来说，有时也可以用来应急。但模仿不等于"天下文章一大抄"，要正确看待和运用模仿这种方法，因为模仿也是分层次的。

第一种是直接照搬内容，这是最浅层次的一种模仿。比如一个单位的工作总结，虽然每年就是那些事情，但"年年岁岁花相似，岁岁年年人不同"，如果今年照着去年的写，一成不变，那就是生搬硬套、简单重复。网上爆出的"某县两个单位负责人在巡察动员会上的表态发言一模一样"这样的新闻，连模仿都算不上，就是抄袭。

第二种是借鉴观点，这对新学者来说是有用的方法。这个"新"，既指刚学习公文写作，也可以指新接触一个领域。比如要写领导在宣传工作会议上的讲话，宣传工作是陌生的，就可以采取"看两篇写一篇"的方法。要看的两篇：一篇是上级部门关于宣传工作的精神和要求，这是需要了解和贯彻的；另一篇是该领导以前关于宣传工作所做的讲话，从中了解领导的想法和意图。通过消化和借鉴，把一些好的观点化为己用，充实自己要写的稿件。

第三种是模仿和借鉴别人的构思方法、谋篇布局和结构特征，这是比较高层次的模仿。别人的一些文章为什么好？我们不光要看到表面，还要看到深层和背面，它们是怎样运思和组织的？背后的思维方式是什么？行文逻辑有什么可取之处？如果在这些方面有所认识，收获就不一样，用到自己的写作上也大不一样。歌德有句话："内容人人看得见，含义只有有心人得之，形式对大多数人是个秘密。"这个层次的模仿，就是要善于透过内容看到结构的秘密。

第四种是更高的层次，就是模仿语言风格，这是更难的。古人云："浅者抄字，中者抄意，高者抄气。"所谓"抄气"，通俗地说就是"写啥像啥"。不同文种有不同的语体特征和表述风格，比如汇报材料、理论文章、演讲致辞、总结讲话等，它们的风格都不一样，同样一个话题，可能在不同的场合要变换成不同文体，这里很重要的就是语言风格要准确。比如写会议讲话稿，就要注意讲话稿有什么样的特点，如何把道理讲清楚，把工作部署好，如何既有高度又能接地气，如何讲得让大家听得进去，这些都要在讲话稿的风格框架内来把握，不能写成了总结汇报或者经验材料。这就要靠多看、多练，从中增强体认，再运用到写作中，这其实也是一个潜移默化、熟能生巧的学习模仿过程。

模板可以说是一把"双刃剑"，有一定用处，但若是过于依赖，就没法扔掉"拐杖"，用自己的脚自由行走。如果写所有的公文都要靠模板才能完成，那一旦没有它，就意味着写不出东西、完不成任务。这一定不是我们追求的目标。所以模板不是不能用，而是要正确地用，用来学习借鉴，而不是依赖。

依赖模板和学习借鉴的区别和界限在于，如果只是"复制+粘贴"，或是"完形填空"，把模板简单改头换面，每写完一次没有任何提高，下次还是离不开模板，这就是依赖。如果一开始学习借鉴模板，但能够从中抓住要领、获得启发，并且把这些思考运用到以后的写作中，借鉴之后就能熟悉一种文体、掌握一种写法，这就是学习借鉴，摆脱了依赖。

如何才能摆脱对模板的依赖呢？

首先，在认识上，要摒弃有了模板就能写好公文这种不成熟的想法。公文写作需要文内功夫和文外功夫、表层功夫和深层功夫、快功夫和慢功夫。模板属于文内功夫、表层功夫和快功夫，不是公文写作的全部。

其次，要避免偷懒心理。不要认为自己写的没有模板例文好，就没有必要下功夫。要知道，模板也是人写的，所以一定要发挥主观能动性，在掌握基本格式要求的基础上，力争有所创造，做到没有模板也能完成写作任务，有了模板能够写得更好。摆脱对模板的依赖本身就是一个需要信心、毅力和坚持的事情，容不得有偷懒心态。

最后，要始终明白的一点是，格式是固定的，模板是有限的，而公文需要阐述的事情是多样的、变化的，一味依赖模板等于缘木求鱼。公文是"及物"的，也是有思想、有观点、有感情的，不能写成僵硬、死板的"八股文"。对待模板的正确态度，应该是不唯上、不唯书，只唯实。

16.3 公文写作要善悟

公文写作不只是学套路，也需要很多悟性，主要是指写作时善于领会意图、准确把握、触类旁通、举一反三，也指在学习公文写作过程中善于观察思考、总结经验规律、探索临界知识。如果写作者的悟性强，看问题会更准，工作的效率会更高，成效也会更好。

公文写作离不开悟性，这与它的特点密不可分。我曾经总结，公文写作是一项"三无"工作。

第一是无明确标准。对它的评价是一个主观与客观相结合的产物。从客观上说，公文有一些约定俗成的评价标准，也有大家公认的好文章的通则，但在实际工作中更多的是主观的评价判断。而这又主要来自领导，因为公文的法定作者是领导而不是写作者，是要给领导签发或使用的。而每位领导的喜好、口味、对文字的评价标准和习惯不同，这就导致了同样一篇公文，不同人的评价大不相同。也就是说，评价一篇公文文稿好坏的标准不是那么明确。

第二是无固定模式。这与我们之前讲的公文有固定格式并不矛盾。无固定模式主要是指公文的种类众多，每种公文的体例格式、写法要求都不一样，特别是大量事务性公文不像法定公文那样有相对固定的格式。即便每个文种都有相对稳定的结构特征和大致的写作要领，但具体到每篇文稿，主题不一样，对象和场合不一样，面对的问题也不一样，所以很难用一个模子去"套"，得具体情况具体分析。

第三是无方法体系。公文写作其实是一项历史悠久的工作，中国古代很早就有，积累了大量的文本和一些理论，但古代公文的很多经验到现在已经不完全适用了。外国的文稿撰写，我们也水土不服。中国现代公文发展也有几十年的时间了，但遗憾的是，至今并没有形成一套成熟的、完整的、系统的方法体系。所以，学习公文写作没法像学习计算编程、学习机械操作那样，拿着学习指南和操作规程，一步一步跟着做就能学会。

正是因为具有这样的特点，公文写作是一项具有创造性的智力劳动，里面有很多"默会知识"。"默会知识"是哲学家波兰尼提出的一个概念。他发现在人类关于世界的所有知识中，有很大一部分是只可意会不可言传的知识，他把这一类知识叫作"默会知识"，又叫"隐形知识"，与那些能够直接说清楚和分享的显性知识相对应。"默会知识"的特点是，经常使用却又不能通过语言文字等符号编码予以清晰表达或直接传递，因为它是附着在个体身上的，内隐在操作的过程中。但"默会知识"又是非常重要的，人类很多智慧的创造和重要经验的传承，都离不开它。

破解公文"三无"难题，特别是缺乏可以清晰讲述和快速习得的方法论体系这一难题，有效途径就是要重视和用好公文写作中的"默会知识"，这就离不开悟性。我们说公文是"戴着脚镣跳舞"，受到的局限和制约因素多，但越是约束条件多，越需要创造力和人的主观能动性。这就像前面讲的杜甫的例子，古代的律诗，平仄、格律要求很工整，但是像杜甫这样的大诗人依然能在严格的约束下写出伟大的诗篇。

贯穿在公文文稿学习过程中的，有三个重要因素：一是领悟力，就是悟性、天赋、用心；二是方法论，就是技巧、门径、奥秘；三是笨功夫，就是积累和勤奋。所谓"领悟力"，就是领会、理解、感悟的能力，包括想象力、思考力、洞察力，是一个人感知、判断、推理、分析综合、逻辑思维等能力的体现，一种善于对事物进行由表及里、由实及虚、由此及彼、融会贯通的思考认识的能力。它具有偶发性、跳跃性和创造性的特点，往往借助发散思维、跳跃思维、逆向思维等思维能力。它不是一种技能，有时可以用语言表达，有时候就是一种感觉、直觉。

中国古人云："学必悟。"从字面看，悟者，吾之心也。也就是说，悟性是用自己的真心去体察，得出对某一事物的体会和认识。善悟是提高公文写作水平的关键。天赋的悟性很重要，但也不能因此否认后天努力的重要作用。悟性的深浅其实与每个人的修炼程度成正比。

鲁迅先生在《不应该那么写》中说到文章写作中怎样修炼悟性，他认为要知道"应该怎么写"，首先要知道"不应该怎么写"，最好的方法就是从作家作品的未定稿、修改稿去学习。这是鲁迅先生提出的关于文学创作的学习领悟方法，对公文写作来讲，也是很有益处的学习方法。直接看公文范文、看干干净净的定稿，就不如看经领导和同事反复修改的草稿，这样获得的收益更大，提高得更快。认真对照领导修改的花脸稿，设身处地地想领导为什么要这样改。毕竟领导站位更高，掌握的信息更多，承担的责任更大，考虑问题更周全，而且因为领导很忙，他认为要修改的地方一定是关键之处。通过这样不断地比照学习，自己提高得很快，不但掌握了学习的捷径，也在无形中形成了好的工作和学习习惯，而且更快地熟悉了领导的思维习惯和表述风格，这个过程就是悟的过程。

每个人都有潜在的悟性，悟性是可以开启的。《论语》有句话，"不愤不启，不悱不发"，意思是说，不到努力想弄明白而不得的程度就不要去开导，不到心里明白却不能完全表达出来的程度就不要去启发。这就说明，真正的启发性思维、创造性想法，往往来自艰深的思考和持续的积累。当到达临界状态时，如果有好的契机或者有人点拨，就能产生"思维的弹跳"。

开启悟性可以从以下几个方面入手。

一是要持续学习。丰富的知识底蕴是提高领悟力的前提。要坚持读书，积累知识，增强洞察力和思辨力。在工作中见贤思齐，保持虚心，经常思考别人为什么做得好，找出差距，取长补短，这样领悟力自然就会提高。

二是要思考钻研。要善于闹中取静，在安静中思考，让思想在冷静思考中升华，让灵感在冷静思考中闪现，在独立思考中让领悟力越来越强。

三是要用心观察。敏锐的观察可以让人获得对事物独特的体会及感受。注重在观察上下功夫，能在不经意间明白事理，掌握事物发展的规律，从而具备"草摇叶响知鹿过，松风一起知虎来，一叶易色而知天下秋"的敏锐力，从事物稍纵即逝的、细微的、不明显的征兆和苗头上，及时发现和鉴别问题，预测和把握趋势，分析影响和后果，这种能力是很高悟性的表现。

四是要总结积累。毛主席曾经说："我是靠总结经验吃饭的。"他的思想就是从一次又一次总结中来的。"积之愈厚、发之愈佳"，经验是靠一点一滴积累起来的，因此我们要善于总结。通过总结从个别中发现一般，从现象中抓住本质，从感性认识上升到理性认识。在这个过程中，领悟力也会随之提高。

具体到起草一篇文稿而言，要悟的内容主要包括：上级精神，领导意图，受众心理。首先，要准确把握和深刻理解上级精神。既要保持和上级精神相一致，又要从中领悟出我们自己的工作思路、发展方向，充分发挥上级精神的引领和启发作用，而不是照搬照抄。其次，要领悟领导意图。公文文稿是供领导使用的，遵循领导意见是基本的要求，不能把自己的意图强加到领导身上，但是也不能机械、死板地唯领导原话马首是瞻，而是要突出一个"悟"字，把领导的思想和意图理解准、领会透、把握准，这就要做一些扩展、挖掘、完善、深化、延伸的工作。最后，要悟受众心理。公文都有特定的对象，也需要通过悟，准确把握好受众心理，包括他们的需求期待、心理特征、所思所想等，有意识地从受众角度去反观。这样就能更好地选择话题、表述方式和话语风格，从而有的放矢，提高针对性。

16.4 灵感的奥秘

除了需要悟性，在公文写作中，也需要有灵感的参与。灵感并不是文学的专利，在公文写作过程中，灵感也会出现，有时甚至会产生意想不到的作用。灵感是构思的有机组成部分，好的灵感会提升构思的质量，俗称"灵光一闪"，但灵感又是可遇不可求的，它本质上是一种创造性思维的结果。善于激发和用好灵感，能够成为我们写作时创造力的重要来源。

写作中看似旁枝逸出的灵感，本质上是一种产生于无意识活动的创造性思维。灵感不是凭空产生的，而是有它独特的基础条件，其中最重要的就是作者反复深入的长期思考，同时还要有外界环境给予恰当的刺激或者触发。明代文学家谢榛讲："诗有天机，待时而发，触物而成。"意思就是写作灵感是主体与客体的碰撞，是心理与物理的神会，是外界触发和内心诱发的双重结果，是作者无意触发和有意诱发的产物。所以，灵感是从作者对事物的认真思考和独特认识中得来的。当头脑中储备的思考元素碰到一些难得的触点时，就会产生灵感。

我们前面说到，写作前期的构思很重要，形成提纲很重要，但并不是说提纲不能有任何突破。事实上，在写作过程中，对提纲适当地调整和优化，甚至会有神来之笔和突如其来的思想火花，是对既定写作思路的突破和完善，两者是密切的互补关系。

写作经验丰富的人往往有这样的体会，提纲也好，写作思路也好，并不是一次性的，也不会完全决定文稿的最后形态，更多的想法是在写作过程中逐步涌现的。我自己感觉，在起草一份大的文稿时，会经历三次创作过程：首先是头脑思考，这是最重要也是最基础的环节；其次是手指思考，在组织语言文字的过程中，由于思维被激发，而不断涌现新的想法，这是一种正常写作状态的体现；最后是语言会自我思考，在文稿形态较为成熟的时候，在修改完善的过程中，会出现人的思维被内容带着走的情况，语言自组织、自演化，不断衍生和"链接"，自动填补思维的空白，推动思维认识进一步深化和提升。

这其实是思维与语言文字产生了深度互动的一种结果，也是进入非常良好的写作状态的一种体现，是文章真正能出彩的一个重要环节。这些新产生的内容往往是对提纲的超越，是原有思路之外的"意想不到"，但从深层次来说，又是写作思路的自然结构和深层反应。

既然灵感产生于无意识，可无意识是人无法控制的，那怎样才能激活它呢？其实，无意识活动看似是沉睡状态，但本质上是人的思考的沉积，它们在大脑皮层休眠，属于思维主体构思时的"前知识"。所以无意识不是说不思考问题，而是不能被不间断的零碎思维占据了头脑。要经常深入、认真地思考一些问题，不一定马上要得出结论，可以冷处理，但这些思考过的问题会被储存起来，等待合适的时机被唤醒。在公文的构思中，这些自己意识不到的无意识，可能会转化成灵感。

古人言："立身先须谨重，文章且须放荡。"说的就是写作要思维活跃才行。刘勰在《文心雕龙》中把写作的构思称为"神思"，还提出一个重要概念"神与物游"，就是说构思时要让想象力与外物相接触，让思想自由翱翔。在公文构思中追求"神思"，就是把自我代入思考对象，进入深度思考的状态。在这种状态下，人的头脑和心思中都是思考对象，思维处于自由状态，沉睡的意识被充分激活，各种想法和念头在心智空间激荡。由于思维集中到了某个地方，思想的压强增大，往往会有出其不意的想法"冒"出来。这有些类似于现代所说的发散思维。在公文写作中善于"神思"，往往能够带来意想不到的惊喜。

西晋的陆机把作文构思时的创作心理叫作"虚静"，指的是人的精神进入一种极端平静的状态，这样事物的丰富性和本质性就会展现在眼前。类似于我们今天说的"空杯心态"、诉诸直觉。公文写作构思时进入虚静状态，心思专一，精神集中，全神贯注于构思，往往有助于提升思考的广度和深度，也是神思展开的前提。文论大师周振甫说："虚是不主观，静是不躁动。"有了主观成见就不可能看到外界的真实情况，心情浮躁，感情用事，就不可能深入、细致地考察和思虑。要想做到神与物游，酝酿好的文思，在于虚心和宁静，心境安泰，精神爽朗，清除心中的成见，使精神与客观事物相交融，从而触发人的无意识，产生最精华的思想。

要通过灵感丰富自己的写作，我们可以从几个方面入手。

第一，还是要多读书、多思考。灵感并不是临时凭空产生的，而是平时思考的结晶，不过是在认真构思状态下以一种灵感的形式呈现出来。要想多产生灵感，就得多看书学习，做到举一反三、活学活用，多思考问题，做到"沉潜涤虑"、触类旁通，让这些思考和学养沉淀到内心，成为灵感的深厚来源。所以，平时要广泛浏览、博览群书，甚至多翻翻杂书，拓宽一下思路，善于积累知识和观点。

第二，要保持头脑清醒。我们在工作中都有这样的经验，如果心浮气躁，就很难有好的思路。如果外界干扰太多，也很难集中精神，进入状态。所以，主观上要培养自己的虚静功夫，让内心保持一种自由活泼的状态，客观上也要努力为自己营造一个更适宜的环境，减少外界的干扰。为什么一些写作团队到起草重要文稿时要采取封闭写作的方式，就是这个原因。特别是现在的信息化时代，各种电子产品虽然带来了便利，但也确实增加了很多干扰和噪声，带来大量的碎片化知识，使时间被切割、精力被分散。当我们认真构思文稿时，适当远离这些干扰是必要的，少看手机，少上网，让自己静下来才能进入状态。

第三，要善于保持空杯心态，做到思想通达。我们写作要有思想主见，但这绝不等于固执自我，而是要尽量去除内心的成见、思维定式，用更开放的心胸接受外界的信息，用更客观、理性的态度对待别人的意见。善于反思，择善而从，敢于自我否定，经常把自己归零。这不仅是一种好的思维习惯，也是一种好的写作状态，因为只有思维无所牵绊，处于自由状态，意识才会被充分激活，甚至往往有出其不意的想法出现。从人格特征来说，这是一个人思想通达的表现。而这恰恰是悟性和灵感的重要来源。

第四，要多交流、多碰撞。这一点很重要，除了自己冥思苦想之外，与人进行思想交流，产生思维火花和化学反应，也是产生灵感的重要途径。一个好的写作者，往往十分注重向他人学习，善于同他人交流。思想的火花、灵感的突发，常常是在不经意的碰撞中产生的。比如，在一份大的文稿起草前，进行"头脑风暴"和召开"神仙会"

的方式，集思广益，不设限地讨论交流，其实就是把个人的神思拓展为群体的神思，产生思维激荡和碰撞，找出最佳的思维角度。

即便做了这些工作和准备，灵感也是可遇不可求的，而且灵感不是万能的。就像下围棋，真正的高手不求妙手，只求半目胜一样，写作要做到真正高效，也不能一味依靠灵感，而是要追求稳定性和可持续性。也就是说，不要指望经常有灵感迸发，能够稳定地产出，并有适当的创造性参与其中，就是很好的一件事了。

灵感确实会提升文章质量，但它不是从天上掉下来的，也需要我们把握它的规律，给灵感的产生创造条件。很多人有一些偏见，觉得写作灵感要靠刺激，喝酒、抽烟、喝茶、喝咖啡等，包括一些写作者自己也以为灵感是这么来的。其实这些和灵感没有必然关系。说到底，灵感不假外求。灵光乍现也好，神来之笔也好，更多还是来自自身思考，不是靠烟酒能刺激出来的。朱光潜先生在《作文与运思》中说，苦思在当时或许无所得，但是在潜意识中它的工作仍在酝酿，到成熟时可以"一旦豁然贯通"。普通的所谓"灵感"大半都先经苦思的准备，到了适当时机便突然涌现，这确实是经验之谈。

我们来看看梁启超先生的故事，他一生提倡惜时勤奋，却喜爱打麻将，将其作为消遣和放松的娱乐活动。他写文章经常是文思泉涌，倚马可待，还有一项绝活，一边打麻将一边口授文章。他的很多社论，通常是在简要了解完主题要求后，在麻将桌上口授而成的，而且流利畅达、感情奔放。他著名的讨袁檄文《异哉所谓国体问题者》，就是离开麻将桌后立马写成的。我们能说梁启超先生写文章是靠灵感吗？他是在广博的知识和透彻思考的基础上，形成丰厚的学养，然后在打麻将这样一种轻松的心理状态中，充分激活了自己的思维，从而写出有思想创造力的篇章。这就是灵感的奥秘。

— **本堂课习题** —

在使用一些例文和模板进行模仿学习时，除了不能过分依赖之外，还要注意这些例文和模板本身的质量。比如，有些基本的格式要素不齐全；很多地方还在用2012年7月1日之前的例文，而新的《党政机关公文处理工作条例》已经从2012年7月1日起执行；有的张冠李戴，讲党政机关的公告时，用人大机关的公告做范文，讲党政机关的命令（令）时，用军队机关的命令（令）做范文；还有的范文与理论不符，或者模板与要求脱节。除了以上列举的之外，你在使用中还能发现哪些问题？

17 文无定法
突破定式，告别老腔老调老面孔

公文写作如何创新？这是实践中很多人关心，经常被提及的问题，也是一个很难破解的问题。因为公文的内容有很多相似之处，格式要求变化少，特别是一些分量重又经常使用的公文文稿，它们的框架、内容、风格都比较稳定，如果不解放思想、创新突破，就很容易写成老腔老调老面孔。有的公文平淡无奇，像白开水，其实是创新不够，缺乏体现时代性、把握规律性、富于创造性的东西。"文不按古，匠心独妙"，创新不是一件容易的事，但我的体会是，创新又是不能少的，特别是对常规性和惯例性比较强的公文，应该树立一种理念：永远的重复与持续的创新。

17.1 重复不等于照搬

为什么说是永远的重复呢？一个单位，有一些工作是要反复强调的，有一些思路是一以贯之的，有一些原则是经久不变的。这就是需要重复的内容，反复强调、不断重申，才能让人加深印象，让人感觉到它的重要性。比如年初布置的工作，有一些到年中还要再次强调，这样才能相互呼应，而不是抛开已有的内容重新弄一套新的。又如，一个单位的文化理念通常是稳定的，但文化又相对比较抽象，所以要反复阐发、经常解读，才能让人接受和理解。

除了重复自己，还有一些内容是要重复上级的。比如贯彻党和国家的精神要求，很多时候要进行复述和强调，并且要认真落实，变成自己的工作方案，而不能任意取舍，甚至另起炉灶。很多时候，在贯彻落实上级精神上是有严肃性要求的，只有遵循，没有创造。

但重复不是原样照搬，不能简单而机械地把原有的内容拿过来就行，而是根据新的语境，对重点内容加以重新述说，或者变换角度加以再次强调。做到安排工作既一脉相传，又推陈出新；落实工作既遵循上级精神，又结合自身实际。

17.2 创新的重要性

懂了"永远的重复"的含义，那么"持续的创新"又是什么呢？如何做到持续创新呢？

首先，要突破阻碍创新的思维定式。在我们的头脑中，经常有几种思维在阻挠创新。第一种是简单思维，觉得差不多就行，不想费心思去创新。第二种是惯性思维，就是一味地遵循条条框框，在从众心理下用习惯方式来写作。第三种是经验思维，凭自己已有的经验来写作，不敢跨越和突破。这几种思维模式导致的结果就是，虽然写作者心里想创新，但行动上裹足不前，不敢冒创新的风险。不解决创新的动力问题，不突破思维定式，就难以写出有新意的公文。

其次，要看到公文创新的空间是很大的。"兵无常势，水无常形"，公文要避免成为通常认为的刻板的"八股文"，就得在创新上下功夫，这才能体现人的主观能动性和智慧创造。公文的观点、结构、语言都可以创新，关键在于写作者要把创新当作一种习惯，自加压力，运用创新思维，摆脱条条框框的俗套，少写大话、套话、空话、现成话，多写新话、实话、活话、提神话。

再次，要理性认识到创新的内在规律。公文是实际工作的反映，也是用于指导工作的，所以不是写作者想不想创新，而是工作本身在变化，客观事物在变化，因此写作不能一成不变、陈陈相因，只有创新才是实事求是的体现。这就要求写作者平时要多掌握新情况、新问题，积累新材料，努力提炼新思想、新观点，写起来才会有新意、有新话。

最后，把握创新的本质。提倡创新，不是脱离实际的标新立异，不能为了新意而新意。公文不仅是写出来的，更是在工作中干出来的。这就需要写作者具备实践的自觉性，向工作中的现实矛盾和问题聚焦，把创新的落脚点放在解决问题上，融入自己的真情实感和理性思考，这样创新才能有深厚的源泉和强大的动力。

公文写作有几个层次：以文叙事，以文辅政，以文鼎新。革故鼎新，提出新的工作理念、思路和措施，推动工作取得成效，才是公文功能的体现，也是公文写作主体价值的体现。所以，创新应该是公文写作者的自觉追求。每写一篇公文，不管是新的角度、新的观点、新的结构，还是新的素材，总要有一些创新的元素在其中，这样工作才有意义和价值，自己才能得到成长和提高。

17.3 五种创新路径

第一种是在立意上创新。要让公文摆脱平淡，有更高的站位和更深远的内涵，进而给人思想上的启发和理论上的提升，就要在立意上力求创新，不满足于简单化、平面化的思考，而要从高度、深度、角度等方面深入挖掘，提炼出与众不同而又最能揭示事物本质特征的观点，形成给人以深刻启迪的思想内容。

下面这篇例文，是一家单位年度工作会议结束时领导在总结会议收获时的一段话。

刚才各个小组的代表向大会汇报了各组讨论的情况，大家有一个共同的感受，我们在这个时候研究和探讨推进公司高质量发展的问题，恰逢其时，很有现实针对性和未来指向性。在当前这个时点，从不同的角度折射着高质量发展的迫切需求和特别意涵。具体来说，可以从这样几个方面来看。

第一，我们刚刚获得了上级考核评级 A 的优异业绩，坚定不移走高质量发展之路，是对过去成绩的巩固和发扬，更是对未来更好、更优发展的深切期许。连续 14 年、四个任期获 A 级，这样的成绩单不可谓不亮丽，也确实值得自豪，里面包含着每一位辛勤工作的干部员工的辛劳和汗水。但我们能为此感到满足吗？当然不能。如果我们觉得可以顾盼自雄，认为可以松一口气，躺在功劳簿上好整以暇，那必然会带来新的危险和更大的问题。过去的成绩只能代表过去，而且成绩也不能掩盖存在的问题。如果不更加开拓进取、奋发有为，过去的成绩也不会必然推动公司走上高质量发展道路。所以，我们不但要发扬成绩，更要着眼未来，迎接挑战，花更多精力在高质量发展上，真正实现有质量、有效益、可持续的发展。比如，有的代表提到要进一步强化战略引领和战略执行，确保好的战略落地实施；有的代表提出要进一步夯实基础管理和制度建设，强化安全环保，防范发展中的各种风险；有的代表提出要加强对干部队伍的严管和厚爱，进一步加强人才培养，优化人才结构，特别是高度重视国际化人才匮乏问题；有的代表提出要建立高质量发展指标体系，为各板块的高质量发展提供参照标准；等等。这说明大家有一个共识，在新的时期，要想保持和创造良好的经营业绩，我们必须遵循高质量发展的要求，抓好公司生产经营和改革发展。

第二，我们刚刚经历了大宗商品价格的周期性起伏，坚定不移走高质量发展道路，是逐步摆脱产品价格依赖的重要前提，更是面向未来推进转型发展的必然选择。毋庸否认，对我们这个行业来说，产品价格是我们最大的经营环境，是我们经营业绩的决定性参数。上半年，公司主要生产经营指标完成较好，究其原因，客观上很大程度还是价格的企稳回升，而并非来自我们的管理改进和技术创新等方面。也就是说，我们仍然没有从根本上改变"靠天吃饭"的生存模式和经营格局，没有摆脱对价格的深度依赖，而且我们一些板块在价格回升后经营并没有改善，甚至面临困境。目前，产品价格虽然不错，但我们不能忘了寒冬时候的惨淡，不能寄希望于一直躺在"高价"上吃饭。市场总是跌宕起伏的，我们要问自己：当有一天价格再度下行，我们的成本是否有竞争力？我们的产业链是否具备足够的抗风险能力？我们是否为渡过难关备足了粮草？是否为未来长远的发展做好了谋划？市场的趋势不由我们所左右，行业转型的既定趋势更不会因我们的主观意志而转移，面对未来的种种不确定性，只有坚定不移推进改革转型，才是实现高质量发展的"华山一条道"。比如有的代表提到，要加快推进公司向创新型、国际化、清洁化、市场化转型；有的代表提出要努力获取优质储量，全力以赴稳产增产，为高质量发展提供资源基础；有的代表建议进一步细化成本对标体系；有的代表提出要关注产业发展不平衡的问题，尽快补齐产业链上的短板，提高上中下游整体盈利能力。这说明大家都意识到，只有抓紧时间转方式、调结构，打造低成本竞争力，提高全产业链盈利水平，才能靠实实在在的本事，让自己随时有饭吃。

第三，我们即将迎来改革开放40周年，作为在改革开放浪潮中成长壮大的企业，坚定不移走高质量发展之路，是对初心的重温，更是对接下来加大改革力度、焕发公司活力的坚定承诺。作为改革开放的"先行者"，公司是在改革的浪潮中应运而生的，也一直靠不断深化改革发展壮大。但是，我们也面临改革力度减弱、改革红利消退的发展动能缺乏等问题。在当前的新形势下，没有发展，就谈不上高质量发展；而没有改革，就不可能有真正意义上的高质量发展。我们不能总是留恋过去改革的成就，总是"白头宫女在，闲坐说玄宗"，更应该做的是，重拾初心，重拾改革创新的激情，顺应时代的潮流，顺应行业的趋势，顺应员工的期盼，加快推进改革创新的步伐，在组织结构上、产业塑造上、人才体制机制上大破大立。改革没有稳妥、周密的考虑不行，没有勇气和魄力更不行。要敢于自我革命，刀刃向内，自上而下与自下而上相结合推进改革；要抓住改革的契机和时间窗口，在"天气好的时候修屋顶"。置身于竞争更激烈、形势更复杂的国内外环境，置身于迈向高质量发展、建设中国特色国际一流能源公司的紧要关头，我们要不忘初心，勿忘改革，把改革创新作为推动高质量发展的第一动力。

一般总结会议收获时，往往都是"凝聚了士气、明确了目标、指明了方向""是一次凝心聚力、团结奋斗的大会"等老套路，而这篇总结打破了这种常规套路，立意高人一筹，从保持谦虚心态、发扬主观能动性、大胆改革创新三个方面，对高质量发展做了进一步阐发，带给人思维的启示。写法也别出心裁，从三个角度，用三个别具意味的时间点，结合高质量发展主题，深入阐发其内涵。三个方面的段首句都用"是……更是……"的句式，使意思表达更加完整深入，也充分展现了立意构思的深度和广度。

第二种是在框架结构上创新。公文的结构方式可以有两段式、三段式或多段式，每部分的布局方式又可以分为纵向布局和横向布局。纵向布局就是按时间顺序或者按事物的逻辑关系纵向排列，横向布局就是将文章涉及的并列关系的内容一一分述，有时也会把两种布局方式交叉使用。为了更好地表现内容，我们可以灵活运用这些结构方式，不受固有的思维局限。比如每年的工作报告，通常都是两段式或者三段式，要创新的话，我们可以采用多段式，把重点问题拎出来一个个单说。还可以在局部进行框架调整，比如讲完成绩之后，加入几条体会，在讲工作任务之前，加几条工作原则，这样就是通过形式的创新来丰富和完善相关内容。

下面这篇例文，是某单位工作会议上关于下一年工作部署安排的部分框架提纲。

三、坚持改革开放再出发，推动新时代公司高质量发展迈上新台阶。

（一）坚持政治导向，确保发展的正确方向。

（二）坚持战略导向，将"五个战略"扎实落实到位。

战略事关公司长远发展。公司历届党组对战略问题一直非常重视，推动了一系列有前瞻性的战略设计，把战略一步一个脚印落到实处。以公司×××战略实施为例，公司党组决定将×××事业作为新的业务增长点之后，20世纪90年代主动向国家提出承担规划编制工作，率先进行产业布局，加快推进关键核心技术研发，一举奠定了公司在国内×××行业的领军地位。从×××战略实施过程可以看到，确定了战略目标，就要集中公司优势兵力加速布局，尽快抢占先机，这样才能把战略变成行动和成果。这是公司×××战略实施带给我们的重要启示……

（三）坚持目标导向，以非常规的思路和干劲实现目标。

公司2018年工作会议提出了一系列中长期发展指标，这是公司实现跨越式发展的目标引领。没有目标，就没有发展。大家可以回想一下×××的建设历程……面对一系列艰巨挑战，我们充分挖掘潜能，狠抓精细管理，千方百计组织工程建设和装备资源，最终成功实现目标。这是坚持目标导向，敢于做梦、善于圆梦的鲜活案例……

（四）坚持问题导向，提高改革的针对性和实效性。

公司诞生以来，一直与改革同向而行。在许多关键时刻和重点领域，我们依靠改革取得发展的突破。比如2003年前后，为了适应主业上市后的形势需要及管理模式的变化，我们以用工与薪酬制度改革为重点，实施了流程再造、机构重组、定岗定编定级和全员竞聘上岗等革命性举措。正是这次改革，帮助公司建立起与国际接轨且符合公司实际的用工分配机制，为公司持续高效发展释放了活力……

（五）坚持责任导向，用奋斗和实干精神狠抓落实。

每一位干部员工责任意识强，工作落实到位，才会带来生产经营的点滴改进，进而产生质的变化。还记得20世纪90年代，我们面临资源短缺的困难，也没有富余资金来租赁设备，但我们刻苦攻关，率先探索出"优快"模式，打破一个又一个纪录，为快速发展做出突出贡献，在某种程度上甚至改变了公司的发展进程。实际上，当时我们的设备、人员和技术都没有变，但为什么能取得如此瞩目的业绩，关键还是人的责任担当发挥了巨大作用……

这一部分的结构在两个地方体现了创新。一是把党建引领的内容放在第一条，从"坚持政治导向"的角度来阐述，与其他几个导向并列，但凸显其重要性，与采用四段式将其单独一部分来写相比，显得整体感更强，内在逻辑更合理，政治站位也更高。二是在讲每一项内容时，不是一上来直接讲工作安排，而是先从与所讲内容相关的历史片段入手。回溯过往，钩沉故事，从发展历程中寻找启迪，起到以史为鉴的作用。

第三种是阐述角度上的创新。有一些公文文稿经常要写，而且内容也不会有太大变化，要想有新意，就得在角度上求新、求变。比如，每年工作报告都要部署工作，而一个单位说来说去也无非是那几件事，怎样避免年年说旧话呢？同一个内容，从不同角度切入，用不同的角度来阐述，也是创新点。去年说了几件事具体要怎么干，今年我们就可以换个视角，从为什么要这样部署工作的视角来加以阐述。比如去年写了深化改革、加大投资、开拓市场等内容，今年我们就可以写成：着力解决体制机制突出"瓶颈"，充分释放发展势能；加大有效投资力度，增强发展后劲；抓住市场开拓的工作主线，推动生产型向经营型转变。这是对具体工作安排背后的工作思路的揭示，不但能写出新意，还能加深大家对所写内容的理解，知其然也知其所以然。

第四种是文字表达上的创新。努力使语言更加生动、简洁、清新、接地气，避免呆板、老套、枯燥、模式化、概念化。还要追求闪光点，一篇文稿有时就一两个突出的亮点，几十个字，有了它，就能让人印象深刻，甚至流传久远。文章好写，点睛之笔难求。一篇能让人记住一两句话，或者叫响一个提法，就算是很成功了。

在一份"三严三实"的党课材料中，有很多创新的内容。比如讲到"用权不严"的表现时，列举了假公济私、以权谋私等现象后，又

另起一笔:

同时我们还要注意一种现象，在从严治党的新常态下，有的干部信奉"宁可不干事，也要不出事"，在其位不谋其职。虽然不敢伸手，却也没有担当。在工作上推诿扯皮、敷衍塞责，遇到矛盾问题绕道走，对不良现象姑息迁就，还为自己不担当、不作为找借口。这其实也是用权不严行为的一种表现。

谈到"谋事不实"时，也有这样一段:

实是一种态度，也是一种能力。一些人之所以热衷于作秀、沉迷于做表面文章，夸夸其谈，华而不实，除了作风虚浮，与能力不足造成的本领恐慌也有很大关系。许多"不实"的背后，是"不能"的问题。一些干部遇到难题往往采取鸵鸟政策，把矛盾盖起来、让自己藏起来，推动改革总是习惯挂空挡，不敢迎着困难上、顶着压力干。一个重要原因就是老办法不管用、新办法不会用、笨办法不顶用，既无法向前迈步，又不甘落于人后；既没有能力水平，又怕说自己不行。于是官僚主义、形式主义就来了，实事求是的作风就丢了。

这段话让人印象深刻，在通常的认识之外，一针见血地指出一些习焉不察的现象，并大胆地做出判断，提出了新的观点，达到了"人人心中有，人人口中无"的效果，让人产生"确实如此""恍然大悟"的感觉。

第五种是观点论断上的创新，这也是最重要的创新。观点是理性思考的产物，具有揭示规律、透视本质的作用。好的观点，认识价值和实践价值都是很大的。公文要有思想性、理论性和启发性，就得靠观点取胜。如果没有新的思想观点，就很容易落入俗套，味同嚼蜡，讲一堆正确的废话。1992年，邓小平同志在南方谈话中提到的"革命是解放生产力，改革也是解放生产力""发展是硬道理"这些著名思想论断，精辟深刻，可以说是一语中的、一言兴邦。可见，思想观点的创新确实是威力巨大。

下面这篇例文是在改革开放40周年时某企业的年度工作报告部分提纲，体现了认识的突破和观点的创新。

第一部分是关于成绩的总结。

一、改革开放以来公司的发展成就与经验。

这40年，是矢志不渝践行"我为祖国献石油"的40年。

这40年，是坚定不移建设国际一流能源公司的40年。

这40年，是初心不改坚持在经济领域为党工作的40年。

我们从中得出的经验启示是：

第一，越是身为改革开放的先行者，越要敢于永立革新的潮头。

第二，越是面对艰巨的挑战，越要勇于变挑战为机遇。

第三，越是承担重大的责任，越要善于化压力为动力。

三方面成就提纲挈领，主题宏大，站位很高，概括力强，避免了琐碎。三条经验启示打破常规，体现了思维张力，不仅仅是对过去40年经验的深刻总结，也为未来发展提供了重要启迪。

第二部分是关于形势的分析。

二、研判外部环境发生的变化，牢记我们的责任使命。

第一，国际国内宏观形势复杂多变，但为国家现代化建设贡献力量的使命不会变。

第二，能源行业正在转型变革，但为国家提供安全高效能源供给的任务不会变。

第三，国企改革和油气行业改革不断深化，但对中国特色国际一流能源公司的目标追求不会变。

三个方面的形势分析打破了往常从宏观政治经济形势、行业形势、国企改革等方面进行分析的套路，在纷繁复杂的形势变化中寻找不变，使得形势分析独具特色，具有较强的洞察力和穿透力。

17.4 创新的"秘诀"

从以上分析可以看出，创新有如下一些"秘诀"。

一是联系实际。尽管有些话题是老的，但在不同时期总会有新的情况、新的变化。比如，宏观环境发生变化、政策规定出现调整、上级提了新的要求、工作落实时遇到新的困难等，要紧紧抓住这些变化的情况，把握新形势新任务，思考新问题新挑战。可以说，只要和实际结合得紧，就有用不完的素材、写不完的新话。

二是转换视角。从不同的角度去认识同一个问题，从中引出不同的话题。这样不仅可以避免重复，而且有利于思想与时俱进。比如转变作风抓落实是经常要写的话题，为了不重复，我们可以从抓落实的一般要求上讲，可以从抓落实的条件上讲，也可以从抓落实的方法上讲，还可以从抓落实存在的问题上讲。角度一变思路宽，旧话题也可以不重复，做到新意迭出。

三是拓展思路。思考方式、叙述角度、写法，都可以加以拓展，寻找新的思路。比如讲一个问题往往都是按为什么、是什么、怎么办这样的逻辑谋篇布局的，如果改变一下行文思路，在讲某个问题之前，先举一个这方面的经典例子，以事明理，再简明扼要地提出观点，这样就有了新意，给人印象也会更深。

四是变换结构。一件事情，论述的重点不一样，切入的角度不一样，推进的方式不一样，都会带来不同的结构。上次是横向展开的，这次可以纵向延伸；上次是几个问题并列的，这次可以逐层递进，也可以从一个问题切入，再引出几个问题。结构上变化了，内容的重复感就会减轻一些，就会令人有新鲜感。

第五是打破套路。有些常用的套路用多了就变成条条框框，束缚思路，要敢于大胆地打破。比如，在工作总结写作中，一般的写作思路往往是先写工作过程，其次写取得的成绩，再写存在的问题，最后写今后的打算。在新形势下，应该改变这种套路，要灵活地、切实地运用好各种材料。写成绩时，材料要用足，写问题时，材料也要用足，而且越典型越好，越说明问题越好，越说到要害越好。还有一种情况，以往工作总结在回顾一年来的工作情况时，大量运用材料，而写经验体会时，则简单地概括几条，不用或少用材料。如果改变一下这种写作套路，在谈经验体会时，多用典型材料进行分析说明，就会增强说服力。所以，只要改变一下用材料的套路，文章也能有新意。

— 本堂课习题 —

假如要围绕下述提纲撰写一份工作报告中的一部分,请问可以从哪些方面进行创新。

一、牢牢把握政治建设这一根本原则,充分发挥党建引领作用。

二、牢牢把握高质量发展这一主线,奋力实现全年任务目标。

三、牢牢把握安全生产这一底线要求,确保安全稳健发展。

四、牢牢把握队伍建设这一重点,打造高素质干部人才队伍。

18 文贵得法
学会统稿，踢好关键的"临门一脚"

在公文写作中，相对成熟、经验丰富的写作者，或者是写作团队的负责人，经常会遇到需要统稿的任务。表面上看，统稿无非就是把分头起草的内容整合起来，使全文风格统一、逻辑一致、内容协调、脉络贯通。统领说起来简单，实际上可能问题多多。因为统稿不仅涉及最后阶段的修改，还贯穿在公文从构思到谋篇，再到写作，最后到修改的全过程，如果缺乏整体规划和过程管理，就不能体现"统"的作用和效果，那绝对是统稿人的一场灾难。而一旦掌握了统稿的方法和要诀，则可以有效地利用"杠杆效应"，实现经验传递和能力倍增，从而放大统稿者的作用。

18.1 统稿等于再创造

统稿工作之所以重要和难在于，一开始各自写作，每个人的想法和写作风格不一样，很可能是杂乱无章的。比如一些部分单看很精彩，但放在整体中就缺乏协调与均衡，或者是互相抢内容，或者是"各自为政"，缺乏呼应，或者是逻辑思路不一致，内容缺乏关联性，如果不加以有效统合，就会给人明显的拼凑感。

统稿确实是一个再创造的过程，统好一份稿件，难度不亚于单独起草一篇稿件。但有些大型稿件需要多部门的人参与，一个人不可能熟悉各个方面的工作。有时由于时间特别紧急，出于效率的考虑，需要多人合作，还有出于培养人才的考虑，要把"担子"压下去，都会遇到需要统稿的情况。

统稿并不是只能到最后的修改阶段才能发挥作用，一个好的统稿人，应该贯穿在文稿起草的全流程，在构思、布局、起草、修改等几个大的环节上，都应该有效地介入和干预。这就好比在足球比赛中，统稿人兼具多个角色，既是"中场发动机"，要设计思路，总体统筹，又是后场防守，要查漏补缺，防止大的失误，同时是前锋，完成最后的成稿任务，踢出关键的"临门一脚"。可以说，统稿是对文稿整体驾驭能力的挑战，也是对组织策划能力的要求。

18.2 构思环节，形成共识

如果独立写作公文，一个人构思比较自主，多个人分工完成稿件，大家想法不一样，怎样才能在集中智慧与差异性之间把握平衡呢？

从方法上说，有一个从分散到集中的过程，首先应该充分讨论，集思广益，有效激发大家的智慧火花，然后在这个基础上进行必要的集中，在思路上达成共识，成为共同遵循的，这样才能保证后续写作的顺畅。如果任由大家各想各的，就会陷入群龙无首、各自为政的局面。

写作的功夫是在动笔之前，好的稿子不是写出来的，而是想出来的。能把路子想好，把观点想好，把框架想好，文章就完成了一大半。分工写作会有统稿的挑战，但如果运用得好，也有扩展智慧、发散思维的优势。每个参与者都能贡献一些想法，思路就会更开阔，而且往往在讨论交流中会有意想不到的效果。

如果善于通过适当的方式集中智慧，比如用"头脑风暴"充分调动思维，引爆灵感，往往能激发出意想不到的构思。大家对文稿主题的提炼、内容组织以及框架设计等方面进行深入讨论，找到合适的写作思路和更多的思维角度，既是一个思维发散和灵感激发的过程，也是形成共识和加深理解的过程。

18.3 布局环节，明确任务

构思结束之后是布局环节，就是从宏观上对整篇文章的结构进行谋划安排。布局的好坏，直接影响到表达效果，特别是多人分工的稿件，前期的布局就更为关键。这个环节做扎实了，才能避免写作时的互相"打架"。如果一开始就能合理安排布局，并且把这种布局的安排告诉每个人，大家在统一指挥下完成自己所承担的部分，就能写出结构严谨、条理有序的文稿。

多人合作的稿件，就是一支庞大的军队，统稿人就是执行"军令"的人，负责排兵布阵、协调统筹，也可以说是乐队的指挥。可是将军有沙盘可以演示，乐队也有乐谱可以看，写稿时怎样才能让大家明确自己的任务，保证最后的稿件符合谋篇布局时的考虑呢？有没有好的办法？

要把构思阶段的讨论成果有效地记录和整理出来，我们可以用一些思维辅助工具，其中最适合用的是前面讲到的思维导图，能提高我们思考问题的效率，也能直观清晰地展示讨论思考成果，让每个人既知道自己的任务，也知道自己的工作在全局中的定位，以及各个部分之间的关系。在某种程度上，思维导图就是完成这项任务的"作战图"。

18.4 写作环节，分而不散

在写作环节，要充分发挥每个起草者的积极性，重在处理好分头写作与统稿的关系，做到既分而不散，又统而不死。统稿人安排分工要合理，知道谁更适合写哪一块，做到知人善任，有效发挥每个人的主观能动性。好的统稿者不能居高临下，不能只说不做，不能放任自流，过程中要始终关注、引导和提示参与者。

为了发挥好每个人的积极性，**统稿者第一是要整体把握工作。**参与写作的每个人除了对自己撰写的部分要了解外，对整体工作的特点、重点也要有所了解，对各项工作在整体工作中的位置及进展要心中有数。**第二是要合理使用提纲。**分工写作的稿子一般会有一个提纲，这样能避免写得漫无边际，但要注意的是，也不要过分拘泥于提纲。提纲是死的，而工作内容是活生生的，绝不是一个事先预设的提纲所能包容的，要鼓励大家敢于实事求是地修改或突破提纲。**第三是明确文稿风格。**要告诉大家根据需要使用恰当的表达形式，比如要写的是汇报材料，那就都要用汇报的形式，不能写成讲话稿的口气，这样能减少统稿的难度。如果大家的水平不一样，可考虑提供范文，以供参照。

统稿者还要努力增强参与者的创新意识和责任心，充分发挥每个人的优势，鼓励大家提出有价值的意见，减少大家盲从统稿者意志的依赖思想。同时，要求分块写作做到"守土有责"，无论分工是什么，都要认真负责，大到观点提炼、内容组织，小到语言表述、数据引用等，都要尽量减少差错。

18.5 修改环节，熔为一炉

起草公文时一意贯穿、一气呵成是值得追求的目标，但这种情况其实极其少见。俗话说："玉不琢不成器。"好文章都是改出来的。修改环节就是把前面所形成的"毛坯"再加以锤炼，使其更完善。

修改并不只是到最后阶段的"一锤子买卖"，其实在写作的过程中就可以修改。有几种修改的方法可以采用。**第一种是逐段修改。**不等每个人承担的部分全部写完，有一部分就先拿来，提出修改意见，避免后面走弯路。**第二种是相互修改。**浏览大家交上来的初稿后，做到心中有数，可以不急于统稿，而是让大家互换稿子交叉修改，取长补短，相互促进。**第三种是集体会诊。**形成初稿后，将大家集中起来"会诊把脉"，推敲讨论，集思广益。在实际工作中，这三种办法可以交替使用。

这些并不能完全代替最后的统稿修稿，那才是真正的"临门一脚"。虽然各部分是按提纲写的，也进行了互相讨论和修改，但还是会有些不完善和不连贯的地方，最终要通过动些"手术"，使稿子变成像一个人写出来的。这个阶段要看的是整体而不是局部，局部写得再好、再精彩，但如果与整体不相协调，也要进行调整。

具体来说，统稿的修改有"八看"：一看各部分与主题的联系，使各部分共同为主题服务，防止个别部分"开小差"；二看各部分之间是否形成有机整体，起承转合是否顺畅，前后是否照应，防止松散脱节；三看各部分内容是否大体均衡协调，防止详略不一；四看各部分内容的衔接和配合，是否层次分明、脉络清楚，防止交叉重复；五看内容主次是否分明，重点是否突出，防止喧宾夺主；六看标题之间的逻辑关系是否严密、制作质量是否标准一致，防止参差不齐；七看关键提法、关键词、关键数据的运用是否前后一致，防止互相矛盾；八看各部分的行文习惯、表达方式或风格是否一致，防止给人以杂乱、拼凑之感。

18.6 起承转合

要使公文浑然一体、文气畅通，从技术方法上来说，可以先从起承转合做起，尽量做到脉络分明、一气贯通、丝线串珠、顺流直下。起与合，指的是文章的开头与结尾；承与转，指的是文章内部的连接与过渡。开头要开门见山、直奔主题，连接要顺水推舟、自然平顺，转要见风使舵、力挽狂澜，合要水到渠成、干净利落。

文章就像一部机器，起承转合就是装配的技巧，也就是文章写作的基本技巧。这种行文方法，难度不是很大，只要多学习、多揣摩、多写作，是不难掌握的。

起承转合不仅仅体现在文章的整体构架中，体现在段落与段落之间，还体现在层次与层次、句与句之间，在宏观、中观和微观层面都能得到很好的运用。不论是段落之间逻辑不连贯，还是层次不清晰、不合理，抑或是上下句之间没有必然联系、不讲承转关系、生拼硬凑，都是写作之大忌。

比如，某公司某一年的反腐倡廉工作会讲话分为三大部分：第一部分"深入学习贯彻中央纪委六次会议精神，把思想统一到中央决策部署特别是习近平总书记讲话精神上来"；第二部分"坚定不移推进党风建设和反腐败工作"；第三部分"坚定不移把全面从严治党要求落到实处"，结束之前还有一个段落（意思相对独立，但不用单独标出序号，而是融入其他段落之中），对纪检监察机构强化监督执纪问责提要求。

从结构上说，这就是一个起承转合的例子：第一部分"起"，认识形势，强调工作的重要性和紧迫性；第二部分"承"，对落实中央要求进行安排部署；第三部分"转"，结合公司实际，提出问题，分析问题，解决问题；最后段落"合"，对在反腐败工作中肩负重要责任的纪检监察机构提出要求。全文内容完整，要求到位，逻辑清晰，浑然一体，起承转合的运用使文气贯穿全文。

又如，在一份"三严三实"党课材料中，在谈到"充分认识'三严三实'的重大意义"时，第一点是"落实全面从严治党要求的重要举措"，具体内容如下：

①全面从严治党是党中央在科学把握党的执政与建设规律的基础上做出的重大战略部署，是推进党的建设新的伟大工程的必然要求，是实现"四个全面"战略布局的坚强保证。②全面从严治党的核心在"严"，"严"是贯穿全面从严治党的一条主线。习近平总书记强调："欲知平直，则必准绳；欲知方圆，则必规矩。"这就要求必须坚持标准、严格要求，把严守政治规矩和政治纪律作为底线约束，进一步明规矩、严纪律、强约束，形成从严从实的氛围，营造风清气正的政治生态。③"三严三实"是在清醒把握现状基础上对党员干部改进作风提出的最新要求，真正切中了作风之弊的要害，切实把准了作风建设的命脉，是反对"四风"基础上作风建设的又一次升华，是对作风建设发出的最新动员令。④"三严三实"为新形势下党员干部修身做人、为官用权、干事创业立下了规矩，要求党员干部在平日里、在细节上、在实际中贯彻"严"和"实"的要求，致力于养成习惯、形成常态。⑤应

该看到，党的群众路线教育实践活动开展以来，公司党员干部队伍的作风得到明显改善，呈现出新的气象，但也要看到，"四风"还没有完全根除，无论党员干部队伍管理还是党员干部自身，都还存在不少"不严不实"的问题。⑥我们必须牢牢把握"三严三实"要求，把"三严三实"这个规矩贯彻始终，以"三严三实"去除歪风邪气，树立清风正气，切实推进全面从严治党。

　　这个段落，很好地运用了起承转合的方法。①是起句，切入议题，提出观点，提领全段；②③④是依次承接，从全面从严治党到"严"，再到"三严三实"，层层推进，逻辑谨严，条理清晰；⑤是转折，从面上的情况到具体的描述，从正面立论到指出问题，虽只有短短两句，但意思转换形成了张力；⑥是最后收口，找到落脚点，合起全段。全段意思至此表达得非常充分而完整，内容清晰而贯通。

— **本堂课习题** —

请阅读下述这篇演讲稿，分析作者是如何运用起承转合的方法来叙述的。

全球能源格局变迁与能源的可持续发展

能源是人类社会赖以生存和发展的重要物质基础。当今世界，由于能源的基础性作用及其与地缘政治和金融活动的密切联系，它已成为世界经济体系变动的"风向标"和"晴雨表"。全球能源格局的变迁深刻地反映和影响着世界战略格局的演进。纵观当前和今后一个时期的国际能源格局，我认为将呈现以下四个特点。

第一，全球油气生产西移和消费东移的趋势更加明显。近年来，随着技术不断进步，加拿大的油砂、美国的页岩油气、委内瑞拉的超重油等非常规油气资源开始突破它的经济和技术界限，产量快速上升，西半球在世界油气生产中的地位越来越重要。与此同时，随着中国、印度等新兴经济体的发展，位于东半球的亚太地区已经成为世界最重要的油气消费地区。

第二，美国谋求"能源独立"取得重大进展，正在深刻影响全球的能源格局。近年来，随着近海油气田的开采，特别是以页岩气为代表的非常规油气的成功开发，加上能源使用效率不断提高，借助于油气供需两端的变化，美国综合能源自给率从2005年的69%上升到2011年的81%，"能源独立"战略由此取得了新进展。这不仅为美国找到了一条可持续发展的能源安全路径，也正在深刻改变全球能源、经济乃至地缘政治版图。

第三，全球剩余油气储量十分丰富，未来油气勘探开发潜力巨大。在经历了百年油气勘探历程后，全球待发现的常规可采油气资源仍然高达2425亿吨油当量，已发现的油气田未来储量增长潜力也十分可观。同时，非常规油气开发的技术也在逐步完善和推广，因此"石油高峰论"目前来看可能还有点问题。

第四，应对气候变化成为全球共识，能源革命初见端倪。近年来，以全球变暖为标志的气候变化日益引起关注和重视，越来越多的国家加入应对气候变化的行动当中，一场以绿色低碳为特征的技术革命和产业革命正在悄然降临。气候变化问题的核心是能源，应对这一挑战需要一场深刻的能源革命。

当前，由新兴经济体引发的全球新一轮工业化浪潮带来对能源的巨量需求，引起了人们对资源和环境承载能力的担忧。我们认为，快速增长的能源需求和应对全球气候异常变化带来的严峻挑战并不是传统化石能源的末路。相反，依靠创新的力量，依靠科技的进步，提高能源使用效率，构建可持续发展的能源供应链，传统化石能源必将得到更加充分和高效的利用和发展。

中国是一个发展中大国，也是世界能源生产和消费大国，中国的能源供应主要立足于国内。多年来，综合能源自给率始终保持在较高的水平。过去30年以来，中国以较低的能源增长速度支撑了国民经济的快速发展，为促进世界经济的繁荣、保持能源安全格局做出了贡献。从现在起到2020年是中国全面建成小康社会的关键时期，中国将加快推进产业转型升级，提高能源、资源的利用效率，构筑稳定、经济、清洁、安全的能源供应体系。

作为中国重要的能源公司之一，我们自成立之日起就一直致力于为中国的经济发展提供更充分的能源供给，同时始终坚持在对外合作中发展壮大。我们主要从增强资源供应能力、积极发展清洁能源、深入开展国际合作、大力加强节能减排工作等方面做好工作，在企业发展的同时，推动发展方式的转变，与自然和谐相处。

女士们，先生们：

世界能源格局从未像今天这么复杂多变，而人类社会也从未像今天这样休戚与共，企业从未像今天这样持有共同的价值理念。能源是全球性的问题，在经济全球化的条件下，世界各国的能源供需和能源安全相互依存，绝大多数国家都不可能离开国际合作而保障能源安全，因此我希望我们能加强合作来解决全球的能源问题。

19 文以气胜
贯注气势和力量，文章才会打动人

有的公文读起来让人神清气爽，痛快淋漓，醒脑明目，为之精神一振；有的公文则言之无味，使人昏昏欲睡，无法卒读。为什么会有这种差异呢？除了字面上给人的感受不同之外，还在于其中是否具有打动人心的力量，能否给读者以思想的启迪和心灵的冲击。什么样的公文能打动人？是有激情、文气足的公文。要想使公文有激情和文气，就得为它注入气势和力量，传递正确的价值观，用理论和逻辑折服人，用思想和理念打动人，用精神和激情感召人。

19.1 文以载道

若想把公文写好，文笔、技法、知识虽然重要，但最重要的还是写作者是否有正确的价值观。价值观层面的建设到位了，在公文写作的道路上才能行得稳、走得正，才能有足够的支撑和底气。所以说，价值观是"道"，各种各样的方法和技巧都是"术"。始终做到"以道驭术"，才是写好公文的第一法宝。

在我看来，为文有三个层次，首先是情怀，其次是见识，最后是文字。情怀处于第一层次，指的就是价值观，是思想底牌；见识指的是视野，是经验，是逻辑，是思维方式；文字指的是笔法，是语感，是格调。如果一开始就本末倒置了，就很难有真正的建树。

中国自古就有"文以载道"的认识。唐宋八大家之一的韩愈提出"文以贯道"，宋代理学家周敦颐将其发展为"文所以载道"，意思是说"文"像车，"道"像车上载的货物，货物通过车的运载，可以到达目的地。所以，如果不能承载"道"，"车"就是在"空驶"，不会对社会、对他人产生实际价值，徒耗人力、物力罢了。

文章之道，或者说价值观是从哪儿来的呢？它不是文章中自然生长出来的，也不是写作者之外的人附上去的，而只能来自写作者本身，是写作者所秉承的价值观、思想品格和精神信念的体现。一个人有正确的价值观，有高尚的精神力量，撰写的公文也一定会具有气质、品格和感人之处。所以，中国自古以来就有"文如其人"的说法，苏轼在《答张文潜县丞书》中就说："其为人深不愿人知之，其文如其为人。"这样的例子可谓不胜枚举。

鲁迅先生指出："我以为根本问题是在作者可是一个'革命人'，倘是的，则无论写的是什么事件，用的是什么材料，即都是'革命文学'。从喷泉里出来的都是水，从血管里流出的都是血。"这就是说，作者的理想、情操和审美眼光，对文章的品格和价值是起决定作用的。

公文写作如何遵道而行？说起来显得有点虚的"道"到底如何把握呢？对于初学者来说，把抽象的价值观具体化了，才更便于把握和遵循。我认为，一个有追求、有抱负的公文写作者，至少应该做到"三有"和"三无"。

要有一片公心。新华社老社长郭超人曾经有句名言："笔下有财产万千，笔下有人命关天，笔下有是非曲直，笔下有毁誉忠奸。"他说的是记者应该时刻牢记自己的责任和使命，其实对于公文作者同样如此。公文姓公，体现的是公众的诉求，离不开公正的立场，需要写作者有一颗公正的心。所以，在公文起草中最重要的就是胸怀全局、一心为公，忠诚于使命，履责于行动。只有这样，才能站在公正的立场看问题，站在工作全局看问题，才能虚心接纳他人的正确意见，使公文体现更多人的诉求而不只是自己的主张，才能把工作当成一种追求，通过文字为人民群众服务。这是基本的职业素养，也是一个人人格的体现。

要有一股正气。公文姓公，决定了公文要正，体现正直和正义。孟子说："我善养吾浩然之气。"只有一身正气的写作者才能写出充满正气的文章。公文写作者要涵养一股正气，坚持真理，坚持实事求是的工作作风，才能在文字工作中有所建树。

要有一腔热情。公文不应该全是冷冰冰的，给人距离感，而是可以充满感情的。梁启超先生谈到写作时说"笔锋常带感情"，所以他的文章很有感染力。一篇文章，首先要打动作者自己，才可能打动别人。如果连自己看都觉得乏味，在心里激不起一丝波澜，可以想见，别人读了会有什么感受。公文的感情是公文写作者亲手传递出来的，只有对公文工作有一腔热情的人，才能写出充满感情的作品。

无邪，不被歪风邪气所染。公文写作者并不是生活在净土和真空中，同样也会面临各种诱惑，面临各种不良风气的侵袭。坚持什么样的价值导向，树立和崇尚什么样的风气，传递的不仅仅是一份公文的风格，更是整个单位的工作作风，背后是写作者本人的风骨和品格。因此，面对种种不良的社会风气，公文写作者不能随波逐流，而要比其他岗位的同志更具抵抗能力，更加自觉地抵制歪风邪气的侵害。不仅如此，公文写作者不能满足于独善其身，还要坚决抵制邪气，带头弘扬正气，通过公文传递正确的价值观，倡导有益的社会风向，营造风清气正的工作作风。

无私，不为一己私利所蔽。公文写作，有时会遇到这样的情况，每到起草工作总结时，讲成绩总是添油加醋地把自己的工作放进去，讲问题总是想方设法把自己的失误摘出来。这种小伎俩直接损害了公文的真实性和客观性，严重影响公文的质量，是典型的假公济私和以权谋私的行为，是公文写作者必须坚决杜绝的。无私还体现在，要把公文作品作为职务作品而不是个人作品，杜绝那种一心想在公文中夹带"私货"的行为，要实事求是，以最适合的方式来表达公文内容。

无偏，不因个人好恶所偏。不能因为笔握在手中，就任由个人的喜好随意写。不能因为熟悉这个领域的工作，想强调这项工作的重要性，就多写这项工作方面的情况；对另一个领域的工作了解不多，就少写那项工作方面的情况，甚至一笔带过了事。或者对××单位留下的印象比较好，就多写这家单位的成绩；对××单位的做法不太看得惯，就多写这家单位存在的问题。这种脱离了事物的客观实际，而以个人情感好恶为判断依据的做法显然是不公平的，这样写出来的公文其可信度又有多少呢？因此，无偏是每个公文起草者时刻都不能忘记的要求。

19.2 文章寸心事

李大钊先生曾经有句话，"铁肩担道义，妙手著文章"，是对新闻记者的要求，其实也是对公文写作者的要求。要怎样塑造自己，锤炼自己的精神信念和思想品格，才能树立正确的价值观呢？

公文写作者从本质上说是读书人，是知识分子，应该坚守自己的专业精神与价值取向，保持自己的独立人格和独立思考。有人格、有主见、有灵魂的人，才能写出好的公文，贡献出好的思想。

公文固然是推动工作的工具和载体，但写作者不要把自己工具化。从职业认知来说，要把从事这项工作视为一种服务于他人和社会的公职，是一种参与公共事务的途径，以专业知识和能力服务于社会，通过自己的工作创造社会价值，也从中积累经验和见识，提高素质和能力，涵养心性与情操，砥砺意志和品格。

诗圣杜甫晚年用一首诗表达了对诗歌创作的见解，开篇第一句是："文章千古事，得失寸心知。"说文章是传之千古的事业，而其中的甘苦得失只有作者自己心里知道。确实，中国自古重文，乃至今天我们还能读到两千多年前的文章。然而在我看来，文章的得与失却不仅仅只有作者自己知道，当世之时、百年之后，人民与历史自会给出一个公论。不妨将杜甫这两句诗稍加修改——"文章寸心事，得失千古知"，意思是坚持真心为文，得与失就交给时间去检验。

坚持实事求是，说实话，谈实情，写实事，才能写出真正有分量、有价值，经得起时间和历史检验的优秀公文。只有充满真情实意的文字，才能引起受众的共鸣，只有先打动自己的文字，才有可能打动别人，而虚情假意、矫揉造作的文字，会让人一眼识破并心生厌恶。

公文写作是辛苦的，但既然选择了这个岗位，就应该让自己的笔发挥应有的作用，体现自己的人格和素养，体现自己的价值与追求，树立"书生报国无他物，唯有手中笔如刀"的抱负追求，运笔如刀，激浊扬清，不忘初心，在岗位上发挥最大价值。这是正确的价值观，也是端正的写作态度，有了这些文章就有了根基，就有了魂。

我们看看下面这篇例文，这是一份党课材料中的一部分，集中阐述了"党员干部的苦乐观"这个命题，可以从中感受到正确价值观的作用。

加强政治建设，对于党员干部来说，就要筑牢信仰之基，补足精神之钙，把稳思想之舵，其中很重要的一点就是要处理好苦与乐的关系。对共产党人来说，为中国人民谋幸福、为中华民族谋复兴，是我们的初心和使命。践行初心和使命的奋斗过程或许是苦和累的，但为使命而付出的感受却是快乐的。这恰恰体现了共产党人的苦乐观：不忘初心，牢记使命，为党为国为民而付出，先苦后乐，方为至乐。

在一些人看来，加强政治建设的要求很多，而且都是苦、累、难的事，比如学习钻研苦，为民服务苦，严肃的政治生活苦，严格的纪律约束苦，干事担当苦。如果没有树立正确的苦乐观，党员干部就会在这些事情面前望而却步，贪图安逸，意志消磨。而一旦树立了正确的苦乐观，则会把这些当作锤炼党性修养的"大熔炉"，当作践行初心和使命的"试金石"，以苦为乐，苦而后乐。

树立正确的苦乐观，需要理解得与失的辩证法。人生如棋，有得就有失，得与失都是相对的。某些时候，看似失去了一些东西，但同时也得到了一些东西。为工作牺牲了一些休息的时间，但得到了成长的机会；在荣誉面前退让，但得到了大家的认可；选择到基层工作失去了大城市的安逸，但得到了一线的历练。可见，得与失的标准不只是物质的，精神的追求更重要。党员干部应该深刻理解得与失的辩证法，说白了就是处理好奉献与索取、给予与获得的关系。

树立正确的苦乐观，需要认识苦与乐的双重性。趋乐避苦是人的本能，而正确对待苦和乐才是人的本事。世界上没有光享清福而不要付出的事情，幸福是奋斗出来的，快乐是耕耘出来的。"荣誉的桂冠，都用荆棘编织而成。"只有日拱一卒，跬步不休，才会功不唐捐，不断进益。有副对联写道："若不撇开终是苦，各自捺住即成名。"撇开一些名利纠结，按捺住内心的欲望，才能离苦得乐。

树立正确的苦乐观,需要把握多与少的"平衡术"。自然界能量是守恒的,人生的能量也是守恒的。比如,一个人的时间就是那么多,应酬的时间多了,读书的时间就少了;往领导身边钻营多了,体察群众疾苦就少了;看肥皂剧、刷手机多了,深度思考就少了。对待名利也是如此,人生在世,难以回避"功名"二字。有人把功名看得很重,把荣誉作为向人炫耀的资本,殊不知功名成为前行的负担和累赘。在虚名浮利上看得轻一些,追求得少一些,反而会获得精神的丰盈和充实。

宋代大臣范仲淹曾写下"先天下之忧而忧,后天下之乐而乐"的千古名句,这是历代仁人志士的忧乐观。而习近平总书记提出的"我将无我,不负人民",更是将传统的忧乐观提升到了更高的境界,展现了共产党人的纯粹品格和博大情怀,是对新时代苦乐观的深刻诠释,也是对新时代党员干部正确处理"有我"与"无我"、树立高尚精神品格所发出的号召。

要锻造奋斗有我、功成无我的"栽树精神"。"前人栽树,后人乘凉。"社会的发展、我们党的事业就是这样一代代传承的。功成不必在我,是一种境界、胸襟和情怀,是甘为人梯的"栽树精神",它折射出淡泊的名利观,体现出正确的政绩观。事业的成功不是属于个人,因此未必要在自己的手中或任期看到并实现,但一定要为它埋头苦干、接续奋斗,无问东西、不计得失。党员干部要常怀"栽树精神",不戚戚于业绩,不耿耿于声名,抱着"功成必定有我"的使命和责任,既做显绩又做潜绩,既着力当前又着眼未来,干出为后人做铺垫、打基础、利长远的好事实事,甘于不显山露水,不扬名立万,甘于做地平线以下的工作。

要锻造责任有我、权力无我的担当精神。不管干什么事情,责任心最关键。责任在肩，则心生自觉，责任在心，则变"要我做"为"我要做"。知责明责是履责担责的前提，知责说到底是一种角色意识。担责履责则是一种实干精神，人的价值是在尽责有为中实现的。要把责任当回事，不要把权力当回事。权力是组织和群众赋予你用于干事创业、为民服务的，如果不珍惜这种权力，看不到权力背后的责任，不作为、慢作为，或者乱作为、瞎作为，只会让自己的人生一钱不值。

要锻造付出有我、名利无我的奉献精神。"政在去私，私不去则公道亡。"为官当干部，就得甘于付出，甘于奉献，这就是格局、境界和情怀，也是责任、使命和操守。"求名应求万世名，计利当计天下利"，这才是一个党员干部在面对名利时应有的胸怀。"求名心切必作伪，求利心重必趋邪。"在名利这道人生难题面前，党员干部一定要破解它。谁破解好了，就找到了平安为官的金钥匙。说到底，党员干部还要从世界观、人生观、价值观去找答案，这是"总开关"。什么样的世界观、人生观、价值观，决定了什么样的政绩观、责任观和名利观。初心和使命，是我们党不忘来路、开辟未来的出发点和落脚点，责任与奉献，也应该是每个党员干部念兹在兹的情怀与担当。

这篇讲话稿作为一次党课，从政治建设谈起，切入到苦与乐的关系上，聚焦党员干部要具有的苦乐观，从得与失的辩证法、苦与乐的双重性、多与少的"平衡术"三个方面加以阐述，落脚到"栽树精神"、担当精神、奉献精神上，理实据丰，旁征博引，上接天气、下接地气，体现了很高的思想境界、强烈的责任担当、令人敬佩的情怀追求，在透彻而充分的论述中，让受众感受到正确价值观的引导和熏陶，从而具有了打动人、感染人的力量。

19.3 文气要畅通

但是,价值观这些写作者内在的东西,怎样才能附着和转化到公文文稿中去呢?有了正确的价值观,并不是说就一定能写出上好的公文文稿,要打动人心,从文本上说,还要有外在的气势和力量,就是我们所说的文气。

文气是我国古代文论中一个很重要的概念,曹丕说,"文以气为主"。曾国藩说,"行气为文章第一义"。说明古人对文气以及运用文气作文都非常重视。文章有气,才能显示生命活力,才能以气势感染人。一篇公文文稿中的文气,是写作者内在精神气质在文中的映现,写作者先天禀受的生命力与后天养成的思想、个性、气质等,通过意象和文字符号等表达出来,和我们前面说的价值观是紧密相关的。

好的公文文稿,文气是通畅的,具体体现为意气、气势与气脉三个方面,写作时也要从这三个方面加以把握。

第一,要发扬意气。体现一种思想的高度,彰显一种情怀和见识,展示大的格局和昂扬奋发的精神,使文章充满浩然正气,让人读了有意气风发之感。现在有一个流行词叫"少年气",这是对人很高的评价,和年龄没有必然关系。相反,就是油腻。公文写作也应该有"少年气",不要油腻。

第二,要突出气势。气势是一种力度美,有气概,有激情。毛泽东同志的文章就有这个特点,比如他在《星星之火,可以燎原》中写道:"中国革命高潮快要到来……它是站在海岸遥望海中已经看得见桅杆尖头了的一只航船,它是立于高山之巅远看东方已见光芒四射喷薄欲出的一轮朝日,它是躁动于母腹中的快要成熟了的一个婴儿。"[1]这段描写充分展现出对中国革命极其深厚的感情,令每个读者无比憧憬又无比动容。不是大喊大叫、用很多感叹号就有气势,气势更多是来自理念的坚定、精神的激越、思想的穿透力和逻辑的力量。除了在思想深度上下功夫,也有一些行文技巧可以借鉴。内容充实,言之有物,才能气势旺盛。锤炼语言,多用短句,简洁明快。适当使用修辞方法,增强表达效果。贯以真挚充沛的感情,从而更增强文稿气势。

第三,要贯通气脉。文章最贵一气贯通,做到思维脉络连贯通畅,结构安排紧凑有序,语言表达流利畅达,首尾一体,一气呵成,给人以势如破竹之感。

有气势、有力量的文章,直指人心,鼓舞人心,所以有"一支笔抵得上四千毛瑟枪"的说法。鲁迅先生把杂文比作"匕首和投枪"。当年,袁世凯称帝,反对的文章多如雪片,最为有力的是梁启超发表在《京报》上的《异哉所谓国体问题者》。这篇文章掷地有声,脍炙人口,发表以后全国各报纷纷转载。这个舆论攻势,不比蔡锷的军事力量作用小。还有一个广为人知的故事说,曾国藩在军情报告上,将"屡战屡败"改为"屡败屡战",字序之差,气象和境界完全不同,给队伍的士气产生的影响也是天壤之别。陈琳写骂曹操的文章,曹操自己看了都一身大汗,久治不愈的头痛都好了。骆宾王写讨伐武则天的檄文,武则天看了连连称赞,说这样的人才不为我所用,是宰相的失职。这些都说明了文字的力量。

下面这篇例文是解放战争时期,即1948年12月17日,毛泽东同

---

[1] 毛泽东:《毛泽东选集》(第一卷),人民出版社1996年版。

志亲自写作的《敦促杜聿明等投降书》[1]，可从中体会何谓文气，感受文章的气势。

杜聿明将军、邱清泉将军、李弥将军和邱李两兵团诸位军长师长团长：

　　你们现在已经到了山穷水尽的地步。黄维兵团已在十五日晚全军覆没，李延年兵团已掉头南逃，你们想和他们靠拢是没有希望了。你们想突围吗？四面八方都是解放军，怎么突得出去呢？你们这几天试着突围，有什么结果呢？你们的飞机坦克也没有用。我们的飞机坦克比你们多，这就是大炮和炸药，人们叫这些做土飞机、土坦克，难道不是比较你们的洋飞机、洋坦克要厉害十倍吗？你们的孙元良兵团已经完了，剩下你们两个兵团，也已伤俘过半。你们虽然把徐州带来的许多机关闲杂人员和青年学生，强迫编入部队，这些人怎么能打仗呢？十几天来，在我们的层层包围和重重打击之下，你们的阵地大大地缩小了。你们只有那么一点地方，横直不过十几华里，这样多人挤在一起，我们一颗炮弹，就能打死你们一堆人。你们的伤兵和随军家属，跟着你们叫苦连天。你们的兵士和很多干部，大家很不想打了。你们当副总司令的，当兵团司令的，当军长师长团长的，应当体惜你们的部下和家属的心情，爱惜他们的生命，早一点替他们找一条生路，别再叫他们作无谓的牺牲了。

　　现在黄维兵团已被全部歼灭，李延年兵团向蚌埠逃跑，我们可以集中几倍于你们的兵力来打你们。我们这次作战才四十天，你们方面已经丧失了黄百韬十个师，黄维十一个师，孙元良四个师，冯治安四个师，孙良诚两个师，刘汝明一个师，宿县一个师，灵璧一个师，你

---

[1] 毛泽东：《毛泽东选集》（第四卷），人民出版社1996年版。

们总共丧失了三十四个整师。其中除何基沣、张克侠率三个半师起义，廖运周率一个师起义，孙良诚率一个师投诚，赵壁光、黄子华各率半个师投诚以外，其余二十七个半师，都被本军全部歼灭了。黄百韬兵团、黄维兵团和孙元良兵团的下场，你们已经亲眼看到了。你们应当学习长春郑洞国将军的榜样，学习这次孙良诚军长、赵壁光师长、黄子华师长的榜样，立即下令全军放下武器，停止抵抗，本军可以保证你们高级将领和全体官兵的生命安全。只有这样，才是你们的唯一生路。你们想一想吧！如果你们觉得这样好，就这样办。如果你们还想打一下，那就再打一下，总归你们是要被解决的。

中原人民解放军司令部
华东人民解放军司令部

这是毛泽东为中原、华东人民解放军司令部写的一份广播稿，只有800多字的敦促投降书，从里到外，从头至尾，遣词用句充满了外柔内刚、张弛自如的特性。字面上看似语气温和、苦口规劝，但整体所勾勒的局势，营造的气氛却并不让人轻松，特别是末尾那句："如果你们还想打一下，那就再打一下，总归你们是要被解决的。"绵里藏针，对敌人的最后一道心理防线给予沉闷一击。

写作中要注意哪些，才能做到文气畅通呢？至少可以从几个方面做起。

首先，作文前应精心构思。如果写之前已经做了足够的知识储备和思想准备，那么一动笔，就好比装满子弹的机关枪扣动了扳机，几百发子弹瞬间就扫射了出去，这样在文气上自然是可遇而不可求的。如果储备不足、想得不够，就应该多花一些时间构思整体框架，谋篇布局。顶层设计做好后再具体成文，这样在文气上不会差到哪儿去。

其次，行文时应一气呵成。 有了完整构思和观点素材等方面的准备，动笔的时候，要有自信心，胸有成竹，一气呵成。按照框架设计的预定目标往下写，一时缺的东西，宁肯初稿写好后再补上，也不要停顿。保持充足的创作欲望，这是保证文气通畅的前提。凡是勉强写出来的东西，从文气角度考察总会不太理想。

文气感并不是一个多么神秘、多么高不可攀的东西，每个写作者都可以去感受、挖掘和培育它。最好的方式是阅读一些好的作品和经典范文，感受它们的气势，从中得到熏陶。文气的培育，最终离不开写作者在综合素质方面的深厚积累。

— **本堂课习题** —

　　请阅读梁启超先生的《少年中国说》，从文气的角度，分析它好在哪里。

20 心理建设 1
用升维视角，在写作中实现跃迁

经过前面课程的学习，大家得到了一些经验、方法和技巧以及思路上的启发，这是一个拾级而上、逐级攀登的过程。要想不断进步，就要有高的眼界，取法乎上，知道往哪里努力，让自己实现升维。如果掌握正确的方法，能够坚持努力，日拱一卒，就会日益精进。

到底怎样才能升维自己的写作呢？下面从三个不同的视角，分析怎样实现升维。

首先，是从写作者视角，实现四种角色的跃迁。同样是写公文文稿，不同人所处的层次是不一样的，如果做简单的划分，可以分为新手、写手、熟手和高手。他们在工作中面对问题时，思考的层面和处理手段上，位于不同的层次。

新手刚刚接触公文写作，还不得其门而入，被各种问题所困扰，是非常被动的。写手已经在技法上相对熟练，能够依据经验解决大部分问题，是相对比较得心应手的。熟手在大量的练习中，掌握了习作的规律和方法，能够由一知十，从而把握工作的主动。最高的层次是高手，他能看到问题背后的原因，找到事物的原理，从本质上去分析问题和解决问题，不但知其然，还知其所以然，所以他的认识能力是最大的，实践能力是最强的。此时，他已经找到了写作的奥秘，所以他是自由的，这是最值得追求的境界。

怎样才能达到高手的这种境界呢？我们举个例子来说吧。大家都说毛泽东同志的文章有思想深度，理论水平高，对实践的指导作用大。从他的文章也可以看出，他之所以与众不同，就是因为他的思考总是很超前。更重要的是，他想的往往总是对的。那他为何会具备这种能力呢？我们可以看一下。从中学退学后，他寄居在湘乡会馆，每天都去湖南省立图书馆看书。他为自己制订了一个严格的自修计划，读得最多的书有两类，一类是中国的历史书，还有一类是西方的哲学伦理学。他看书是为了解决根本问题，为了参透这个世界的本原。这两种书恰好最容易激发人的思考。

他不但读万卷书，还行万里路。早在1917年，24岁的他就和一个同学利用暑假，不带一文钱，徒步走遍湖南的长沙、宁乡、安化、益阳、沅江5县，行程900多里（1里=0.5千米），进行了历时一个多月的农村调查。后来，他又搞过寻乌调查、长岗乡调查、兴国调查、才溪乡调查等。每份调查背后，都是数十天的实地查看，数十人甚至上百人的访谈交流，以及无数个夜晚的细致梳理、思考、总结成篇。我们可以说，他读历史、哲学，掌握的是思维工具，形成自己独特的思维体系，而搞调查，就是在运用这些思维进行分析和决策论断。他后来提出的一些著名论断，如"枪杆子里出政权""农村包围城市"等，都建立在他对历史规律的把握和现实情况的调查基础上。

可见，要成为写作高手，首先要成为思想高人。这是一条艰辛的路，需要大量的阅读、实践和深入思考，更需要百折不挠的勇气和坚韧。

其次，从写作过程的视角，实现四个阶段的跃迁。 我们发现，不同人做同一件事，会取得不同的效果，有一些人比别人掌握得更快，做出的成果更好。究其原因主要在于：第一，他们掌握了做这件事的一些窍门，所以就能占据优势，在单位时间里取得更好的效果。第二，在方法之上进而掌握事物背后的规律、奥秘、原理和底层知识，就能产生更大的效应。规律比方法更进了一层，抽象性更强，指导作用也更大。第三，他们还能从纷繁的表象中抓住事物的本质，实现重点突破和质的跃迁。所以在公文写作中，我们除了关注具体的格式体例、内容要求等之外，还应该多在总结方法上下功夫，多在寻找规律上下功夫，多在抓本质上下功夫。

规律是思维主体对客观事物本质特征的一种认识和理解。我举个例子来说，赵元任是国际知名的语言学家、中国现代语言学奠基人，他会说33种汉语方言，精通多国语言。他最大的本事是，到了世界上任何地方，当地人都认他做老乡。人们研究发现，赵元任掌握语言的能力非常惊人，因为他能迅速掌握一种语言的声韵调系统，总结出一种方言乃至一种外语的规律。可见，很多事情都是有规律的，关键要能透过表象把握到它。把握了规律，就能以一当十，事半功倍，就能做到心中有剑，手中无剑。写作是一种智慧的创造性劳动，背后蕴藏着很多规律和奥秘，只要我们做一个有心人，就能不断发现和挖掘。

要达到把握规律、认识本质的水平，一定会经历一个由浅入深的过程。我们从写作过程来观察，第一阶段的人是盲人摸象的状态，眼中关注的是文章的内容要素，觉得能把文章拼拼凑凑写成就不错了，谈不上考虑质量和水平；第二阶段的人是就事论事的状态，着眼单篇文章的结构特征和内容组织，换一篇文章，他的经验就无法有效迁移；第三阶段的人，我们形容他处于庖丁解牛的状态，就是逐渐掌握了写作的规律，抽象出一些通用的方法，能够以不变应万变；第四阶段的人到了运用自如的境地，他掌握了写作的本质原理，写作已经成了他观察世界、表达自我的一种手段，所以他无心为文，但一旦写出文章无不中的，这几乎达到了苏东坡所说的"行于所当行，止于所不可不止"的境界。

最后，从文本视角，实现四种境界的跃迁。文字工作看起来是舞文弄墨，实质上是一个人思想境界、业务水平、学习能力、文字功夫的综合反映，水平提高大概要经过四重境界，这也是一个由浅入深的过程。第一重境界是以文叙事。刚刚做这项工作时，还不太熟悉公文的语体风格和框架结构，也不太会总结提炼什么观点。这种时候，应该做的是认真如实地记述客观事物的过程，而不是创造。要甘当学徒，老老实实当好书记员，真实客观准确地写好会议纪要、信息、通知等一些简单基础的文种。

第二重境界是以文辅政。就是通过文字工作来辅助政务活动的开展，这是每个公文写作者都应当达到的境界。关于以文辅政，我前面讲得比较多了，再补充一点，这个阶段文字工作的主要特点是"代言"。为领导当好参谋，为政务活动行文，把决策层的意图清晰而完整地表达出来，所以就需要对宏观政策的把握、对领导意图的领会、对基层情况的了解、对实际工作的指导水平。

第三重境界是以文鼎新，就是说要通过公文文稿，对实际工作提出新的理念、新的思路和新的举措，从而开创新的工作局面和新的气象。要想在思想上革故鼎新，需要深厚的理论素养和实践积累。这就要求我们多学习、多阅读，研究掌握多方面知识，深入调查研究和分析问题，为提出工作的创新思路打下基础。

最高的境界是以文立言。这个时候的公文写作，已经超越了具体的论事层面，而立足于重大历史事件或社会的永恒价值，提出独创的、深刻的、具有深远启迪的观点和论断，不仅对当时的人具有启发意义，而且能够流传后世，成为人类精神宝库中的储藏。这是公文写作者最值得追求的境界。历史上一些流传千古的文章，其实原初都是公文，由于它们所承载的意义和价值重大，从而具有了历史意义和启迪后人的价值。

如果用书法来作比，以文叙事属于"描红"，以文辅政像是"意临"，而以文鼎新达到了"创作"的层面，以文立言就到了独具风格、开宗立派的地步。

21 心理建设 2
自我修炼，把公文写作当作一场修行

虽然公文写作对于每个单位来说都很重要，但也经常见到一些嘲笑文字工作者的文章和段子，格调和品位都不高，但文字工作者看了往往心情颇受影响，自信心饱受打击，感觉干这工作不划算、没前途，后悔上了这条"贼船"，恨不得早早跳离苦海。

确实存在一种现象，一些不干这项工作的同志包括一些领导，不知道其中的苦处和难处，甚至会产生一些偏见：一是觉得文字工作不难，谁都可以干，对文字工作者吹毛求疵，关心、培养不够；二是对文字工作者形成了刻板印象，觉得他们除了写材料，其他啥也不会。而少数文字工作者不注重综合素质的培养，停留在文字层面当"文字匠"，不能抓住文字工作的本质，或者情商不高，甚至恃才傲物，加深了这种偏见。

在我看来，文字工作具有双重性：一方面辛苦、枯燥，熬心费力，其中的苦确实一言难尽；但另一方面，文字工作也有它的好处，只要用心去做，潜心钻研，就能从中找到快乐和成就感。这种成就感来自文字水平的提升，来自自己的建议和想法被采纳，或者推动了某项工作，解决了某个问题。

文字工作还有其他工作不能比拟的优势，概括起来说，它有三个机会。

首先，干文字工作是一个很好的发展自己的机会。说实话，作为一般干部，不是每个人都有很多机会在各种会议上发言，声音很难被领导听到，但通过文字这种方式，却有机会进入领导的视野。写得好的东西能给人留下深刻印象，无形中给自己创造了发展机会。在现实中，确实有不少因为材料写得好脱颖而出，进而获得良好发展机遇的例子。可以说，在各级机关和企事业单位中，能写得一手好材料的人往往是稀缺人才。

其次，干文字工作是一个很好的锻炼成长的机会。我们都知道，要真正把一份材料写好，需要大量的积累，这不仅需要文字能力，更包括逻辑思维能力、分析判断能力、思想高度、理论深度、知识储备、学习能力等多方面的综合素质。如果在工作中有意识地锻炼自己，保持刻意学习的状态，注重综合素质的培养，进步会非常快。而一个人能非常自如地驾驭各种材料，说明有非常好的综合素质，一旦有机会从事别的工作，一定也能胜任。

最后，文字工作者还拥有其他岗位所不具备的学习机会。由于写材料经常要在领导身边，参会跟会，参加调研，阅读文件，以及接受领导的耳提面命，这就是绝佳的学习机会。领导在工作能力、管理水平、待人接物、为人处世上都有值得学习之处。在与领导的接触中，如果善于虚心学习，能从中学习领导的语言特点、领导艺术和处事方式，了解领导的工作思路和决策过程，这就是活生生的管理学案例，也是言传身教的人生成长课。

虽然有这些益处，但不可否认，文字工作干久了，确实会让人产生职业倦怠。因为这类岗位工作繁多，几乎每天都有新任务，让人疲于应付。在日复一日同质化甚至机械化的工作中，在持续的压力中，在雷同的工作场景中，在过于单一的评价模式中，很容易把人的激情磨没了。再加上文字工作者大多工作勤恳，不喜钻营，所以职业进步有时比不上别的岗位，容易让人滋生一些不良情绪，从而造成职业倦怠。如何克服这种情况？我认为要注重四个"比例关系"。

一是树立远大目标，目标的大小与感觉的苦和累成反比。 人不管在什么岗位工作，都应该有理想、有追求，这不仅仅是指职业上的发展，更是一种理想信念。理想信念说起来很大、很远，但如果我们把它界定为人生中的一些目标和愿景，它就不是遥不可及的。孟子说："先立乎其大者，则其小者不能夺也。"就是说人要立下大的志向，要有目标和方向。我们根据自己的优势特点和实际情况，确定一个值得奋斗的目标，并把大的目标分解成一个个小的目标，分阶段去实现，把自己从外在驱动调到目标驱动和成就驱动的频道上。在实现理想目标的过程中，就会发现，苦和累都是值得的。

工作是实现人生目标的阶梯，当为自己的目标而努力工作时，虽然没有直接把目光盯在职位、薪水等外在标准上，但由于自己的能力和素质在不断提高，自然也能获得更好的发展机会。而如果只把眼光放在一个具体岗位上，人生的格局就会变得很小，就会一直用这个目标来丈量自己的付出，总认为自己辛苦而没有回报，觉得亏了，进而影响心态，影响人际关系，最终影响发展。所以，苦和累既是客观实际，也是主观感受，关键看用什么样的目标来衡量。

二是敢于迎接挑战，克服挑战的勇气与成长的机会成正比。 工作中有挑战、有困难，都是再正常不过的，但很多挑战都是可以克服的。有句话说得好："要有勇气改变能改变的，有宽容忍受不能改变的，更要有智慧分辨这二者。"当发现工作中有一些挑战，而自己通过努力能克服和解决时，就应该勇敢地去尝试。四平八稳、被动地工作远不如主动迎接挑战更能成长，因此我们要在迎接挑战的过程中磨炼和提高自己。

三是不断学习，持续改进，工作的用心程度与成就感成正比。我们说在文字岗位上有良好的学习机会，但前提是要善于学习，像海绵一样吸收知识，做一个"有心人"，并且做到学以致用，不断提高工作的质量和效率，找到工作的规律，不断创新工作的方式方法，从中体会到自己能力的提升，体会到自己越来越能承担更多的事，形成工作和学习相互促进的良性循环。

工作有三个层次，用手工作、用脑工作和用心工作，用心工作是最高的层次。只要用心，创新无处不在，潜力无处不在，再平凡的工作都可以越干越好，没有止境。用这样一种用心的态度去要求自己的工作，能力会无形中提升，看待事物的眼光、思维的层次和角度都在发生变化，而且这个成长的过程自己是能够感知到的。从几天才能拿出一份稿件，到一天就可以拿出来，甚至倚马可待；从绞尽脑汁想不出观点，到思路泉涌、新见迭出；从面对一个题材不知如何下手，到心中有数、信手拈来；从掌握了基本套路，又不断打破常规，追求创新。这一切都取决于你的用心程度，如果不用心，工作只是简单的时间累积，而用心会让自己的收获和经验不断增值。

四是培养兴趣爱好，合理排解压力，身心的愉悦程度与压力大小成反比。文字工作任务很繁重，没有空闲的时候，时常还需要加班加点。时间久了，不但心情烦躁，还容易得职业病。越是工作繁忙的人，越是要有一些爱好。

会休息的人才会更好地工作。干文字工作的，每个人最好能有一两样能坚持的体育锻炼，对身体有益。当沉浸于自己的兴趣爱好时，不仅陶冶了情操，愉悦了身心，也排遣了压力。我认为，对待工作要敬业，但不要成为工作的奴隶，热爱工作，更要热爱生活。保持身心健康，塑造意志品格，拓展心智与视野，追求精神的成长与个人修养的完善，与职业进步同样重要。人们说，人生是一场修行，而工作是最好的修行场所。文字工作正因其辛苦和艰难，也更锻炼人。"艰难困苦，玉汝于成。"其实，世界上没有哪项工作是容易的，都各有各的难处，也各有各的动人之处。文字工作者手中有一支笔，能把自己的辛苦说出来，所以更要慎用自己的这种"话语权"，少一些自怨和自怜，多一些自强和自信，这何尝不也是一种人生的修为。

将写作作为一种方法（代跋）

政邦茶座访谈

（访谈时间：2022 年 9 月 28 日晚　访谈地点：北京）

访谈嘉宾： 胡森林

主持人： 高明勇（政邦智库理事长，评论人）

高明勇： 今天请你来，主要是想交流与写作相关的话题。我注意到你最近接连出版了几本写作方面的书，在这个领域，你持续有作品问世，印象中已经不下十本。我知道你的本职工作是企业管理，所处行业是能源。这些年，你出版的专著集中在能源和写作领域。算比较"高产"吧？

胡森林： 今年 4 月，中央党校出版社出版了《写作通识课》。这是"新时代领导干部通识读物"中的一本，面向各级党政领导干部，王蒙先生作序。这本书应该算是我到目前为止关于如何写作的一次总结吧。今年上半年，我还主编了一套三本"公文写作点石成金"系列，一本《要点精析》和上、下册的《范例精粹》，是人民邮电出版社出的。最近，清华大学出版社还出了一本《即兴讲话》。看起来像是集中爆发，但你也知道，出版有一个滞后周期，这些其实都是我之前积累的"存货"。

高明勇： 你似乎乐此不疲地痴迷于此？

胡森林： 谈不上痴迷，我犯不着为了虚名去写作，也不靠稿费生活。之所以一直做这些事，是因为社会上确实有这方面的需求，而我恰好能部分满足这些需求。出版社发出诚恳邀请，我又是一个容易被别人的诚意打动的人。能够被人所需要，是一件不坏的事情。

高明勇： 我感到好奇的是，你工作那么忙，怎么能抽出那么多时间来完成这些写作任务呢？在时间管理、任务管理上，有什么方法和秘诀吗？

胡森林： 在时间管理方面，我没有多少值得称道之处。我是一个患有比较严重拖延症的人，常常为有限的时间没有得到良好规划和使用而懊悔、自责。有一些想写的题目，在头脑中构思了若干年还迟迟无法付诸笔端，就是这方面的明证。

和大家一样，工作占据了我大部分时间，在业余时间使用上，没有什么特别的地方。我兴趣爱好不少，所以也不像别人想象的那样，全部贡献给了写书。相对来说，我比较善于计划和执行。当决定要完成一个选题时，我会像管理项目一样按节点推进，虽然也会打折扣，但总体上会有大致规划和成果。这一点，我在德鲁克那里受益很多。

另外，我的一点体会是，在做很多其他事的时候，在读书、想事、与人交流等时候，很多想法会沉淀和转化成要写的东西。这等于是把其他事情变成了写作的前序工作，把写作时间拉长了。我想，一个人如果喜欢打游戏，会成为此中高手，喜欢应酬，说不定也会朋友遍天下，我只不过把更多的时间花在写作这件事情上。

高明勇： 你写了这么多关于公文写作的书，从发行量、读者数量和影响力来说，是这个领域名副其实的"头部"，在这件事情上深耕的机缘和动力是什么呢？

胡森林： 2008年前后，出于偶然原因，我从一个新闻从业人员转行成为央企一名文字工作者，主要工作就是撰写公文等各类文字材料。在以生产经营为主要业务的企业中，这些工作属于"上层建筑"，看似清贵，也相对边缘。在很长一段时间里，我是把工作当作谋生手段和了解一个经济组织和行业的途径，却不愿意被贴上"秀才""会写文章"之类的标签，对"笔杆子"这样的称呼也非常排斥。虽然别人是出于好意，但我觉得这样的称呼突出的是"工具性"，而不是"价值性"。而且作为文学专业出身的人，心里总是觉得文学比公文更高级。所以你能想到，那个时候让我写关于公文写作的书，是不可想象的。

后来，由于无法拒绝的邀请，我做了几次关于公文写作的交流。又因为一些特殊机缘，在讲稿基础上修改整理，出版了第一本关于公文写作的书，在没有做营销的情况下，在短时间内取得了可观销量。可能因为它在形式和写法上有一些与众不同之处，也因为写的都是我的亲身体会和切肤感受，容易引起读者共鸣。但我想最主要的，还是因为社会当中潜藏着对这方面的巨大需求，我恰好碰上了这个触点。

从那以后，出版社邀约不断。我选择性地接受和操作了一些选题，陆陆续续形成了几个系列，如《公文高手的自我修养》《公文高手的修炼之道》《公文点石成金》等，读者都比较认可，销量也一直保持良好，我也就成为所谓的"畅销作家"。

高明勇： 如果按照世俗的眼光，有点"名利双收"的意味？

胡森林： 我不否认一开始有一些虚荣的成分，但现在说实话已经很少了，更没想过要成为什么"头部"。在这个过程中，更多的是自己对公文的认识在转变，如我在一本书中写过的几句话："公文看似小道，亦有可观者焉。公文之佳构，有经世之用，绝非八股，乃学养底蕴滋润而得，非止于笔头，能担纲之人，亦可当大任。"

我从这个巨大需求的背后，看到的是一个庞大的群体——他们夙兴夜寐，奋笔不辍；他们焚膏继晷，兀兀穷年；他们付出了很多却得到很少，还常常被忽视、被误解。我有一种朴素的责任感，要为这个群体表达一点什么。而且，我确实在这个过程中积累了一些方法，呈现出来能够帮助到在这条道路上苦苦煎熬的人。以利他之心做这件事，成了我的初衷。

高明勇：有没有收到读者的反馈，或者说，怎么看待"读者"的因素？

胡森林：得到的读者反馈，是激励我继续做下去的动力，觉得它确实是有价值的。这些读者从中央部委到省市县，再到村镇，从办事员到科级、处级、司局级甚至更高，遍布各个层级，他们觉得我说出来他们想说的话，给了我很多鼓励。我和他们有些成为神交，有些成为生活中的朋友，大家有那么多共同的感受，这是之前没有料想到的。

但再认真想一想，我因此慢慢放下公文不如文学高级的"分别心"，缓解曾经有的内心冲突，其实是与这一段生命历程和解的过程。

高明勇：除了公文写作，你还写过哪些方面的题材？有什么精进的方法？

胡森林：作为一个文科专业人士，在进入职场之前，我就已经开始与文字打交道了。我 20 余年的文字生涯里，除了征婚启事没有写过，其他你能想到的各种类型和文体，都曾经写过。诸如各种文学体裁,各种评论、学术文章、理论文章,各种新闻体裁、行业研究文章,各类公文,甚至歌词、剧本,等等。有点不谦虚地说,关于写作这件事,我不但掌握了陈述性知识,还习得了程序性知识和各种场景性知识,在驾驭各种写作中获得了"遍历性",学会了写作通则并结合具体情形加以运用。不管什么任务,如果不是要写出传世之作,只是拿出一个还过得去的成果,应该没有什么能难倒我的。

但这并不代表我对自己的写作是满意的,会写与写出真正满意的东西,二者之间有巨大的鸿沟。至今,我出版了20多本书,除了公文和写作方面,还有几本关于能源的。目前有一些在构思的,涉及能源、企业管理、政策研究、新闻传播等方面,什么时候觉得成熟能够拿出来,还是未知数。如果不出意外,有生之年我写出的东西应该能放满一个书柜。不管写什么,我希望都能呈现自己的所思所想,与别人有所不同,对读者有所助益。

高明勇:有点古人说的"立言"的追求,对吧?

胡森林:鲁迅先生说,希望自己写的东西能够"速朽",我有同样的愿望。虽然每本书都是认真对待的,但它们只是人生和思想的一些印记,而真正能代表自己的东西,可能还远远没有到来。

如何找到自己最独特的方式,如何避开陷阱表述真实,特别是如何深入和直面自己的内心,我目前还没有足够的勇气,也没有做好准备。也许有一天会选择虚构的文体,因为在虚构中我们可能更真实地面对这个世界,面对自己的内心。

高明勇:你写过这么多文章,阅读也很广泛,你认为好文章的标准是什么样的?写作中有什么想法和感受?

胡森林： 这，很难有一个确定标准，每个人的看法是不一样的。先不说思想认识层面，如果一篇文章表达了很深奥的哲学观点，哪怕它再艰深、晦涩、拗口，也不能掩盖其锋芒。

就个人阅读口味和写作取向而言，我希望用平实简洁的文字，表达有见地的思想和内容。写作就是交流，好的交流就像说话一样，很自然，很有诚意，除非本就不想让人听懂，或者为了显得自己水平高。我比较排斥刻意华丽或者警句式的写作，因为世界和生活的复杂性都不是警句所能容纳的。我也希望摆脱寓言式的写作，让隐喻和修辞尽量少一点，让每个字和词，每句话，都是它原初、本然的样子。

这是我对文字的一种认识和判断，也是一种理想境界。真正好的文字是平实朴素的，明白如话，冲淡隽永，不事雕琢，它只是还原作者看到和想到的事物。也就是说，从看到、想到事物到最终写成文字。在整个过程中，唯一参与加工的是写作者的阅历和智识，而不是文字技巧。于是，呈现出来的就是：事物包含在文字里，而作者的创造性和洞察力包含在事物里。从某种程度上来说，这体现了作者足够自信，他明白自己要写的东西本身就具备足够力量，任何多余处理都是画蛇添足。修饰的本质是不得已而为之，需要用到修饰，说明文章自身力量不足。

高明勇： 我看你在书中借用波兰尼的"默会知识"概念，来说明公文写作中一些方法论的特点。结合实战经验和理论研究，你是否在构建一套写作体系？这个体系的画像是什么？

胡森林： 我总结过公文写作三大特征：无客观标准，无固定模式，无方法体系。尤其无方法体系这一点，对它的成因、症结和如何破解，在书里都做过比较多的分析。我开玩笑说，要想学习写公文，比学习蓝翔技校的课程难多了，因为没有一本现成的手册一步一步教人怎么做。

所有写作都需要悟性，但就公文而言，一方面提醒大家里面有很多"默会知识"，另一方面它并不是不可讲、不可教的。公文写作具有创造性劳动的特点，但它输出的结果有一定稳定性要求和大致轮廓，所以是有方法可循的。具体来说，就是把附着在个体身上、内嵌在过程中的"默会知识"提取、勾勒出来，系统化、显性化、条理化地呈现出来，成为可以运用和习得的方法体系。

我自从意识到这一点，就致力于把自己感悟到的"默会知识"明会化，提供一些方法论借鉴，构建公文写作新的理论范式和传授模式。

高明勇： 具体来说是什么？

胡森林： 具体来说，我在书中提炼了写作中的关键要素和实用方法，在立意、构思、谋篇、布局、写作的每个环节，都力图呈现一些新的理念、思路、方法，比如"七步成文法"、类因果法的分类、段头撮要法、起承转合法等，提出"用事实成就雄辩""结构是内容最好的容器"等理念，以及对"意群"等概念重新阐释，这些是每个人都可以理解、可以学的，希望为读者找到提升写作能力的有效路径。从读者反馈，包括线下交流的情况来看，大家确实可以通过学习掌握这些方法，习得写作窍门，提高工作效率。这说明，公文写作不是靠天赋，更不是靠灵感，也不只是下苦功夫就可以，关键还是要有方法。

这给我另外一点自信，如果一个人想学好公文写作，有一定的基础和悟性，完全有把握在比较短的时间里迅速提高。

高明勇： 你说的这个"方法"，你自己是如何理解的？

胡森林： 将写作作为一种方法，这是我的一点感受。我们都说中国文化的一大特点是以悟见道，重直觉感悟，轻方法技巧，因而在众多领域存在着大量的"默会知识"，难以变成可以教之于众的知识体系。但我在这个过程中得到很重要的一点启发是，任何一门知识和学问，哪怕一贯被认为是只可意会、依赖于口授心传的，也一定有重要细节和可以达至的相应方法。如果能将各个知识门类的"默会知识"显性化，那么我们对众多大家高匠的技艺除了赞叹和想象，还能有系统细致的分析和可接近的路径。

高明勇： 你刚才提到，将写作作为一种方法。那就目前公文写作现状而言，你如何看待？有什么可以创新的地方？一般认为公文写作是非常严肃的写作，新冠肺炎疫情期间，关于公文写作也出现了不少差错，甚至匪夷所思，比如"湖南省张家界市"写成了"湖北省张家界市"，错将重庆市重新"划归"四川省……这些可以说是常识性错误，并非写作方法技巧的问题，你怎么看待这种现象？

胡森林： 你说的这种情况，更多是态度问题，也并非只在公文领域才会出现。但这些乱象所反映的深层次问题，我觉得至少有两点值得注意。

首先，公文是"及物"的，是对现实世界、实际工作、客观事物的如实反映，这是它与文学最大的不同。运思和写作是一个主观思维过程，那么公文写作要做的，就是填补主观与客观的缝隙，拉近客观事物与符号编码之间的鸿沟。如果脱离了对实际情况的观察、了解和研究，一味地琢磨文字，就本末倒置了。哪怕写得花团锦簇，也不过是可悲的文字匠。我的体会是，要研究事，不要研究字。这就是古人提倡的"格物致知"。公文的创新不是凭空的，也不是为了创新而创新，只有把握现实、结合实际，才有源源不断的创新空间，因为客观事物是在不断更新变化的。创新其实就是回到公文写作的本原。

其次，公文里有很多格式化、模板化、套路化的元素，这也是公文常常被轻视的原因，认为它创造性不够。这当然是一种误解。公文是"戴着脚镣跳舞"，但越是有约束条件，就越体现人的创造性。比如古代的律诗，对仗、平仄都很工整，但杜甫这样的大诗人，在这样严格的约束下依然能写出那么伟大的诗篇，体现了人在语言面前的尊严和征服语言的自信。很多流传至今的传世名篇，其实原本就是公文。真正的大才，比如曹操、韩愈、苏轼、王安石等，是没有什么形式能束缚他们的。

高明勇：说到公文的格式化、模板化问题，你有没有思考过公文的智能化写作问题？

胡森林：我觉得随着技术的发展，类似运用格式这样重复简单、低层次的劳动会逐渐被人工智能所取代，但公文里有大量与思想、情感、价值、判断相关的内容，这是人工智能无法做到也取代不了的。把一部分浅层次劳动让渡给人工智能，可以腾出更多时间和精力思考更深入的问题，从事更有价值的劳动。但如果公文写作者依赖简单的模板和套路，复制粘贴，堆砌辞藻，而不去探究更深层的东西，那就与机器无异了。所以说，不怕机器像人一样思考，就怕人像机器一样思考。

我曾经写过一篇序言《假如有一天人工智能学会了写公文》，就是预料到了这种前景，对公文写作者发出了提醒。如果写作者变得懒于深度思考、懒于自我反思，放弃了发掘潜能和心智成长的努力，让自己的智慧不断退化，那真的将一天天被人工智能所超越。

我写作的公文类书籍，共同点就是试图摆脱惯性思维下"格式化""模板化""套路化"的窠臼，突破传统理论视角，拓展公文写作研究的深度与广度。我相信，即使是人工智能时代完全来临，公文写作依然是不会被取代的。

高明勇： 我们讨论了这么多，我想知道，写作对你意味着什么？它对你很重要吗？

胡森林： 我更年轻时曾经以写作为使命，信奉"书生报国无他物，唯有手中笔如刀"。读研究生时，因为一些思想触动，我确立了自己的人生价值排序，依次是做事、思考、读书和写作。

首先，做事是第一位的。张謇有言："天之生人也，与草木无异，若遗留一二有用事业，与草木同生，即不与草木同腐朽。"人生天地间，应该要做一些于社会、于他人有意义的事情。而且，只有把事情干明白，经历一些事，折腾过、被摔打过，才能写出一点扎实的、有价值的东西。如果一开始就以写作为目的，会缺少足够的滋养。

其次，是要多思考、多研究问题，想清楚自己来到世上为了什么、要干什么，了解这个世界，了解社会，也了解他人，最重要的是让自己活得更明白一点。

最后，是读书。书有未曾经我读，前人已经创造了众多知识成果，值得认真阅读和领悟。如果没读过几本书，却不知天高地厚要去写，结果可能是步人后尘、拾人牙慧，弄出一堆灾梨祸枣。既浪费自己的人生，也于世无益。

这样说你就知道了，写作对我来说不是最重要的，也不是非此不可的。

高明勇：这样的价值排序，倒是出乎意料。请问，你自己的写作体验，有什么值得一说的吗？

胡森林：按照这样的价值排序，写作就是人生追求的自然结果和副产品。这些年之所以在写作这件事上耗时甚多，其实不是我的主动选择，在某种程度上可以说是宿命。人生总是不乏事与愿违的经历，比如20多年前刚进入媒体行业时，最想做的是时政和经济，但领导一看我的简历，觉得"你发表过这么多文学作品和文艺评论，应该去搞文体新闻啊"。后来进入企业，本意是要做实业，却又干上了"文字活儿"。好在我不管干什么，都还算努力和用心，最终都有收获。

其实说出来很难让人相信，我是一个写作心理障碍者。当然，一般的写作不会给我带来困扰，但具有挑战的、自己看重的东西，写起来就是一场灾难，拖延、迟疑、拿起又放下，像在一片沼泽上行走，充满了艰难和煎熬。

在写作这条路上，我的挫败感远远多于成功的喜悦。在大多数情况下，我只能有感而发，而无法稳定地输出。之所以有时还是会投入做这件事，往往是因为有话想说，因为这是自己已经习惯的一种观察、思考和表达的方式，而且也相信文字是有力量的。

我们相信确实有天赋异禀的作家，如苏东坡那样"万斛泉涌"，但我也体会到，所有好的东西都是心血喂养出来的。所以，身边有认真写东西的人，大家一定要对他好一点。

高明勇：你认为，写作的本质到底是什么，是一种思考和表达的方式，一个文本输出的过程，还是别的什么？

胡森林：我越来越不愿意给写作下一个简单的定义，把它窄化为最后输出文字的那个瞬间。我试着谈下我的理解：写作是以语言文字为媒介，贯穿在人的阅读、思考、交流、表达当中的思维和行为模式。

那么相应地，写作能力是掌握、了解写作通则，在不同场景下，根据具体目的有效运用的能力。

如何学习写作呢？就是通过领悟、总结和转化，把握写作中的深层规律、实用方法和"默会知识"，并刻意练习，找到适合自身的切实可行的提升途径。

"将写作作为一种方法"，这句话的另一个含义就是，写作中很多方法和经验是可以在不同场景中迁移和运用的，所以它也可以作为我们人生工具箱中一样重要的方法工具，帮助我们更好地认识和观察事物，更好地与人沟通，更好地表达内心想法。不见得必须在电脑上或者纸上才能写作，说话也是写作，开会发言也是写作，这样深层次的交流，何尝不是写作呢？我的很多想法和观点，就是在与人交流中被激发出来的。

高明勇： 从某种意义上说，由于自媒体的发展，现在似乎也是一个写作大繁荣的时期，你怎么看社会整体上的写作状况？

胡森林： 从公文写作出发，我又陆续写过《新媒体写作》《职场写作的30个场景》《写作通识课》，也对社会写作生态进行过一些观察。我的一个基本判断是，媒体增多带来的写作文本数量增长，并不能说明社会写作能力的提升。而阅读量的多少，更无法完全与一篇文章的好坏画等号。

很多出版社找我，希望继续出写作类的书，但我更想写一点文学作品，而这些恰好是读者相对稀少的，出版社也很为难。另外，写作者的环境还不够理想，我不写新媒体文章。我以前兴之所至，会经常在朋友圈写一点评论随感，因为无拘无束，反而放得开，更自然。突然有一天，没有了倾诉欲望。我想逐渐沉淀，写一点能留下来的，哪怕愿意看的人很少。陶渊明、杜甫，他们的高度都是后世才认识到的。我不企望这样的高度，只是希望自己有一些抵御浮躁的力量。

高明勇：这是对个人来说的，那对于整个社会的写作状况，你是怎么认识的呢？

胡森林：对于社会大众而言，具备一定的写作通识能力是必要的。不管哪个行业，从事什么工作，都需要基本写作能力。我们的教育体系中，一直缺乏正确的写作教育方法，也缺乏足够的训练，导致社会整体写作能力不足。网络上之所以有那么多的"喷子""键盘侠"，其实也是现实生活的反映，因为很多人从来就没有学会正确认识和思考问题，有逻辑地表达和说理。

从这个意义上说，写作能力是社会系统能力的重要组成部分，与社会整体理性思维和公共表达能力密切相关。这是"写作作为一种方法"的第三个含义，写作也能成为社会的建设性力量，成为国家治理体系和治理能力现代化的重要方法和路径。

高明勇：如果让你对有志于写作者提一点忠告，你会说什么？

胡森林：谈不上忠告，提点建议吧。我觉得对一个写作者而言，最重要的是诚实，直面真实的想法，袒露自己的内心，用文字表达真情实感。这个看起来简单，也是老生常谈，但要做到并不容易，因为它要克服世俗的种种阻碍，克服自己的虚荣、软弱以及不愿承认的种种弱点，但这是通往成为一个真正写作者的必经之路。写作的人也不必然具有道德和智识上的优越感，相反要更慎重，对自己更苛刻，因为一个作品能打动别人的前提是，写作者先疗愈和救赎自己。

在写作技法上，我觉得可以学习西方语言表达的逻辑性，这是我们从小教育中所缺乏的，同时借鉴中国古文的简洁，培养语感。古人因为工具不便利，写字不容易，所以文字非常简洁、有力量。具体来说，多用名词、动词，少用形容词。古人写诗，"楼船夜雪瓜洲渡，铁马秋风大散关""桃李春风一杯酒，江湖夜雨十年灯"，你看只用名词，就很有表现力，很有意境。用简洁、明快的短句，少用复杂长句，注意句子和意思表达的逻辑性，同时记得把多余的"的"字全部去掉。